大复盘
互联网创业20年

武帅◎著

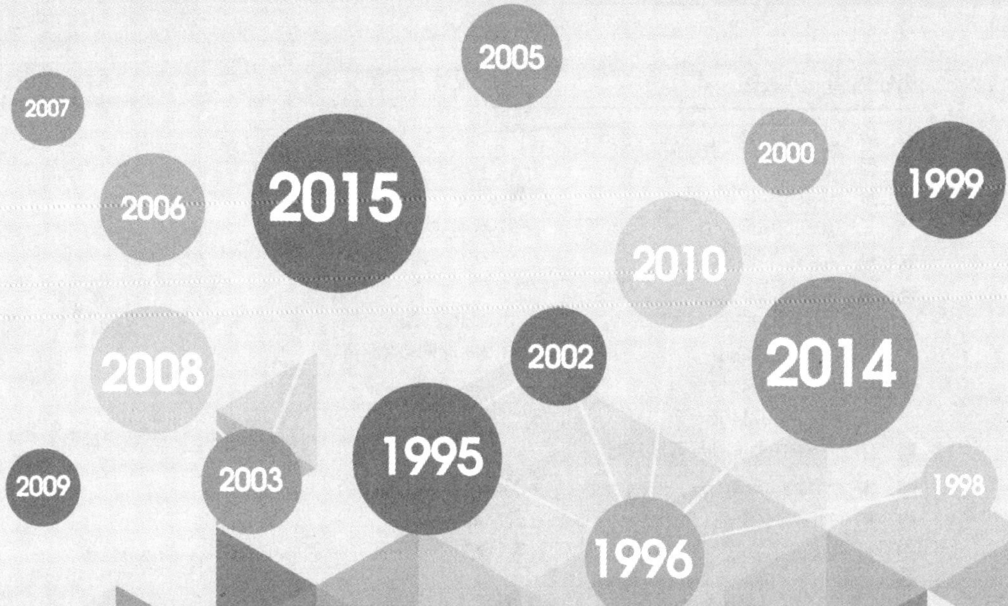

中国宇航出版社
·北京·

图书在版编目(CIP)数据

大复盘：互联网创业20年 / 武帅著. -- 北京：中国宇航出版社，2016.4

ISBN 978-7-5159-1061-1

Ⅰ. ①大… Ⅱ. ①武… Ⅲ. ①网络公司－企业管理－经济史－中国 Ⅳ. ①F279.244.4

中国版本图书馆CIP数据核字(2015)第321455号

责任编辑 吴媛媛　　**装帧设计** 宇星文化

出版发行 中国宇航出版社

社　址 北京市阜成路8号　　**邮　编** 100830

(010)60286808　　(010)68768548

网　址 www.caphbook.com

经　销 新华书店

发行部 (010)60286888　　(010)68371900

(010)60286887　　(010)60286804(传真)

零售店 读者服务部

(010)68371105

承　印 三河市君旺印务有限公司

版　次 2016年4月第1版　　2016年4月第1次印刷

规　格 710×1000　　**开　本** 1/16

印　张 23.5　　**字　数** 361千字

书　号 ISBN 978-7-5159-1061-1

定　价 60.00元

本书如有印装质量问题，可与发行部联系调换

推荐序一

拿到这部厚重的书稿，“网事”如电影般在眼前上演。

互联网是一个让人激情澎湃的行业，短短20余年，它改变了我们的生活，创造了无数的创业神话。没有哪个行业像互联网一样充满创新、充满故事、充满希望，而且，随着移动互联网的发展，这个行业注定潜力无限。

作为一名互联网行业创业者，我在阅读这本书时常常会将自己植入书中所描述的场景：某年某月某事，如果是我，该如何面对、怎么处理？诸如此类的思维游戏，让我有了更多感悟与心得。可以说，互联网是这个时代最大的红利，创业是这个时代最大的命题。但创业之难，仅有勇气和坚持仍不足以支撑。

首先，创业最好选择自己熟悉的领域。我在创办速途网之前，差不多积累了10年的行业经验和思考。

其次，创业需要具备一支能力、性格上互补的团队。没有团队是很难成事和成势的。值得庆幸的是，不管是在技术还是运营等方面，我都物色并组建了一支强有力的队伍。

最后，创业要先求生存再求发展。我注意到不少人一开始创业，总是把未来想得非常美好，却没想好如何生存，只是一相情愿地认为到了一定阶段一定会有投资商垂青。创业光靠激情与想象是不够的，投资人都乐意锦上添花，而不是雪中送炭。

创业从来不是一次浪漫的旅行，而是一件极艰苦、极具不确定性的苦差。即便是中国最幸运、最成功的腾讯、百度等互联网公司，都曾经有艰难困窘的时刻。不过，看到公司和团队一步步地成长，内心的兴奋感与成就感确实也会油然而生。所以，我经常用“累但不苦”来形容自己的创业感受。

互联网发展太快，乱花渐欲迷人眼，我们在奔跑之际，经常无暇回望。但是，通过一些标志性事件，了解和学习一下互联网20年来的发展脉络，是很有必要的。

读史可以明智，可以知兴衰、知更替。那些曾经或辉煌、或黯然的江湖“网事”，不应被埋藏在历史深处，挖掘出来可以成为创业者成长的磨刀石。《大复盘：互联网创业20年》值得每一位对互联网感兴趣的人，尤其是有创业梦想的年轻人，作为枕边书来阅读。

范锋

速途网络创始人兼CEO

2015年12月

推荐序二

随着20世纪90年代中期互联网的兴起，海量的信息开始交汇、融合、裂变、爆炸，10年之中美国的上空相继升起了Google、亚马逊、Facebook三颗熠熠生辉的商界新星。几乎与美国人同步，一批中国的精英敏锐地捕捉到了这个机会。1995年，田溯宁创办了亚信科技，马云创办了中国黄页，张树新创办了瀛海威……这些互联网先驱，有的十年磨剑成了“先进”，有的历经坎坷成为“先烈”。

互联网来到中国短短20年，但期间跌宕起伏的创业故事比比皆是，每一个故事都是一笔财富。《大复盘：互联网创业20年》仔细梳理了互联网的发展史，采取编年体的方式重现了互联网创业20年的光辉历程，并对重大事件进行了全面的介绍与深入的解读。商业本身是一个轮回，看懂过去，才能明白未来。

2015年，以O2O热引领的互联网+创业大潮袭来，智能硬件、互联网金融也不甘落后。中国的创投圈出现了明显的泡沫。以O2O为例，由于创业者心态浮躁，衍生了很多伪需求的创业项目。移动互联网本应该带来的是对整个商业底层逻辑的优化以及资源配置的优化，但我们看到很多上门服务的低频项目反而降低了资源的使用效率。前期由于各种补贴掩盖了项目本身的不合理性，一旦资本冷静下来，补贴停止，项目就会死掉。以至于在2015年年底出现了一长串血淋淋是O2O死亡名单。

伴随而至的是资本市场的寒冬。不过，资本寒冬对于互联网行业而言并非坏事。回顾过去20年的互联网创业史，几乎每次寒冬都伴随着不合时宜者从潮头跌落，新的弄潮者登顶王位。危机往往意味着机会，2000 年网络泡沫破裂，第一代信息门户雅虎靠边站，eBay、亚马逊这些能提供深度互联网化业务的公司替代了其位置。在 2008 年的金融危机中，拖着庞大身躯的诺基亚步履蹒跚，被苹果迎头赶上并抛在身后 N 条街。

移动互联网时代，去中心化的思想越来越强烈。去中心化的商业逻辑影响了人们的购买行为，人们更愿意在有温度、有信任背书的形态下消费，人格化、定制化的市场需求越来越强烈。所以，罗辑思维卖书、吴晓波卖酒，生意都火得一塌糊涂。

万物皆媒，未来具有媒体属性的公司会越来越占据优势。2016 年会是资本开始倾斜于新媒体的一年，作为新媒体创业者，本人愿与所有有志创业的人一同携手共进。

傅亮

虎霸网络 CEO

2016 年 1 月

前言

从 1995 年中国互联网元年，到 1998 年的混沌期萌动，再到 2014 年 BAT 三寡头的鼎立。时代在变，互联网也在变，唯一不变的就是变化本身。互联网正在重构一切，不仅仅是商业模式、资本流向和估值方法，更是人心，这是重构的三次方，将重构出一个波澜壮阔的互联网时代。

第一代互联网是门户、游戏、搜索、社交所统治的时代，由极客们掌控，核心商业模式为流量变现，创造出了万亿级规模的网络游戏和广告市场。第一代互联网精英激发了初期中国网民的需求：即时通信技术使得跨地域交流触手可及，无数年轻人因为网聊而练就了“键步如飞”的功夫；搜索引擎让用户对所需信息信手拈来，“知之为知之，不知百度知”深入人心。互联网技术大咖纷纷成为当时最大的赢家，一串串代码就是他们打开虚拟世界宝藏之门的钥匙。

在今天的人们眼里，第一代互联网已经进入中规中矩却毫无新意的状态，当京东把曾经流量第一的当当远远地抛在身后，当 A 股的乐视网逆袭了流量遥遥领先的优酷，人们惊觉单纯的流量逻辑已经失效。

此刻的互联网正在向第二代演进！互联网已经不再是传统意义上的信息网络，它更像一种信息能量，开始重塑现实社会的供需关系，商业模式由最初的流量变现向两个方向分化：向上升为云和大数据，向下沉为 O2O。无限拉长的产业链使互联网不再只属于少数极客。

2012 年，一场名为“互联网+ ”的浪潮席卷产业及资本。一时间，创业者和投资者仿佛被注入了一针兴奋剂，他们试图将现有的一切接入互联网。浪潮会退去，但这场互联网改造运动丝毫没有退去的迹象，反而愈演愈烈。有人甚至表示，如果这个世界还存在没被互联网改变的东西，那意味着这里面一定有新的商机，抓住这个商机就能创造出新格局。

世界上几乎现存的所有行业都可以在历史上找到先例，唯有互联网例外，它仿佛凭空产生，遵循着未知的发展轨迹。张树新、王峻涛、马云、丁磊、陈天桥、马化腾、李彦宏、张朝阳、王志东、雷军……他们之后的互联网历史由谁来书写？

让我们拭目以待！

武帅

2015 年 11 月

目录

推荐序一 / Ⅰ

推荐序二 / Ⅲ

前言 / Ⅴ

1995年 **鸿蒙初辟，中国的互联网元年** / 1

亚信科技初战告捷 / 2

马云踏上了征途 / 6

瀛海威：大雾中领跑的先驱 / 9

中网："首都效应"催生的 ISP / 13

深圳讯业：ISP 中神秘的泰坦尼克号 / 15

年度风云人物——"互联网先烈"张树新 / 17

1996年 **"海龟"归来，开启阳光下的财富大赛** / 19

第一个 BBS"一网情深"诞生 / 20

历尽曲折的爱特信 / 22

张朝阳抓住了一个机会 / 25

四通利方获得 650 万美元风投 / 29

年度风云人物——爱作秀的张朝阳 / 31

1997年 资本苏醒，互联网新媒体鸣笛出海 / 33
ChinaByte：默多克的敲门砖 / 34
IDG、ChinaByte与天极网的故事 / 37
中华网令人眼花缭乱的资本运作 / 39
凤凰卫视初长成 / 41
年度风云人物——“传媒智者”刘长乐 / 43

1998年 极客当道，门户时代呼啸而来 / 45
免费邮件系统——网易的“第一桶金” / 46
联众“梦之队”启程 / 49
QQ的五人决策小组 / 52
遭遇AOL，OICQ变身QQ / 55
马化腾差一点儿将QQ卖了 / 57
门户时代：来吧，来吧，相约九八 / 60
年度风云人物——明星产品经理鲍岳桥 / 62

1999年 百家争鸣，你方唱罢我登场 / 65
阿里，阿里巴巴 / 66
8848的网络生存实验 / 69
资本迷局：8848的坎坷上市路 / 72
百度成立：技术改变生活 / 75
当当网蹒跚起步 / 77
“携程四君子”悄然登场 / 79
年度风云人物——“中国电子商务之父”王峻涛 / 81

2000年 盛宴过后，一地狼藉 / 83
寒冬之前的疯狂预演 / 84
TOM在线的转型之路 / 86
《人民日报》为张小龙的生计感到担忧 / 88
联想圈钱，借力打力 / 91

目录
Contents

2000年
从卓越到卓越亚马逊 / 95
年度风云人物——“为兴趣而工作”的丁磊 / 97

2001年
凛冬已至，丧钟为谁而鸣 / 99
网易的多事之秋 / 100
北大青鸟“偷袭”搜狐 / 103
“毒丸”计划 / 106
资本的意志：王志东黯然出局 / 108
李彦宏大吼大叫要单练 / 110
移动梦网带来互联网的春天 / 112
年度风云人物——“悲情英雄”王志东 / 114

2002年
没有哪个冬天不可逾越 / 117
百度用“闪电计划”击败谷歌 / 118
陈天桥空手套白狼 / 120
从产品为王到服务为王 / 122
从 ChinaRen 到空中网 / 125
年度风云人物——“沉静而御”的李彦宏 / 127

2003年
“非典”阴影下的破冰之旅 / 129
阿里巴巴因“非典”而得福 / 130
淘宝网横空出世 / 132
从易趣到 eBay 易趣 / 134
分众传媒：一桩源于“无聊”的生意 / 136
年度风云人物——喜欢“出轨”的江南春 / 138

2004年
群雄逐鹿，网游市场掀起热浪 / 141
盛大与 Actoz、Wemade 的“江湖恩怨” / 142
盛大势在必得，流血上市 / 144
九城：从跟随者到叫板者 / 147

2004年

“挖脚”盛大，踏上《征途》 / 150

一夜金身，腾讯香港上市 / 152

周鸿祎和雅虎中国 / 154

年度风云人物——打不死的“巨人”史玉柱 / 157

2005年 **草根崛起的互联网江湖 / 161**

数字音乐：互联网中的变奏曲 / 162

新浪用“毒丸”计划击退盛大 / 164

博客：草根阶层的狂欢 / 167

播客：彻底成就“大众传媒” / 169

百度上市：韬光养晦，逆转乾坤 / 171

抛出“牛卡”计划，拒绝谷歌 / 173

年度风云人物——“网络愤青”方兴东 / 175

2006年 **巅峰对决 / 179**

淘宝对阵易趣 / 180

阿雅联姻：到底谁收购了谁 / 183

谷歌错过最佳战机 / 187

反迅雷联盟来势汹汹 / 190

分众与聚众两虎相争 / 194

年度风云人物——“红衣教主”周鸿祎 / 196

2007年 **纷繁乱局下的竞合与回归 / 199**

分众与好耶携手前行 / 200

天不亮就分手 / 203

盛大王者归来 / 207

网络游戏上市第二浪 / 210

阿里巴巴高调上市 / 213

年度风云人物——“拿破仑”一样的马云 / 215

目录 Contents

2008年 中文社区大发展 / 217

SNS本土化生存第一波 / 218
MySpace战车陷入泥淖 / 221
Facebook的神话与校内网传奇 / 224
两个开心网的江湖恩怨 / 227
51.com与腾讯的纷争 / 230
盛大搅动了网络文学这潭秋水 / 233
年度风云人物——互联网“宗师”陈天桥 / 235

2009年 卷土重来 / 237

互联网产业的幕后推手 / 238
新浪MBO, 曹国伟修成正果 / 240
暴雪抛弃九城，拥抱网易 / 243
一头“魔兽”搅乱三大巨头 / 245
完美时空立足网游，多点开花 / 247
年度风云人物——低调的马化腾 / 249

2010年 呼啸而至的移动互联 / 251

微博爆发，互联网传播潮再起 / 252
SNS网站繁华过后的没落 / 254
“后谷歌时代”的搜索新战争 / 256
小米横空出世 / 258
年度风云人物——“天使”李开复 / 260

2011年 战争与和平 / 263

乔布斯已逝，“雷布斯”崛起 / 264
挺住, 意味着一切 / 267
李国庆掐架美投行 / 270
百度文库惹怒了作者 / 273
“入口”处的明争暗斗 / 276

2011年
3Q 大战推动互联网企业走向开放 / 279
微信诞生，开启一个时代 / 282
年度风云人物——“枭雄”李国庆 / 285

2012年 合纵连横，夹缝求生 / 287
阿里巴巴一箭三雕 / 288
YY 逆袭，多玩上市 / 290
腾讯组织架构大调整 / 292
打了多年仗的优酷与土豆合并 / 295
360 综合搜索挑战百度 / 297
史上最疯狂的家电价格战 / 299
裁员、跑路、撤站：团购网阴云密布 / 302
年度风云人物——“微信之父”张小龙 / 304

2013年 互联网金融元年 / 307
耀眼的“宝宝军团” / 308
微信支付挑战支付宝 / 311
中国互联网最大的收购案 / 313
从 3G 到 4G，手游的春天到了 / 315
第五波海外上市浪潮 / 317
年度风云人物——被掩盖的“大佬”庄辰超 / 319

2014年 跑马圈地，三家分晋 / 321
全国山河一片 O / 322
腾讯与京东联姻 / 325
牵手小米，迅雷上市 / 327
请全国人民免费打车 / 329
为破纪录而生的阿里巴巴 / 331
BAT 到处“买买买” / 334
年度风云人物——“雷布斯”雷军 / 337

目录

Contents

2015年 一半是海水，一半是火焰 / 339

大众创业，万众创新 / 340

滴滴与快的战略合并 / 342

58与赶集，从对手到联姻 / 345

百度推动携程与去哪儿合并 / 347

资本市场的冬天 / 349

e租宝捅了一个大窟窿 / 351

O2O项目迎来倒闭潮 / 354

年度风云人物——“业界良心”刘强东 / 356

1995年

鸿蒙初辟，中国的互联网元年

1995年是中国的互联网元年，随着互联网在中国落地生根，中国最初的几家互联网服务提供商（Internet Service Provider，ISP）开始纷纷亮相，随之而来的便是辉煌、纷争与逐渐的颓败。

鲁迅说过："即使天才，在生下来的时候的第一声啼哭，也和平常的儿童一样，绝不会就是一首好诗。"没有多少人料到：静悄悄进来的互联网，在区区几年之后会将中国的商业形态搅得天翻地覆。

任何新生事物从萌芽到成长再到壮大，都会经历一番迷惘、挣扎、痛苦与摸索，互联网在中国的商业发展也是如此。尽管中国第一批ISP的"结局"都算不上完美，但它们拉开了一个时代的序幕。

远征的战士们，要么载誉归来，要么马革裹尸。那些勇敢拥抱互联网的年轻人，在若干年之后，有不少人站在了中国互联网行业乃至整个中国商业领域的山巅。当然，更多的人埋没于草莽之中。

亚信科技初战告捷

1995年是中国互联网商业的发轫之年。在第一批投身互联网的先行者当中，田溯宁和丁健绝对是个中翘楚，他们把在美国创办的亚信科技搬到了中国。

田溯宁在辽宁大学读的本科，因父母皆出身中科院，所以本科毕业后选择进入中科院攻读研究生。1988年，田溯宁漂洋过海远赴美国的得克萨斯理工大学。在得克萨斯理工大学，他没有选择继续读生物学，而是出于兴趣读了环境保护方向的学位。而后来让田溯宁从环保主义者转变为互联网信徒则缘于戈尔（1993~2001年任美国副总统，当时是参议员）的一次关于信息高速公路的演讲。

在演讲中，戈尔说，信息高速公路如果被纳入一个国家的政策，将可以改变整个国家。就在那一刻，田溯宁意识到：一个可以缩短中美两国差距的良机出现了。于是，他为自己的未来重新选定了方向，决定将这条信息高速公路引入中国。他写了一篇题为“美国信息高速公路计划对中国现代化的意义”的文章，发表在1993年的《光明日报》上。同时，田溯宁还做了不少相关的准备。首先，他更加关注世界科技与经济的发展，更深入地学习有关互联网的知识，同时开始筹划回到国内所能从事的科技产业。为此，田溯宁在美国大学校园的BBS环境讨论分区之外增设了一个讨论区，专门讨论中国互联网产业的前途。也正是在这个讨论区里，田溯宁结识了就读于美国加州大学洛杉矶分校的丁健。虽未曾见面，但通过在网上的交流，他们知道彼此属于同一类人：关心政治、环境以及社会，而且关于科技与创业的想法也极为相似。两人相见恨晚，随后便一起创办了亚信。

亚信的投资人是华人富商刘耀伦，他在当时被誉为“民间外交家”，热衷于为中美经贸往来牵线搭桥。刘耀伦在美国做的是房地产生意，是一位成功的中国商人，亚信是他投资生涯中唯一的非房地产项目投资。

亚信在创办初期主要是经营《亚信日报》，提供翻译过的政治、娱乐以及金融等着眼于中国的新闻订阅服务。丁健负责技术，田溯宁负责管理、市场以及营销。《亚信日报》的经营状况并不乐观，但赢得了小范围的声誉，这也为亚信日后承接中国电信总局的项目打下了良好的基础。

1994年9月，中国邮电部与美国商务部签订了一项中美双方关于国际互联网的协议，协议中约定：电信总局将通过美国第三大电信设备运营商Sprint公司，分别在北京和上海开通两条64K专线。

由于对中国新兴的互联网市场并未给予重视，Sprint没有亲自负责这个项目，而是把这个项目外包了出去。刚开始，亚信并不在Sprint的外包商考虑之列，他们选中的是一家位于马里兰的咨询公司，亚信只是负责帮忙检查工程方案。在执行过程中，亚信发现马里兰那家咨询公司的设计存在很大漏洞，于是便将情况告之Sprint，此举赢得了Sprint的信任。接下来，这个项目由亚信接手。

接手项目的时候，丁健正好在国内进行前期业务拓展。当他把这个消息告诉正在美国等待女儿降生的田溯宁时，两人都特别激动，他们终于找到了一个在中国内地小试牛刀的机会。

就这样，亚信科技（中国）公司应运而生。之后，亚信开始与Sprint合作。项目完成之后，北京、上海加在一起有了32个拨号端口，一个端口大约能支持10~29个用户。所以，这个网络最多大约能够支持500个用户。虽然有限，但在当时来说已经足够用了。

亚信并没有在这个项目上赚多少钱，因为他们接手时，合同金额已经从400万美元变成了20万美元。但是，这个项目催生了亚信日后的商业模式——做互联网的系统集成解决方案。

中国建设这个项目的实质是履行一个政治上的承诺，因为它代表着中美两国部长级会谈的一种结果。但是它向中国公众展示了互联网的巨大魅力，同时也提供了一条公众与互联网进行连接的有效路径。在此之前，中美两国之间的互联网连接仅限于小众层面，能够享用互联网服务的人都拥有某种特权。这个项目完成之后，这种特权开始消融。

一个好消息不期而至，中国邮电部决定将中国电信注册为独立法人，这标志着电信部门将从邮电部拆分出来独立发展。中国电信下属的各个地方电信局都很敏感地意识到了其中蕴含的巨大机会，都积极地为自己寻找新的利润增长点，而方兴未艾的互联网自然是一个绝佳的选择。

与Sprint公司合作成功之后，亚信在国内的知名度迅速上升。全国各地的地方电信局纷纷找上门，希望亚信帮助他们接入互联网。

第一个找到亚信的是辽宁电信，他们想在沈阳和大连建立两个互联网节点。辽宁电信提出的要求是："不管怎么建，只要能连到互联网上就行。"

辽宁电信的项目完成之后，亚信又接了浙江电信建立杭州节点的项目，他们想连到上海。与浙江电信合作时还发生了一个小插曲。当时，中国国内除亚信之外，还有一家公司在承接互联网系统集成项目——Sprint公司。上一次在承接中国项目时，由于傲慢和疏忽，Sprint公司居然给自己培育了一个对手。所以，这一次他们非常积极，欲与亚信一决胜负。这让时任浙江电信数据分局局长的谢峰很为难：一个是国际知名大公司，另一个是国内新兴小企业，到底该交给谁呢？最终，浙江电信选择了亚信。用谢峰的话说是："既然Sprint在中国的第一个互联网项目都交给亚信做了，我再将单子交给Sprint，那他们是不是还会转包给亚信呢？既然如此，我为什么不直接找亚信呢？"就这样，亚信险胜一局。

辽宁和浙江的项目完成之后，声名鹊起的亚信接到了第一个大项目：广东省互联网的7个节点，价值近300万美元。在广东的项目尚未完成，亚信又获得了与中国电信的合作机会。1995年11月，双方签约建设Chinanet，这是一笔价值高达800万美元的合同，完成之后，全国的33个省会级城市的网络将全线连通。

越来越多的项目让亚信忙得不可开交，为了迅速做大做强，亚信决定与中讯合作。随后，双方便以亚信中讯的名头开始与电信打交道。

打败Sprint之后，在国内几乎没有对手的亚信在互联网系统集成项目上高歌猛进。那时候，互联网在中国还属于一项新兴业务，掌握系统集成技术的公司很少。Sprint本来是一个劲敌，但因为自身失误让亚信占了先机。国内其他几家懂得系统集成技术的公司也都在忙着各自的生意，对这块业务根本没有在意，如华为在为电信卖交换机，而UT斯达康虽然也承建了吉通网的互联网部分，但更多的精力放在基于电信的软件系统和设备的销售上。

亚信的发展壮大可谓得益于“天时、地利、人和”，上面有中国电信独立的天时，下面还有十分有利的竞争环境。1995年，亚信四处开花，前景一片大好。

马云踏上了征途

1995年，在绝大多数国人还不知道什么是互联网的时候，浙江杭州有一个年轻人开始通过互联网做生意。他就是日后在中国互联网商界呼风唤雨、称霸江湖的阿里巴巴掌门人——马云。

马云是中国的第一拨“网商”。1995年5月9日，由他创办的“中国黄页”正式上线。马云并非计算机科班出身，是第一批互联网创业者中少数不精通互联网技术的“菜鸟”。他的专业是英语，之所以与互联网结缘，与他的一次出国经历有关。

1994年，身为英语教师的马云创办了第一家公司——海博翻译社。1995年年初，马云作为翻译来到洛杉矶参与一起高速公路投资案。马云这次美国之旅的最大收获是接触到了互联网。

那是一家名为VBN的ISP，它位于西雅图，带马云去参观的是他在杭州电子工学院认识的外教比尔。在VBN那间小小的办公室里，马云第一次使用了Mosaic浏览器，他在上面敲了“beer”这个词，计算机屏幕上便出现了德国啤酒、美国啤酒和日本啤酒，唯独没有中国啤酒。马云试着又敲了Chinese，但计算机给出的结果是“nodata”。这时候，马云被告之：要想被检索到，必须先做个主页放到互联网上。

马云立即请VBN的工作人员为海博翻译社做了个主页，放到了互联网上。当晚，马云便收到了5封分别来自日本、美国和德国的咨询翻译价格的邮件。其中一封信来自一位华侨留学生，他激动地对马云说，这是他在互联网上看到的第一家中国公司。

这次美国之旅，让马云第一次感受到了互联网的魅力。回国后，他和VBN达成协议，对方负责技术，自己在中国寻找客户，为中国企业做上网服务。

1995年3月，马云向学校提出辞职。4月，拿着从亲友那凑来了10万元，马云创办了杭州海博电脑服务有限公司。5月9日，“中国黄页”正式上线。

在当时的中国，知道互联网的人很少，因此马云的推广工作进行得非常艰难。他不停地游说身边的朋友，向他们描绘互联网是多么神奇与伟大。基于朋友之间的信任与情谊，也有朋友会掏腰包购买马云口里貌似“飘渺”的服务。马云把从他们那里要来的资料寄到美国，由VBN将资料做成网页上传网上。之后，还要把网页打印稿寄回杭州，马云将这些网页打印稿拿给朋友看，告诉他们：信息已经上网，在互联网上能看到了。

“中国黄页”当时的收费标准是：一个主页3 000字外加一张图片，总计2万元。其中，需要支付6 000元给VBN。就这样，经过8个月的努力，到1995年年底，公司的收支已经接近平衡，营业额突破100万元。

就在“中国黄页”看到胜利曙光的时候，一夜之间冒出了许多对手，其中最强的当属杭州电信。当时，无论是从社会资源、政府资源还是公司规模上看，“中国黄页”与之相比都要逊色很多。而且杭州电信利用“中国黄页”（chinapage.com）已有知名度，做了一个域名与之非常相近的网站（chinesepage.com），名字则干脆也叫“中国黄页”。大敌当前，马云不敢与之开战，只能选择与杭州电信合作。

1996年3月，双方达成合作协议，马云将“中国黄页”的资产折合成60万元，占30%的股份；杭州电信注资140万元，占70%的股份。后来的结局是，“中国黄页”被收编，马云套现之后去了北京，帮外经贸部（对外贸易经济合作部）做网站。再后来，在1999年2月，他重返杭州创办了阿里巴巴。

马云在推销“中国黄页”的时候，有一个精彩桥段在后来常被提及。由于当时没有多少人知道互联网，为了说服别人参与自己的事业，马云便把大家都很熟悉的比尔·盖茨搬出来说事儿，他说：“比尔·盖茨说了，因特乃特网（马云给互联网取的中文名字）将改变人类的方方面面。”很多年后，马云承认，“这句话其实不是比尔·盖茨说的，是我说的。因为那时候全国刚刚知道互联网，如果说是我说的话，那没有人会相信。”

多年以后，马云还是为自己假冒名人语录付出了代价。现在，冠以“马云说”的语录满天飞。马云说：“心态决定姿态，姿态决定状态。”马云说：“抢钱的时代，哪有工夫跟那些思想还在原始社会的人啰唆。只要是思想不对直接下一个……”马云还说：“别哭，敌人会笑；别低头，皇冠会掉。”还真有人将这些廉价的鸡汤大口干下，只因为贴了“马云”的商标。阿里巴巴公关部为了“伪马云说”多次辟谣，但“每天一万次都辟不完”。

瀛海威：大雾中领跑的先驱

1995年年初，张树新和丈夫姜作贤把之前从事策划和寻呼生意赚来的700万元当作本金，又从银行贷了800万元，注册了北京科技有限责任公司（北京瀛海威科技的前身）。

公司早期的业务很简单，就是把电子邮件、计算机和Modem（调制解调器）搭在一起卖。接下来，张树新与丈夫一起设计出了“瀛海威时空”——一个挂在中科院下的全中文界面的交互网络。在当时，“瀛海威时空”是国内唯一立足大众信息服务、面向普通家庭开放的网络。“进入瀛海威时空，你可以阅读电子报纸，到网络咖啡屋同网友交谈，到网络论坛畅所欲言，还可以随时到国际网络上漫步……”这段广告为人们营造了一个既神奇又美妙的氛围。那时登录瀛海威的用户必须先登记注册，并缴纳一笔入网费。这种模式基本上是早期“美国在线”（AOL）的翻版。

瀛海威在北京魏公村开办了中国第一家民营科教馆，人们可以到那里免费学习互联网知识。瀛海威还在各大新闻媒体开设专栏，积极地向公众普及网络知识、传播网络文化和互联网信息，目的是让人们了解并接受这样一个事实：信息产业是中华民族崛起于世界舞台的一个重要机会。除此之外，瀛海威还向中国科技馆无偿提供“中国大众化信息高速公路”展区，并与北京图书馆合作，在“瀛海威时空”上提供北图书目查询。在亚特兰大奥运会期间，瀛海威还为新闻单位开通了亚特兰大到北京的新闻信息通道……

毫不夸张地说，瀛海威如老黄牛一样为中国的互联网大地拓荒，中国第一代网民中的绝大多数人都是拜瀛海威所赐才走进互联网世界的。

随着瀛海威的发展壮大，张树新有了更大胆的想法：把瀛海威做成一家ISP。不过，张树新也知道，要想组建一家与中国电信抗衡的ISP是非常困难的，不仅需要先到中国电信租用DDN数据专线和所有的电话中继线，还要购买大量相关设备，这些设备包括思科公司的路由器，HP的服务器以及所有的正版系统软件。要实现这些，必须大举融资。于是，张树新决定转让瀛海威的部分股份。

经过一番谈判，1996年9月，兴发集团决定投资瀛海威，总股本扩充为8 000万股。兴发集团与北京信托投资公司控股60%，投入近5 000万元；中国通信建设总公司控股14%；张树新与丈夫姜作贤的的股权比例下调为26%，股值2 120万元。

瀛海威融资后不久，在北京中关村白颐路南端的街角处，突然出现了一块巨大的广告牌："中国人离信息高速公路有多远——向北1 500米。"这块广告牌被认为是中国互联网产业乃至整个中国商业历史上的里程碑。至今，仍有许多当年亲眼见证它的人对此念念不忘。

张树新搞策划出身，制造"热点"是她的拿手好戏。因此，自瀛海威创办以来，她就在不断地制造一些"热点"。凭借着这些"热点"，再经过媒体的轰炸和炒作，短短几年时间，瀛海威便成为广为人知的"中国信息行业的开拓者"。

那段时间，"瀛海威时空"科教馆几乎遍及全国各地。业务不断扩大，公司品牌形象也越来越好。这一切看上去都十分美好，前景也十分广阔。但是，对一家企业来说，赚取利润是最终目的。在这一点上，瀛海威始终未能得偿所愿。

作为中国公众互联网意识的启蒙者，瀛海威只是把一种互联网能够改变世界的信念传播了出去，却始终没弄明白：网站到底该发布哪些信息？网民们真正需要的是什么？瀛海威该怎样打造自身的定位？网站的技术支撑点在哪里？

在寻求答案的过程中，瀛海威不可避免地出现了一些失误，这些失误最终导致了瀛海威被边缘化的命运，"网上中国"便是其中的一个典型。

1997年，适逢香港回归、中共十五大召开和三峡工程开工之际，爱国主义情绪高涨。这时候，张树新采纳了一个策划人的建议，把延安的历史、现实、人物故事都放在了网上，做成"网上延安"，然后再通过教委组织全国中小学生观看，进行爱国主义教育，从而为公司创收。不仅如此，张树新还提出要用最好的技术，先延安，后西安，再全国，最终推出“网上中国”，将其打造为瀛海威的经典品牌。然而，耗费大量人力物力的“网上延安”上线之后，用户根本不买账。究其原因，一是当时网速太慢，打开一张图片需要以小时来计算；二是爱国主义教育这个题材很难通过互联网表现，与实地参观所能达到的效果相差甚远。

瀛海威的另一个重大失误是实行联机服务收费。收费政策实施之后，瀛海威立即变成了一座名副其实的互联网高消费中的“孤岛”，大量用户流失。

大失误频频，小失误更是不断。由于使用了一套与因特网互联协议（TCP/IP）不同的通信规程，让网民熟知也容易找到的标准浏览器 Netscape 和 IE 在号称“纵横时空”的瀛海威竟然不能使用。瀛海威此举无异于向整个世界互联网标准发起挑战，结果是在给广大用户带来不便的同时，也限制了自身的发展。

除了这些，张树新对互联网的商业化也一筹莫展：“我们知道 2000 年以后我们会赚钱，可我们不知道现在应该做什么。”这是当时在瀛海威公司内十分流行的一句话。

除了上述几个原因以外，瀛海威的失败与当时整个行业的大背景也不无关系。

当时，瀛海威用户通过电话线拨号上网，然而当接入成功之后，用户想要浏览国外的站点必须通过中国电信的主干网。其中拨号网络部分收取的费用（实际上就是电话费）全部交给了中国电信，瀛海威只能算是过路财神。而瀛海威收取用户通过主干网浏览国外站点的费用，远远低于瀛海威交给中国电信主干网的使用费。如此一来，用户访问国外站点的次数越多或时间越长，瀛海威赔的钱也就越多。这不仅仅是瀛海威面临的困境，也是当时国内所有的 ISP 都难以摆脱的困境。因为中国电信是行业老大，它在中国有线网和无线网通信上占据绝对统治地位，任何一家公司都要执行中国电信制定的价格体系，遵守中国电信制定的政策，与之竞争是想都不要想的事情。

总之，在整个行业大背景的“胁迫”和多个决策失误的共同作用下，瀛海威这个“大雾中的领跑者”从辉煌一步步地走向衰落。

1997年，瀛海威的全年收入为963万元，而仅仅广告宣传费就高达3 000万元。由于香港金融危机，1997年12月，中策公司终止了参股瀛海威的想法，瀛海威不得不收缩战线。1998年6月，张树新辞职；1998年11月，除了总经理以外的全体瀛海威中高层管理人员集体辞职；1999年11月，瀛海威融资成功，新瀛海威在香港注册成立；2001年8月，瀛海威弃守ISP，宣布“大转型”；2001年9月，瀛海威开始裁员。自此以后，公司的业务发展一直举步不前。三年后，瀛海威彻底从人们的视野中消失。

先驱成为先烈。血沃中原肥劲草，新一代的“野生”创业者在蓬勃生长！

中网："首都效应"催生的ISP

亚洲互联网向来都有所谓的"首都效应"，即该国家的首都率先成为互联网发达地区。北京是当时国内互联网最早接入的地方，所以在中国互联网界的第一批ISP中，影响最大的两家都来自于北京：一家是前文提到的瀛海威，另一家是与瀛海威几乎同时成立的中网。

1995年6月，从美国斯坦福大学毕业回国一年多的万平国在北京成立了中网公司，全面开展互联网接入市场的服务。为了成立中网，万平国共筹集了3 000万元，对1995年的中国互联网来说，这无疑是一笔巨款。

俗话说，财大气粗。当时在北京注册的互联网公司几乎都是以"北京"开头，而万平国则因为注册资金雄厚，要到国家工商总局注册，因此得以"中"字头冠名，是为中网。

因为起点高，所以中网的第一批用户都是各国大使馆以及驻京外企等高端客户。那时候，中网门口的高级轿车如过江之鲫，公司形势看上去一片大好。

但是，市场的严酷性很快便显现出来：一方面，电信成本高昂以及市场容量的局限，很难让中网实现规模效应；另一方面，在中网成立之后，中国电信很快便介入了市场。于是，中网遇到了与瀛海威一样的问题：跟中国电信这棵参天大树相比，自己如同一株柔弱小草。

ISP业务的止步不前，让万平国忧心忡忡。从1996年开始，中网尝试着开辟其他网络项目，希望以此改变不利局面。于是，中国互联网最早的BBS——"新空气"在中网诞生了，然而因为无法实现盈利，其很快就被扼杀在摇篮里。充满讽刺意味的是，在许多年之后，BBS成为中国互联网上一股强势力量，它的出现和发展影响了中国互联网发展的进程。而窥见其奥妙并在其中尝到甜头的当属新浪。中网刚刚推出“新空气”，王志东便带着汪延来中网取经，了解BBS怎么经营。不久，四通利方论坛诞生。

BBS搁浅之后，中网又打起了E-mail的主意。1996年，中网推出了一个名为“亲朋好友”的计划，并提出了一句响当当的口号：“一个中国人一个电子信箱。”愿望是美好的，但现实往往很残酷。计划虽然推出了，具体该如何运作，中网对此并没有一个明晰的方案。比如说，是应该通过免费先吸引客户，还是应该先收费实现盈利？后来，网易以及其他的免费邮箱一面世，中网的这项计划立即搁浅，最终不了了之。

除了BBS和E-mail，中网还是最早涉足电子商务数据库的ISP。中网曾经搞过一个“百万企业上中网”的宏伟计划，并为此一次性购买了一个包含30万家企业的数据库。但由于当时中国互联网还处于起步阶段，知道什么是电子商务的企业寥寥无几。所以，中网最终不得不放弃了这个平台。多年以后，电子商务成为引领中国互联网商业的“领头羊”。

就这样，中网努力地尝试着新项目，努力地进行改变，结果却是一次又一次把机遇挡在门外。

1999年，中网还曾一度变脸为中网通讯网络有限公司。新公司的业务主要分为两部分：系统集成和软件定制，ISP则由以前的“老中网”继续做。但系统集成业务的发展并不理想，用时任中网品牌推广经理陈啸的话来说就是：如果你想让它（系统集成业务）的利润再增长5%，你可能要投入全公司80%的人力、物力。在有更好的选择时，这显然不是一个好项目。

几番尝试都以失败告终之后，万平国意识到：要想让中网生存下去，必须从核心业务和公司形象方面做一次彻底转变。

2001年7月，中网新的领导班子在京与媒体见面。万平国任中网董事会董事长，罗与曾任CEO。进入中网之后，罗与曾宣布了新中网的全新战略，即转型为互联网安全厂商。

接下来，在罗与曾的带领下，转型后的中网确实在网络安全领域创造了一些成绩，但随着中国互联网商业的蓬勃发展，中网昔日的辉煌已经无法重现。2002年之后，万平国和中网的身影逐渐消失在公众的视野当中。

深圳讯业：ISP中神秘的泰坦尼克号

说到中国互联网界的第一批ISP，深圳讯业是一个绕不开的话题。在第一批获得牌照的5家ISP中，深圳讯业在规模上是绝对的“老大”。

深圳讯业的投资额为4亿元，这种规模即使是在今天也足以令人羡慕。所以，从一开始，深圳讯业便是以巨轮的形象出现在中国ISP编队之中。

深圳讯业的创始人叫王鹏，他是个极其神秘的人物，在媒体上找不到他的半点儿信息。坊间传说他是军人出身，在政商两界都有广泛的人脉。

1994年10月，深圳讯业获得中国原邮电部第一张批文，获准从事计算机信息网络国际联网业务。1995年5月，深圳讯业注册col. com. cn域名（中国在线）。1995年10月18日，深圳讯业的第一个站点开通，巨轮正式下水启航。

深圳讯业与之前的瀛海威一样，都是模仿美国在线的运营模式，欲做中国的AOL。深圳讯业采取与各地联合创建的模式运作：从思科、太阳微系统、摩托罗拉那里购入全套互联网接入设备，再用这些设备找当地政商名流一起合作打市场，股份各半。此举令深圳讯业的业务在全国迅速铺开。

1997年，深圳讯业斥资20多万美元，建立了当时全国规模最大的Java实验室。Java是美国太阳微系统公司（全世界最具实力的硬件、软件与服务的领先供应商）于1995年推出的一种计算机语言。当时互联网上的信息内容都是一些乏味死板的HTML文档，网民迫切希望能在Web中看到一些交互式的内容，太阳微系统公司的开发人员意识到了这一点，他们将OAK技术应用于Web，开发出了HotJava的第一个版本。

在太阳微系统公司将Java向中国市场推进时，深圳讯业与其携手建成了Java实验室。由太阳微系统公司无偿提供全套的硬件和软件设备，深圳讯业提供全面的网络环境和技术队伍，共同研究 Java 技术，致力于开发适用于中国的产品。同时，深圳讯业建立 Java 实验室的更深层次的目的是，在加强 Java 技术研究的基础上，促进国内外技术交流，普及 Java 教育，培养 Java 技术人才，收集 Java 技术资源信息，建立中国的 Java 技术资源站点，使其成为开放的国际性的 Java 技术研讨、实验、演示中心。此举当时在业界造成了不小的影响。

在 1998 年，深圳讯业与同创信息产业集团签订了合作参股协议。内容包括：同创集团投入 3 亿元认购深圳讯业 10% 的股份，在全国 108 个城市共同开展一种符合中国现状的电话入网联机在线信息服务。接下来，深圳讯业独创性地推出了“金网秘书”电话入网联机信息服务，使那些没有计算机或不会使用计算机的人也能通过电话机进入讯业金网信息库，享受便利快捷的信息服务。

虽然一时风生水起，但深圳讯业也没逃脱与瀛海威和中网一样的命运，在摸索航行中逐渐驶向沉沦。1998 年，深圳讯业各地分公司难以为继、相继关门的传闻不绝于耳。此后，深圳讯业几乎是一夜之间，如泰坦尼克号一样沉没了，媒体很少再追踪它们的消息。

虽然深圳讯业并未创造出辉煌的业绩，但它如黄埔军校一样，培养了诸多人才。其中最著名的有两位，一位是网盛科技的创始人、董事长孙德良，另外一位是与康哲等人一起创办蓝点 Linux 并担任该公司 CEO 的邓煜。

年度风云人物——“互联网先烈”张树新

张树新被称为“中国信息行业的开拓者”，也有人称她为“中国互联网的先烈”。她一手创办的瀛海威科技一度是中国第一批ISP中的翘楚，虽然最后由于种种原因沉沦在了互联网的烟波浩渺中，但张树新作为中国互联网的第一批奠基人，绝对功不可没。

1985年，张树新毕业于中国科技大学化学系，1986~1989年在《中国科学报》做记者，1989~1992年在中科院工作。

1992年，张树新下海创办了天树策划公司。凭借敏锐的商业嗅觉和超前的策划意识，她赚到了人生第一桶金。张树新最成功的一个案例与歌手崔健有关。1992年，作为总策划和节目推广人，张树新联合中国癌症基金会邀请崔健义演，当时的宣传语是“我的病就是没有感觉”。整整三年没有出现在舞台上的崔健，重返舞台时引发了很大的轰动。此次义演的成功为张树新的创业之路开了一个红红火火的好头。

接下来，张树新转身进入寻呼行业。寻呼是中国通信业最早实行开放的行业之一。在20世纪90年代前期，寻呼是一个暴利行业。张树新在山东做了7家寻呼台，她的财富也因此飞速递增。当寻呼行业开始衰败时，张树新机敏地跳了出来，稳稳地保住了手里的财富。

1994年，从寻呼行业抽身之后，张树新与丈夫姜作贤一起去美国游历。在一位同学的家里，她看到了一份印有E-mail地址的通信录，也是在那个时候她知道了美国有一家叫AOL的互联网接入公司。对商机十分敏感的她认定互联网绝对是一块比寻呼大许多的蛋糕。更关键的是，这是个全新的朝阳行业。

1995年，瀛海威科技在北京创立。经过3年的经营，瀛海威发展成为拥有37 000家客户的知名ISP公司，是除邮电系统之外中国最大的一家电信网络公司。同时，瀛海威还建立了中国第一个公司网。张树新因此被誉为中国的“第一代织网人”。

遗憾的是，1998年因为瀛海威巨额亏损以及后继资金供给不足，引发了公司核心张树新与公司大股东的激烈矛盾。和所有类似的矛盾一样，最后是资方赢得了胜利，创始人张树新递上辞呈出局。

1998年，退出瀛海威的张树新创办了盛华元通国际投资管理公司。1999年年底，她又创办联合运通投资顾问有限公司，并出任董事长。2000年8月24日，网上有消息称，张树新意欲重出江湖，收购瀛海威，却一直未有明确的动作，最后不了了之。2007年，张树新出任新创基金会主席。

对于瀛海威的失败，张树新在接受网易科技采访时曾这样说：

每个人的使命不同、爱好也不一样。1995年我就开始做瀛海威，从商业角度来讲它是不成功的，但那么早进入行业不成功其实也很正常。当时大家分析了很多原因，今天看来也很可笑，因为它只是太早了，大量东西不成熟。

但在这中间我有一个致命的问题，我想问题是不太像商人，我自己也不太喜欢做商人，因为我总觉得商人是逐利的。在这种情况下，我个人的性格其实也耽误了这家公司，因为我没有在它特别危险时找到一个适应当时外部环境的商业模式。没有把它带出当时的困境，作为商人来说是我必须要检讨的。

长江后浪推前浪，前浪死在沙滩。客观来说，张树新的瀛海威对中国中国互联网产业的贡献是巨大的。瀛海威启蒙了中国人的网络意识，在网络服务的市场培育上也功不可没。另外，张树新本人也做了很多传播工作：向中国科学技术馆无偿提供“中国大众化信息高速公路”展区，主导出版了一套网络文化方面的图书，在参与编辑这套图书的人里，至今有许多仍然活跃在中国互联网界，为这个行业以及这个时代贡献着他们的力量。所有这些都与张树新以及她的瀛海威有着千丝万缕的联系。

1996年
“海龟”归来，开启阳光下的财富大赛

1996年，作为海归的符号性人物以及具有海外视野的本土创新派代表张朝阳和王志东崭露头角。他们很快成为媒体热衷讨论的人物，频频占据各大媒体的重要版面。

那一年，门户网站、搜索引擎以及风险投资等全新的商业概念开始在中国互联网界生根发芽。更有深刻意义的是，那时候建立起来的互联网公司从一开始就自觉地置身于全球化的背景下，同时因其拥有清晰的产权结构，所以被称为一个没有“制度原罪”的产业。

一场发生在阳光下的财富大赛即将拉开序幕。

第一个 BBS“一网情深”诞生

1996 年 4 月 10 日，中国公众网第一个 BBS“一网情深”诞生于深圳。BBS 的英文全称为 Bulletin Board System，翻译为中文就是“电子公告板”。

“一网情深”的站长名叫张春晖，程序是由水木清华创始人 Alex（黄峥嵘）等和热心网友搭建的，当年的深圳电信为此还以支持清华互联网学术研究的名义划拨了 10 万元的开发经费。

张春晖出生于一个电信世家，他的父母、哥哥、嫂子、舅舅、姑姑都从事电信工作。因此，张春晖在填报志愿时选择了海南邮电大学的电信专业。1990 年毕业后，他被分配到深圳电信工作。在一次与一群朋友的交谈中，他听说了互联网，觉得“心扉忽然一下子被撞开了”。在这群朋友中，有一个人叫李黎军。

根据张春晖的回忆：“一网情深”原型的创建者是李黎军。李黎军毕业于清华大学，曾获得深圳市颁发的“十大杰出青年”，大学毕业后曾与好朋友一起下海经商，但后来又回归到互联网行业。他是当时深圳电信新技术中心的负责人、深圳互联网项目的立项人之一，也是后来国内知名的互联网增值业务公司傲天的创始人之一。

“一网情深”的版块只有“新手上路”、“站务管理”和“知性感性”三个，后来最多时增加到近百个。当时，移动电话是奢侈品，QQ 还没有诞生，上网时人与人之间根本不能实时互动，有了 BBS 这个不花钱的互动社区（上网费不计），网民们可谓“喜大普奔”。他们在 BBS 上聊到凌晨三四点、再兴致勃勃约吃宵夜。当年在“一网情深”玩得乐此不疲的有马化腾、丁磊、薛兆丰（经济学家），以及后来很多 IT 公司的创始人及高管。

1996 年 11 月 23 日，“一网情深”还举办了网友聚会，一下子来 300 多人，不少网友专门从北京、上海、香港、台湾、广州飞过来。

在网络这片新开发的荒野里，网民们不免放肆撒野。而对于BBS这个新生事物，网民与管理方都把握不住尺度，因此造成“一网情深”经常被封杀。到20世纪90年代末，该BBS走向没落。随后，张春晖也进行了两次创业，曾经获得过包括IDG在内的VC的投资。

“一网情深”淡出之后，又一批新秀冒了出来。如1999年上线的天涯社区，一时风头无二，无数作家、编剧以及所谓的“网红”都是依靠这个平台走到舞台的中央。而在微信、微博盛行的移动互联网时代，天涯社区也正在走向衰落。

就连网易社区也难以为继，在2012年12月停止了服务。在提前一周发布的公告里，官方是这样说的：“亲爱的朋友们：网易社区老了，是时候和大家说再见了！因业务调整，网易社区将于2012年12月18日零时停止服务。”

运营了近16年的网易社区全面关停，让一些人确信：在微博、微信等新兴社会化媒体的冲击下，社区论坛这种最早的社交工具已经被日益边缘化。

历尽曲折的爱特信

搜狐的前身是一家叫作“爱特信”的互联网公司，是张朝阳在1996年创办的。

1995年，张朝阳从美国回国，身份是美国ISI网络公司的中国首席代表。之所以选择用一种过渡的方式回国进入互联网行业，主要是因为当时的张朝阳心里并没有一个清晰的商业模式。他还没有想好在互联网行业里做什么，虽然他知道这里面有很多机会。

张朝阳在ISI中国办事处的主要工作是将中国、波兰以及全世界新兴市场的商业信息汇集到同一个服务器上，然后通过付费阅读为华尔街提供服务。经过一年多的努力，ISI在中国的业务开展得不错。张朝阳也积累了一些经验，他觉得创业的时机到了。当然，创业需要一笔不小的经费，于是张朝阳开始了融资之旅。

初涉融资让张朝阳遭遇了重重坎坷。为了给投资人打电话，他在美国大街上的公用电话亭前排过长队，甚至还被投资人赶出办公室。虽然艰难，但付出总会有回报，有两位天使投资人打算投资：第一位是斯隆管理学院的教授爱德华·罗伯特，第二位是罗伯特的学生邦德——一个亿万富翁的儿子。虽然有意投资，但罗伯特提出了一个附加条件，那就是张朝阳必须再找一个具有公信力的投资人。这时，张朝阳想到了自己在麻省理工学院的导师、学院媒体实验室主任尼葛洛庞帝。

一番周折之后，尼葛洛庞帝终于同意投资。张朝阳转而找到前述的两位天使投资人，成功拿到了总计22.5万美元的天使投资。虽然钱不多，但足够启动一家公司了。

拿到了风险投资，张朝阳的公司很快就开张了。他给公司起名叫互联网技术公司（Intemet Technology Company），英文缩写是ITC，爱特信便是ITC的中文谐音。

虽然张朝阳坚信互联网里存在巨大商机，但该怎样抓住这些机会，他心里仍然没底。当时，张树新的瀛海威、万平国的中网以及王鹏的深圳讯业等ISP风头正劲，但张朝阳并不想做ISP。在他看来，那些网站不够开放，不符合他的互联网价值观。接下来，防火墙软件也曾一度跃进张朝阳的视野，为此他还与以色列的一家公司进行过接触和协商，但最终还是放弃了，原因同样是不符合他的互联网价值观——不能面向最终消费者。

最后，张朝阳决定遵循自己对互联网的理解，做一个足够开放、可以直接面向网民并为网民提供信息服务的网站。

1996年12月28日，张朝阳花了两万元"攒"了一台服务器，并把这台服务器放到了北京网通前身——北京电信刚刚建成的主干网上，此举开创了中国商业服务器托管的历史先河。同时，受到创业股东之一尼葛洛庞帝投资的一家叫作"热连线"的美国网站的启发，张朝阳发现了网络广告这种商业模式。他决定在自己的网站上试一试，但经过前往美国实地考察之后，他发现：这种商业模式的运作过程将消耗巨大的成本，自己这家规模有限、步履蹒跚的小公司是承受不起的。所以，这个项目也不了了之。

几经曲折，爱特信还是没找到出路。张朝阳开始思考：是自己在网站上做一些内容还是建立链接，以便网民获得更多的信息？思考之后，张朝阳决定试试后者。张朝阳尝试着将别的网站的内容用超链接的方式列在自己网站的一个栏目里。此举居然获得了非常好的效果，点击率很高。于是，超链接正式在爱特信"安家落户"。当时，爱特信的超链接叫"赛博空间"，后来改名为"指南针"。

张朝阳想到做超链接还有另外一个原因：他看到了雅虎的成功。雅虎就是一个以超链接为主体的网站，只不过采取的是分类目录的方式组织。

在超链接上的尝试，让张朝阳萌生了开发搜索引擎的念头。因为有了搜索引擎，就可以像雅虎一样采取分类目录的方式整合网上的各种内容。接下来，日后创办视频网站56的王建军以及如今和讯网的COO陈剑锋先后加入了爱特信。王建军主管开发搜索引擎，陈剑锋主管市场。

就这样，从服务器托管到建立网站，爱特信一路摸索前行。对张朝阳来说，经营方向的波折所造成的困扰还不是最让他头疼的，爱特信在这个行业中籍籍无名才是他心头的最“痛”。当时，爱特信刚刚成立，想在媒体上投放广告进行宣传，没有一定的人脉和资金是办不到的。可是，以当时公司的情况来看，无论是人力还是财力都不足以支撑宣传推广。

张朝阳开始琢磨既能少花钱又能见效快的宣传点子。

张朝阳抓住了一个机会

就在张朝阳苦于宣传无路之时，“天上掉馅饼”的事情发生了。这个扔“馅饼”的人不是别人，正是爱特信的股东之一、麻省理工学院媒体实验室主任尼葛洛庞帝教授，而促成这次机缘的是尼葛洛庞帝在1994年出版的《数字化生存》一书。

1996年，《数字化生存》中文版由海南出版社出版，中文译者是时任《三联生活周刊》经济部记者的胡泳。从发现这本书到翻译完成，他和妻子范海燕只用了20天时间。在翻译的过程中，胡泳强烈地感觉到这本书将给中国人带来一次强烈的冲击，也将为中国人打开一道通往数字化和互联网的大门。

果然，《数字化生存》一经推出，凡是对互联网感兴趣的中国人都记住了尼古拉斯·尼葛洛庞帝这个有点儿拗口的外国人名。那时候，中国互联网还处于垦荒期，对那些对网络还懵懵懂懂的国人来说，这本书成为他们跨入奇妙的数字化新世界的最佳指南。在《数字化生存》的前言中，尼葛洛庞帝开宗明义地写道：“计算不再只和计算机有关，它决定我们的生存。”

那么尼葛洛庞帝又是怎样因这本书而成全了张朝阳的呢？

在《数字化生存》中文版上市之初，虽然在计算机和互联网领域备受推崇，但在大众市场上的表现差强人意，因为大家都觉得那是专业人士看的书。图书要想提高销量，就要造势，要让广大读者意识到这本书和他们的距离并不远。

海南出版社的蓝峰联系了在国务院信息办工作的旧识高红冰，希望他能够帮忙推荐这本书。高红冰看过书之后，觉得很有价值，值得推荐。他给蓝峰出了个主意：把这本书的作者尼葛洛庞帝请到中国来做演讲。高红冰为此找到了当时任职于美国信息产业办驻华办事处的苏维洲，希望从他那里找到联系尼葛洛庞帝的途径。苏维洲说，这个好办，尼葛洛庞帝在中国有个学生叫张朝阳，他就在北京，你可以去找他。

由张朝阳出面，自然很快便联系上了尼葛洛庞帝，尼葛洛庞帝的首次访华之旅便提上了日程。

与此同时，当时已经成为中国互联网大佬的张树新也发现了《数字化生存》这本书。张树新是一个喜欢挑战的人，外加当时刚刚拿到中兴发的5 000万元投资，正想搞点儿大动静出来。所以当她得知海南出版社想邀请尼葛洛庞帝访华时，便主动提出由瀛海威来承办这件事。

1997年2月28日下午，尼葛洛庞帝来了。主办方专门为他组织了一场有关信息革命的报告会，张朝阳作为翻译全程陪同。出席本次活动的除了信息产业的几个巨头之外，还包括8位部长级的政府官员，足见政府对此事同样十分关注。

由于尼葛洛庞帝的未来学家身份，加上政府的高度重视以及相关各方的积极推动，此次活动大获成功。尼葛洛庞帝更是被冠以“中国的数字化教父”的美誉。与此同时，《数字化生存》的销售量节节攀升，成为年度畅销书。总之，尼葛洛庞帝的首次访华对中国互联网商业发展史来说，是一件意义非凡的大事。

要说在尼葛洛庞帝首次访华中最出风头的，自然是出钱又出力的瀛海威和张树新了。不过，风头是出了，瀛海威却并没有得到什么实质性的好处。仅仅在一年之后，张树新就逐渐淡出了互联网的舞台。

与之相反，基本上没花什么钱的张朝阳却从中获得了巨大的实惠——作为尼葛洛庞帝的弟子以及翻译，张朝阳对媒体声称他是尼葛洛庞帝的传人，他刚创立的爱特信公司也受到了尼葛洛庞帝的投资。第二天，大量媒体报道了张朝阳与尼葛洛庞帝的故事，而真正请来尼葛洛庞帝的张树新则沦为了陪衬。以至于张树新在很多年后仍然抱怨：“我请来尼葛洛庞帝是为了普及中国互联网知识，张朝阳却把他拿来出名。”

爱特信因此吸引了一大批人才加盟，但对张朝阳来说还远没到高枕无忧的时候，因为公司账面上已经快没钱了。第一笔融资所剩无多，想要继续支撑下去就必须再次引入风险投资。于是，张朝阳踏上了更为艰难的第二次融资之旅。

想要更快、更容易地成功融资，一份完美的商业计划书自然必不可少。那段时间里，张朝阳把全部精力都投入了商业计划书的写作。在商业计划书中，他预言了一个商业网站应该是资讯和导航的结合，也形容了门户的特征是信息的集合者而不是制造者，甚至还描绘了广告收入的曲线，以及对页面点击率与广告之间的算法、收入模式等，可谓面面俱到。

尽管张朝阳的商业计划书写得很详细，也极具诱惑力和煽动性，但对当时的美国投资者来说，无论是中国还是中国市场都还是非常陌生的，所以张朝阳又被一次次地拒之门外。

有一个日子对张朝阳来说终生难忘：1997 年 9 月 11 日。时至今日，他还为自己在那天所表现出来的出色能力而骄傲。那天，张朝阳马不停蹄地去了 4 家风险投资公司，他们分别是英特尔、世纪投资、软银以及罗伯森·斯蒂文森公司，并最终获得了英特尔的投资。

原本，像爱特信这样专注于做门户的网站根本无法引起英特尔的兴趣，这种认识导致英特尔曾丧失了一个大好机会——错过了对雅虎的投资。另外，在 1997 年，据中国互联网官方的一个调查显示，那时候阻碍中国人上网的首要原因是中文网页屈指可数。这两个看似风马牛不相及的因素叠加在一起，促成了英特尔对爱特信的投资。一来，英特尔不想再错过另一个“雅虎”；二来，英特尔认为像爱特信这样的互联网公司如果发展起来，必将促进中国互联网整体的发展，这对于主要依靠销售计算机硬件的英特尔来说无疑是一个利好——它们将面对一个无比巨大的、处于“饥饿”状态的市场。

从爱特信的角度来说，获得英特尔投资的意义也绝不仅仅是渡过了财务危机那样简单。当时，英特尔是中国互联网广告业的大金主。英特尔的投资也为爱特信进入互联网广告领域开启了一道方便之门，当然这些都是后话。

除了英特尔，爱特信的第二笔融资中还包括道琼斯、晨兴、IDG 等几家公司的投资，总计为 220 多万美元。

爱特信并不是第一家获得海外风险投资的中国互联网公司，之前的亚信、前导以及四通利方都已经开过先河。张朝阳也算不上中国互联网引入海外风险投资的“第一人”，田溯宁、边晓春以及王志东都算得上他的“前辈”。但爱特信是中国第一家完全由海外风险投资催生的本土互联网公司，从这个意义上来说，爱特信对中国互联网接轨海外风险投资起到了启蒙作用。

四通利方获得650万美元风投

1993年年底，北京四通利方信息技术有限公司在中关村正式成立。这是一家主要由四通公司出资创办的民营高科技公司，目标是创办国内一流的软件公司。与其他同一时期的中国互联网公司相比，四通利方从一开始便有着相对清晰的产权结构：按照双方的约定，四通集团投入500万元港币，占70%的股份；王志东和他的创业团队以技术入股，占30%的股份。

王志东毕业北京大学电子工程系，在读书时就因为经常给中关村计算机商城里的业主们写工具软件而小有名气。那时候，经常有人邀请他以技术入股的方式合伙开公司。由此可见，其"软件天才""新一代程序员的领袖人物"等名号并非浪得虚名。

1995年之前，王志东带领技术团队研发的RichWin中文平台在同类软件的销售中独占鳌头，甚至一度超过美国微软的中文版"95视窗"。但到了1995年，四通利方陷入困境。首先，随着微软等海外强敌进入中国的速度和力度不断加大，四通利方在产品优势上渐渐由强变弱；其次，四通集团之前投入的那500万元港币所剩无几，资金不足制约了公司的发展。当时，摆在王志东和四通利方面前的，与张朝阳和爱特信之后遇到的困难相同。为了寻找投资，王志东一年三进硅谷。

王志东三次硅谷之行的目标公司分别是IBM、惠普以及微软，名号全部响当当。这三次硅谷之行，王志东都是受邀对象，受邀的还有国内其他软件界的同行。国际互联网巨头们这样做的目的是，借机与中国互联网公司进行更多接触。他们意识到即将开放的中国软件市场将是一块无比巨大的"蛋糕"，谁能占得先机，谁就拥有更多的机会。

1995年7月，正值全球第一家互联网公司网景上市前夕。那次硅谷之行让王志东意识到：四通利方的未来就是成为一个像网景一样的公司。

经朋友介绍，王志东与摩根士丹利的投资负责人进行了会谈。虽然没能与之达成投资协议，但是经过此次会谈，王志东洞悉了许多商业“机密”。比如，他知道了什么是风险投资，也知道了互联网公司应该怎样在中国做市场，又应该怎样到美国上市。更重要的是，通过与摩根士丹利投资负责人的沟通，王志东意识到：四通利方其实并不是一家单纯的中国软件公司，而是一家总部设立在中国的全球软件公司。与此同时，王志东也明白了投资是分层次和级别的，产业资本和风险资本的钱存在很大区别，而要想尽快获得风险投资，必须找到专业人士来帮忙。

在此之前，王志东只能算一个中国互联网界的本土创业者，经过三次硅谷之行，他逐渐开始具备海外视野。此后不久，时任罗伯森·斯蒂文森公司中国投资部主管的冯波登场了。

冯波大学还没毕业就进入了硅谷著名的投资公司罗伯森·斯蒂文森公司，很快就成为这家公司中国投资事业部的主管。此前，冯波做过很多重要的投资项目，其中最著名的就是帮助亚信获得了三家公司、总计 1 800 万美元的投资。

1996 年 1 月，四通利方和罗伯森·斯蒂文森公司签订了国际融资服务合同。1997 年，四通利方便在该公司的帮助下，获得了艾芬豪和华登的风险投资，共计 650 万美元。

获得风险投资后的四通利方先后引进了许多国外高级管理人才，完成了自身的国际化改组，为将来的发展奠定了坚实的基础。1998 年 10 月，四通利方与北美最大的中文网站华渊生活资讯网合并。由此，四通利方由一家单纯的民营软件公司，一跃成为国际互联网领域举足轻重的跨国公司。同年 12 月 1 日，四通利方改名新浪，全球最大的中文门户网站新浪网正式亮相。

年度风云人物——爱作秀的张朝阳

试想一下，中国互联网如果少了腾讯、百度和阿里巴巴会是什么样？

那无异于少了即时通信、搜索、电子商务这三颗最璀璨的星星，中国互联网的星空将一片黯然。

那么如果少了搜狐呢？

似乎没什么损失，因为无论在哪个领域，搜狐似乎都无缘做老大。这是客观事实。

但是，如果中国互联网少了张朝阳，损失就大了。

每个行业都有属于自己的明星，张朝阳无疑就是中国互联网商业界的明星。

跟互联网行业的其他CEO相比，张朝阳更热衷于与媒体打交道。很多摄影记者表示，张朝阳是最能领会摄影意图的被采访人，通过对灯光与背景的选择，他就能猜得出大概需要的造型以及表情。曾经有一个摄影记者建议，为了体现更休闲潇洒的一面，请将外套脱了吧，张朝阳拒绝了：里面的衬衣不是太好。

张朝阳的作秀始于1996年给尼葛洛庞帝当翻译的意外收获。这次声名上的大丰收，让他领悟到："CEO有一部分责任是面对公众，把公司的理念告诉公众。如果作秀能吸引人们的眼球，使人们眼前一亮，就可以做。频繁曝光、被炒作是公司的市场策略，是为公司作贡献，这为我们节约了大笔广告开支。"

登珠峰发短信，天安门前玩滑板，"半裸"上时尚杂志的封面，张朝阳的每一次作秀都让人尖叫。"实际上，我所做的一切都是为了工作。"针对外界的种种说法，张朝阳平静地表示。他认为自己的作秀在相当长的时间内对搜狐的发展起的作用是积极的："至少让人们感受到了互联网的人性化和丰富多彩，当人们想起网络的时候，首先想到的是娱乐、时尚和生活，而不是冷冰冰的电脑。"

给外界留下健康、阳光、上进形象的张朝阳，在2012年却因为抑郁症濒临崩溃。在闭关休养一年后的2013年，张朝阳在接受杨澜访谈时说："以前我觉得，钱越多，自由度越大，人就会越幸福。我是真的什么都有，可我居然还这么痛苦。后来我就发现，幸福跟钱多少真的是没有关系。"

光荣的桂冠从来都是荆棘编制而成的，想要多大的成功就要经历多大的磨难。在提到早年的"辛苦作秀"时，张朝阳曾说："我必须努力在公众面前发出声音，以取得董事会的信任，同时促进网站的流量和产品的销量。"

张朝阳用"备受煎熬"来形容创业多年的经历。他回忆说，从1996年融资时就非常困难，四处奔走。1999年，新浪崛起，迅速超越搜狐，当时董事会不信任他，随时可能会换CEO。2000年，新浪成功上市，搜狐还遥遥无期，上市的最后关头还差点儿卡壳。

"在与董事会的复杂斗争中，我学会了权术，从一个学生变成了对利益关系有清醒认识的人。我的生活充满了竞争、危机和压力，并非外人所见的风光和得意，其中的坚持和孤独只有一个人默默承受。"张朝阳说。

创业不易，成功不易，让我们且行且珍惜。

1997年

资本苏醒，互联网新媒体鸣笛出海

1997年，基于互联网的中国新媒体鸣笛出海……

新媒体区别于电视、广播、报纸、通信等传统媒体，是以互联网和移动增值为主的新兴媒体。

1997年，在中国互联网商业发展史上，ChinaByte（比特网）绝对值得一提。不仅仅因为它是中文世界中的第一家商业互联网内容服务商（Internet Content Provider，ICP），更主要的原因是它为中国互联网成为新媒体主战场起到了启蒙作用。

从ChinaByte开始，中央电视台、《人民日报》、新华社等强势传统媒体纷纷触网。与此同时，一个基于数字化方式生存的全新电视台——凤凰卫视也正式亮相。

随着新媒体的蓬勃发展，许多传统媒体人纷纷投身其中。他们当中有默多克、刘长乐、熊晓鸽、陈宗周、李志高、宫玉国、多佛、施朗然等。

ChinaByte：默多克的敲门砖

1995年秋，由默多克的新闻集团和《人民日报》联合创办的笔电新人信息技术有限公司（以下简称笔电新人）宣告成立。

当时，笔电新人有多条路可以选择，如图文电视、卫星全球定位系统，这些都是新闻集团的强项，有着很深厚的基础，但是最后笔电新人选择了互联网。之所以做出这样的选择，是因为图文电视受图文电视台制约，卫星全球定位系统又有诸多政策上的限制，而互联网受到的管制相对较小，而且发展空间巨大。

有默多克身影的笔电新人成立之后，在国内并没有产生多大影响，却在海外引起了不小的震动。在海外媒体的大肆渲染之下，各种阴谋论此起彼伏。

幸运的是，笔电新人在政策上并没有违规现象。在对上层的报告中，笔电新人指出，互联网是大势所趋、势不可当，《人民日报》应该合理借助外部力量占据这个制高点。最终，上层做出批示，绿灯放行。

之后，便是向电信申请服务资格许可、电信带宽等一大堆琐事。就这样，历经了“九九八十一难”之后，ChinaByte于1997年1月15日正式开通。投资双方经协商后决定，ChinaByte将以做中文信息内容为主，所以在当时提出了一个“在中国，用中文，为中国人”的口号。

ChinaByte开通之后，成为ChinaNet第一批代理商。当时ChinaNet代理分A、B两类：A类是ISP，B类是ICP。因ChinaByte有外资背景，做ISP在政策上会有所限制，所以ChinaByte选择了做ICP。

由于有新闻集团做后盾，ChinaByte在资金上非常雄厚，这一点从它入驻北京CBD地标嘉里中心（北京当时最贵的写字楼）就可以窥见一二。

ChinaByte的员工享受着极高的待遇：他们一边工作一边喝着最好的咖啡和茶，连用的餐巾纸都是最高级的，地上的地毯舒服到可以光着脚在上面走来走去。同时，ChinaByte给编辑的薪酬在很长时间内都是业界最高。

优越的办公环境，优厚的待遇，使ChinaByte很快吸纳了一大批青年才俊，ChinaByte在业界的影响力与日俱增。

1998年是世界杯之年，那一年四通利方还没有变成新浪。当时，四通利方的汪延找到ChinaByte的官玉国，希望联手开发世界杯商机。经协商决定，ChinaByte为四通利方提供资讯，转到四通利方的BBS讨论。同时四通利方的BBS有什么好帖子，由ChinaByte作导引。

双方联手打败了竞争对手国中网。世界杯网站评比，四通利方位居第一，ChinaByte排在第二位，但ChinaByte对此并未在意。

与ChinaByte的后知后觉相比，四通利方却从体育网站上看到了巨大商机。不久，四通利方与华渊合并变身为新浪网。与此同时，国中网所在的中华网也借此加大对网络广告市场的投入力度，并抢先在纳斯达克上市。这是ChinaByte错过发展机遇的开始。

在1998年之后，ChinaByte增加了许多具有华人背景的管理者，如张震中进入新闻集团中国区决策层，黄福盛担任第三任总经理，以及扶正中方负责人宫玉国，任命其为第四任总经理，这些举措都在表明ChinaByte决心将本土化进行到底。但是，终究是资方老板说了算。

1998年12月10日，时任中国国家主席的江泽民接见了默多克，中国各大媒体都在头版报道了这条新闻。其中，新华社的报道指出，江泽民主席"对世界媒体巨头默多克先生近两年来为客观地介绍中国、加强同中国在新闻业务方面的合作所作的努力表示赞赏"。默多克深谙"趁热打铁"之道，很快就派自己的小儿子杰智来到中国接手星空卫视的业务。新闻集团在中国的业务也开始从ChinaByte逐步转移到星空卫视的业务上，ChinaByte被逐渐边缘化。与此同时，《人民日报》也开通了自己的网站——人民网。ChinaByte的衰败已经不可避免。

在ChinaByte被逐渐边缘化的过程中，第四任总经理宫玉国并没有彻底放弃。1999年3月，他拿着第三方给ChinaByte做的估价报告，找到上海老八股之一的爱使股份，将ChinaByte作价5 000万美元意欲与之重组，双方各占 50%的股份。但是，这个方案最终因为没有得到新闻集团中方决策层的认可而胎死腹中。两个月后，中国股市就上演了波澜壮阔的“5·19”行情。从 1999 年 5 月 19 日起，在网络科技股热潮的带动下，中国股市走出了一波凌厉的飙升走势。在不到两个月的时间里，上证综指从不到 1 100 点开始，最高见到 1 700 点之上。次年，上证综指继续不断创出历史新高，并于 2001 年 6 月 14 日达到最高点 2245. 44 点。试想，如果两方重组成功，在股市中定能打一个漂亮的翻身仗。

有人说，其实 ChinaByte 的命运从一开始就注定了，因为它所充当的只是默多克敲开中国媒体市场的一块门砖。门开了，砖就扔了吧，管它是金砖还是银砖。

IDG、ChinaByte与天极网的故事

默多克利用ChinaByte成功进入中国市场，麦戈文作为全球另外一家媒体大鳄IDG（美国国际数据集团）的掌门人，自然也不会错过中国市场这块巨大的“蛋糕”。在这一出“国际联姻”的大戏中扮演重要角色的，是重庆一家叫“电脑报”的小报社。

1994年年初，被麦戈文派回中国开拓市场的熊晓鸽结识了时任《电脑报》常务副总编的陈宗周。两人就合作问题并未取得一致意见，但双方都给彼此留下了不错的印象。熊晓鸽叹服于陈宗周的国际化视野，陈宗周则对熊晓鸽游刃于政商两界的出色交际能力大为赞赏。

时间一晃到了1996年，陈宗周与时任《电脑报》编辑部主任的黎和生应IDG的邀请前去美国硅谷，参加一次由IDG主办的全球计算机年底大展。这次硅谷之行让陈宗周和黎和生感受到了互联网的超强魅力，回国之后，《电脑报》网站的建设被提上了议事日程。

1997年2月14日，《电脑报》的网站www. cpcw. com（以下简称cpcw）正式开通。cpcw率先向网友提供软件下载服务，并很快开通了论坛，一跃成为CNNIC（中国互联网信息中心）评选的“十大中文网站”之一。因此，cpcw成为诸多投资人追逐的对象，电脑报社与IDG之前未了的“姻缘”也得以在1999年继续。

其实在IDG注资之前，cpcw曾接洽过其他几个投资人。如重庆当地知名的房地产开发商中渝集团，还有深圳新天下老总吴海军的合作伙伴——美籍华人廖杰。

由于与中渝的洽谈未能取得理想的结果，陈宗周将精力放在了与廖杰的洽谈中。慎重起见，除了黎和生之外，陈宗周还将时任《电脑报》报社

社长助理兼发展部主任的李志高召集到谈判队伍当中。洽谈之前，陈宗周、黎和生和李志高三人商议，给 cpcw 制定了 500 万美元的底价，希望廖杰能够出资 300 万美元，占 60%的股份。

几番谈判下来，廖杰只愿意出资 120 万美元占 60%的股份。这已经大大洞穿了 cpcw 的价格底线，最终双方未能达成协议。

虽然两家公司最终的合作没能达成，却促成了黎和生个人与廖杰的合作。此次洽谈之后，黎和生便离开了《电脑报》，与廖杰一起创办了百联网讯公司和 1000 K 电子商务网站。李志高接替了黎和生，开始掌管 cpcw。

话接前题，俗话说“买卖不成仁义在”，虽然 IDG 与《电脑报》在 1994 年的那次合作未能达成，但是双方并未因此断绝联系。到了 1999 年，IDG 的投资方向逐渐转向互联网，双方的合作出现了契机。1999 年年底，经协商，IDG 与《电脑报》报社分别出资 500 万美元，各占 50%的股份，成立天极信息发展有限公司，陈宗周担任董事长。2000 年，cpcw 开始使用新域名 Yesky，并改名为天极网。

2001 年 5 月，天极网与 ChinaByte 合并。合并后的公司名为天极信息发展有限公司。这样，新公司股东便扩展为《电脑报》报社、人民日报社、IDG 和新闻集团。天极和 ChinaByte 的合并进一步确立并巩固了天极网“中国 IT 第一门户”的领导地位。

在接下来的发展过程中，天极网不断发展壮大，至今仍然是中国互联网界的知名品牌。

中华网令人眼花缭乱的资本运作

1997年可以说是“中国互联网新媒体”元年，除了新闻集团与人民日报社联合创办了中国第一家商业ICP ChinaByte外，作为中国新闻界标杆的新华社也在这一年触网。

1997年6月，新华社全资子公司CIC在开曼群岛注册了中华网（www.china.com.cn），主要从事门户网站及相关业务。两年之后，中华网因成为第一家在纳斯达克上市的中国互联网公司而声名大振。

充满戏剧性的是：中华网的诞生与一次失败有关。

1994年，新华社成立了全资子公司CIC，目的是为即将创办的国中网（China Wide Web）服务。国中网又从何而来呢？这要从新华社香港分社公关合作伙伴负责人马运生谈起。

因与互联网有了较多接触，机敏的马运生从中看出了商机，于是他联合从事房地产销售的朱伯伦以及计算机工程师叶克勇，计划创办一家与全球国际互联网相隔离的互联网公司——国中网，如果想要对其进行访问，必须通过新华社控股的一家公司。国中网当时的设想是：先过滤从国际互联网进入中国境内的所有商业信息，然后把这些信息翻译成中文，有偿提供给用户。项目预计几年内将拥有100万名用户，营业额将达到数亿美元。新华社对这个可以“拦路收费”的商业计划非常有信心，于是便催生了CIC。

接下来，经过一番游说，国中网获得了诸多政策上的便利，同时也从香港大亨那里募集到了2 500万美元资金。然而，随着1995年中国电信陆续开放了北京、上海、深圳等多个城市对外连入互联网的接口，这个于“国中”建网的项目宣告流产。CIC因已吃进大量前期投资而面临转型的考验，是生是死，前途未卜。

关键时刻，CIC在新华社亚太分社社长张国良的建议下，借由香港自由的市场环境使出两招：首先在百慕大群岛注册了一家控股公司，这家公司就是中华网，同时将部分股权出让给海外风险投资者；其次将公司的经营管理交给投资者信任和选派的职业经理人。随后，香港知名人士钱果丰担任CIC董事局执行委员会主席，叶克勇担任CIC董事局副主席。虽然叶克勇是“二把手”，但他是中华网实际的创办者及掌权者。

中华网创办之后，叶克勇一心想把它送到国际资本市场。通过钱果丰的牵线，中华网与华尔街著名的投资银行雷曼兄弟扯上了关系。

与此同时，叶克勇对CIC进行了一系列的资本运作与业务拓展。1998年1月，CIC公司通过现金和股权置换，总计花费近300万美元收购了香港网络咨询公司The Web Connection 51%的股权。紧接着，CIC又注册了China.com等网站，开始着手开展门户网站业务。同年秋，CIC又与纽约一家实力雄厚的网络广告公司24/7媒体公司签订了合作协议，因此得到了该公司包括日本在内的泛亚地区的市场渠道和广告软件专利技术。

中华网开始着手进行上市重组。首先，CIC将旗下The Web Connection的股权、专营网络广告业务的公司和中华网等资产总共折合成1 270万美元注入中华网。随后，24/7媒体公司、美国在线、（中国）香港新世界基建、（中国）台湾CMC公司等投资者相继投资入股中华网。就这样，1999年6月，CIC将整体持有的中华网股份分配给公司股东，完成了上市前的股权安排。

接下来，1999年7月14日，中华网在纳斯达克高调亮相，IPO（首次公开募股）融资额高达9 600万美元，一时风光无限。

毫不夸张地说，中华网是依靠资本运作而成功上市的一家互联网公司，其成功让国人领略到了资本运作的魔力与魅力。

凤凰卫视初长成

ChinaByte最终没落的实质性原因是，默多克的新闻集团在华业务发生了转移，从互联网转向了星空卫视。而发生这种转变的原因，除了默多克的新闻集团进入中国已经获得了官方的肯定和认可外，另外一个人在其中也起到了重要作用，他就是现任凤凰卫视董事局主席兼行政总裁的刘长乐。

刘长乐曾在中央人民广播电台负责军事新闻报道。1988年前后，刘长乐下海，通过石油贸易与房地产投资积累了原始资本。刘长乐觉得到了为自己的梦想而努力的时候了，他的梦想是在中国大陆以外创办一家华语电视台，将其打造为面向全球华人的电视台。

这个计划被提上日程之后，刘长乐遇到了一个大难题。当时唯一符合卫视要求的亚洲一号已经预订额满。正当他一筹莫展之时，突然得到一个消息，蒙古国家电视台准备放弃对亚洲一号的租用，刘长乐不失时机地开始了运作。

由于星空卫视是亚洲一号最大的租户，所以对转发器享有优先的取舍权，因此刘长乐又找到了星空卫视。双方接洽之后，星空卫视多少有些犹豫。因为他们担心刘长乐将来的华语电视台会与星空卫视现有的两个华语频道形成竞争。但同时，星空卫视的高层强烈地感觉到刘长乐非常了解中国传媒行业和监管政策，这正是星空卫视所欠缺与需要的。在这种契机之下，刘长乐获得了与默多克对话的机会。

用“相见恨晚”来形容默多克与刘长乐的会面一点儿也不为过。在商场中两个人都喜欢冒险、愿意为了长远目标而放弃短期利益，甚至在饮食上都喜欢吃辣的习惯，让他们很快达成了组建一家合资公司的共识。协议规定：双方各占合资公司45%的股权，另外10%则归中央电视台在香港的一家公司所有。

就这样，在1996年3月，凤凰中文台正式亮相。随后，凤凰卫视就因其精彩华丽的画面以及快节奏的福克斯风格，备受全球华人的喜爱。

随着时间的推移，凤凰卫视的名声越来越大。其中有一个精彩的桥断在此后的很长一段时间内经常被提及。时值1998年“两会”期间，在那一届两会中，朱镕基刚刚当选为中国国务院总理。在一次记者见面会上，朱镕基“亲点”凤凰卫视记者吴小莉提问，理由是“真的很喜欢她的节目”。当然，朱总理此举背后的意义远不止于此，它更大的意义在于吴小莉所在的凤凰卫视受到了中国政府首脑非正式的公开认可。这对凤凰卫视来说至关重要。

此后，凤凰卫视陆续开播了粤语和普通话的凤凰华语新闻台和娱乐台，受众为海外华人。2000年1月，美国和欧洲地区也可以通过有线和卫星线路收看凤凰卫视的节目。当然，这离不开新闻集团全球网络的协助。接下来，刘长乐开始全力打造日后成为凤凰卫视经典招牌的凤凰资讯台。

2000年6月30日，凤凰卫视在中国香港创业板上市。

在刘长乐的带领下，凤凰卫视在2001~2003年连续三次获得“中国最受尊重企业”的称号。在凤凰集团上市前夕，《华声月刊》赋予了刘长乐1999年度“十大华声人物”的称号。在同年12月的《中国新闻周刊》中，刘长乐更是被称为“传媒智者”。2004年5月，刘长乐获得了“2004年蒙代尔世界经理人成就奖”，该奖项当时在业界具有很高的荣誉。

年度风云人物——“传媒智者”刘长乐

刘长乐，1951年生于上海一个干部家庭。他的父母是随军到上海的，父亲刘向一原先在山东的某市政府工作，因此刘长乐祖籍为山东。童年时，因为父亲工作调动的关系，刘长乐跟随父亲从上海去了北京，又从北京去了西安，再从西安去兰州。很长一段时间里，刘长乐住在甘肃省委的大院里。

由于出生于干部家庭，刘长乐很小就跟“知识”打交道。刘长乐还记得在北京生活的那段短暂日子，他父母每次看完了《参考消息》，都会放在书架上让刘长乐看。而在兰州，当时兰州省委有一部长的儿子跟刘长乐年纪相仿，他也很喜欢看书，因此刘长乐有机会跟“部长儿子”交换书籍。在刘长乐的回忆中有这样的场景：他跟随父亲从北京到兰州后，从北京带过去了很多图书，但是父母的工作很忙，这些书基本上成箱成箱被堆在仓库里面，刘长乐一有时间就跑到仓库“撬”书看，他觉得那段时间学到了很多知识。

1970年，19岁的刘长乐加入了中国人民解放军。本来他可以在部队里谋个轻松的职位，但他自己主动选择了最辛苦的工程兵。

刘长乐在锦州从军的十年生涯中，除了抢险修路及帮老百姓盖房子外，还写了很多文章。他从小读的书多，写作水平高，军报的很多头条都由他来“操刀”，在军中他也是享有盛名的。

1980年，刘长乐离开军队回到北京，在北京广播学院进修了两年。进修期间，由于刘长乐的知识相对于其他同学丰富，很快就担任了班长职位。他在北京广播学院受到很多老师的偏爱，时任北京广播学院教务处主任的曹璐教授曾这样评论刘长乐：“他那时是班长，很有凝聚力及影响力，因此在他的影响下，班上的同学都充满了紧迫感，使得这部分学生不那么书生气。”

刘长乐从北京广播学院毕业后，进入中央人民广播电台工作。在工作期间，刘长乐历经了记者、编辑、新闻评论员、高级管理人员的职位变更。由于刘长乐曾经从军十年，所以电台的军事播报板块一直由他负责。在他负责播报军事期间，受到了听众的一致好评。

1990年，刘长乐选择辞职下海。很快，刘长乐凭借自己多年来积攒的人脉及经验，在石油贸易事业上小有成就。之后，刘长乐又将“矛头”指向了房地产。除了石油与房地产，刘长乐还染指物业、基建等行业。虽然在商业上取得了丰收，但他并不满足。

1996年3月，刘长乐在香港与默克多的新闻集团合作创办了凤凰卫视有限公司，他出任凤凰卫视的董事局主席兼行政总裁。

凤凰卫视于1996年3月31日首次开播，以“拉近全球华人的距离”为宗旨。得益于全球的大市场，加上刘长乐在传媒上惊人的天赋，使得凤凰卫视实现高速发展。

截至2016年3月，凤凰卫视已经走过20个年头。在这20年中，刘长乐一直作为引路人，带领凤凰卫视在市场上坚守、打拼。在外人看来，刘长乐似乎更像一名商人，而已过耳顺之年的刘长乐更愿称自己是一名“传媒人”。

但在客观上，刘长乐确实是一名商人。这一点刘长乐自己也不否认，他面对记者的提问时曾这样回应：“我喜欢自己是传媒人，并不是因为这一职业更崇高，我们不会拜金主义，也不会鄙薄拜金主义。通常来讲，大家对‘商业’一词有歧见，但我们做的是商业电视台，需要从商业的立场进行运作。所以，作为一个传媒商人和企业家，我认为应该二者兼顾。我知道，人们总觉得商人更拜金，从道德和文化的角度来说，传媒人更崇高，听起来也更冠冕堂皇。但现在，所有传媒都走向市场化，按照商业规律进行运作，当下的大众传播也涉及企业营销。所以，今天的媒体摆脱不了商业运作的架构和商业模式——这带来了传媒和商业的矛盾。在我看来，最重要的是要在二者之间取得平衡，找清楚位置，因为你首先是传媒人，然后才是传媒商人。”

1998年

极客当道，门户时代呼啸而来

1995~1997 年，中国互联网经历了基础建设、海归崛起、新媒体实践三个阶段。到了 1998 年，各路极客（精通计算机和互联网技术的人）集体发力，让这一年成为极客当主角的一年。

网易的丁磊、腾讯的马化腾、联众的鲍岳桥以及 3721 的周鸿祎，都是极客中的翘楚。与他们极客身份相呼应的是，他们的公司刚开始时注册的都是软件公司。

也是在这一年，“门户”的概念进入了网易、搜狐以及刚刚变身的新浪的“头脑”中。从此，中国互联网界“三足鼎立”的门户时代拉开了序幕。

免费邮件系统——网易的“第一桶金”

在1995年从宁波电信局辞职之前，丁磊在家人、同事、领导眼里一直是个“规规矩矩”的青年。大学时丁磊学的是自己感兴趣的无线电，毕业之后又进入待遇不错的电信局，人生可谓顺风顺水。

进入宁波电信局之后，由于兴趣以及工作环境的影响，丁磊接触了很多的“火腿”(HAM)。所谓“火腿”，指的是那些热衷于自己搭建沟通通路的无线电爱好者。中国最早一批“火腿”多半集中在CFIDO上，丁磊也在其中。CFIDO即中国FIDO网，是当时的BBS站台通过电话线路连接起来的网络，简单说，就是互联网在中国开通之前技术爱好者自行搭建的一个替代性的通信网络。

CFIDO让丁磊痴迷，他经常在上面与圈子里的朋友就技术问题进行交流，他的才华得到了大家的认可。在宁波电信局工作的两年，丁磊最大的收获就是搞懂了互联网是怎么回事，掌握了TCP/IP技术的基础，也真切地感受到互联网必将是一股巨大的力量。后来，丁磊一方面觉得工作沉闷枯燥，另一方面出于对互联网的热爱，冒出了辞职打拼的念头。这时候，CFIDO广州新月站上的一些朋友对他说，自邓小平南方谈话之后，广州的经济发展得很快，加之临近香港，机会很多。于是，丁磊决定辞职去广州闯天下。

1995年5月，丁磊来到广州，加盟刚刚成立的广州Sybase。在Sybase的一年，丁磊的工作是安装调试数据库。一年之后，丁磊进入做ISP的飞捷公司。在这家公司，丁磊在ChinaNet上架设了“火鸟”BBS，因此结识了许多网友。

在飞捷打工的那段日子，丁磊过得很充实，他整天去游说广州市电信局，请他们重视互联网建设。可当广州电信局发现ISP的利润之后，他们也开始介入。裁判员“兼职”做运动员，运动员的日子自然不好过。在1996—1997年那段时间，面临激烈的竞争和昂贵的电信收费，所有的ISP都很难生存，飞捷自然难逃噩运。无奈之下，丁磊只得再次选择离开。

这一次，丁磊决定自立门户，组建一家互联网公司。

在1997年前后，上网对于大多数中国民众来说还是一件很奢侈的事。不仅网速慢，服务费高也是一道门槛。丁磊决定打破这个僵局，让中国人上网变得轻松容易起来。抱着这个想法，丁磊给自己的互联网公司起名为网易（Netease）。后来，丁磊还从《周易》中悟到了网易的另一种解释：《易经》对“易”的解释为生生不息、博大精深，是穷尽一切变化的意思。

网易的域名为www.netease.com，当时这个域名已经被美国一家公司抢先注册了，所以丁磊只注册上www.nease.net和www.nease.com。幸运的是，那家美国公司并没有真正使用这个域名，于是丁磊想办法与之联系，谈判后以5万美元将其买回。

网易在创业之初能拿到电信级的服务器和带宽，与时任广州电信数据分局局长张静君的支持有关。1997年5月的一天，丁磊拿着自己写的一篇《丰富与发展ChinaNet建议书》找到了张静君。两人会面期间，丁磊大力推销自己，说自己有搜索引擎、PUSH、BBS架设等技术，讲这些技术可以解决ChinaNet上中文信息贫乏、用户上来就“出国”的问题。丁磊口才很好，又有备而来，所以，会面结束的时候，张静君基本认可了他的提议。

丁磊走后，张静君和数据局的其他领导一商量，大家一致同意给丁磊一个机会。于是，广州数据分局为网易提供了服务器、网络带宽、电话以及办公室。有了广州电信的大力支持，网易很快就开通了免费个人主页。

1997年12月，微软斥资3.5亿美元收购了当时全球最大的互联网免费电子邮件提供商hotmail。hotmail于1995年由杰克·密斯和印度企业家沙比尔·蒂亚携手建立，并于1996年7月4日开始商业运作。被微软收购后，hotmail由原来运行于FreeBSD平台逐步过渡至Windows平台，之后还跟微软的其他服务合并成为MSN和Windows Live的组成部分。

这则来自大洋彼岸的消息传至国内，在中国刚刚起步的互联网产业内引起了不小的震动。当时网易刚刚创办不久，只有三个人：丁磊、周卓林外加一个文秘。受这一事件的影响，丁磊确定了走免费电子邮箱系统开发的路线。

刚开始，丁磊并没有想自己设计开发，而是想凑 10 万美元买一套 hotmail的系统，在中国建设免费邮箱站点。然而 hotmail 狮子大开口，开价 280 万美元一套，另外还要加收每小时 2 000 美元的安装费。丁磊无力承受，只好找来自己的伙伴陈磊华研究 hotmail 的结构，决定自己摸索着去做。几个月后，网易自主开发的第一个免费邮箱系统诞生了。

在开发免费邮箱系统的同时，他们也在为邮箱想域名。丁磊想用数字表示域名，当时 163、169 在国内已经具有指向 ChinaNet 和电信局以及互联网的含义，上网的人每天都要拨 163，对它再熟悉不过了。于是，163.net 免费邮箱因此得名。

免费邮箱系统开发出来后，丁磊再次找到张静君，希望和广州数据分局共同经营。当时，hotmail 在美国很火。丁磊对张静君说，网易投入设备和软件，广州电信投入电信资源，163 将成为中国的 hotmail，一定能赚大钱。广州电信局没有同意这个提案，不过张静君个人对此深表认同，她决定由自己负责的广州电信三产公司飞华对 163 进行投资。投资金额共计 119 万元，5 台服务器加上丁磊的软件，大家一起做容量 30 万个的免费邮箱。

就这样，1998 年 3 月 16 日，国内第一个全中文界面的免费邮件系统 www.163.net 开始正式为网民提供服务。163.net 一经推出便受到网民的狂热追捧，注册用户数量以每天 2 000 人的速度增加，短短半年之后，用户就达到了 30 万。看到 163.net 的成功，许多公司纷纷找上门来要求购买邮箱系统，当时很著名的首都在线 263.net 也在其中。丁磊开价每套 10 万美元，263、国中网、990、浙江金华 188 等公司纷纷购买，网易大获其利。

虽然在免费邮箱系统上赚到了第一桶金，但丁磊觉得销售软件并不是网易未来的道路。因为软件人人都可以复制，很快就会失去竞争力。相比之下，网站才有更多的机会。因此，丁磊把很多的时间花在了互联网上，一边浏览国外的网站，一边琢磨其特色。

渐渐地，网易的未来逐渐清晰，门户网站的特色开始显现。

联众“梦之队”启程

联众世界创办于1998年3月，三位创始人分别是鲍岳桥、简晶和王建华。联众世界是一家提供网络游戏为主的综合网络休闲娱乐服务商。

在创办联众世界之前，三位创始人共同任职于北京希望电脑公司（现北京中科希望软件股份有限公司）。

在1993年进入希望公司之前，鲍岳桥是杭州一家橡胶厂的工人。因大学时迷恋上了计算机，鲍岳桥陆续开发出了FOXBASE反编译软件、普通码中文输入系统和汉字系统PTDOS。为了推广自己写的软件，他与北京希望电脑公司进行接洽，希望对方能代销自己的软件。多次接触之后，惜才的希望公司干脆将鲍岳桥挖了过来。1993年10月，鲍岳桥把PTDOS改名为UCDOS，并升级为UCDOS3.0，这款软件在1995年占有了超过90%的市场份额。

简晶在加入希望公司之前任职于云南昆明明星公司。1992年，身为程序员的简晶就写出了中国龙1.0版。1996年，简晶加入希望公司。

简晶算是上网较早的老网虫，早在1996年就开始上网泡CFIDO。同时，他还是一个游戏发烧友。一开始就玩网络《暗黑破坏神》，通过网络结识了大量的游戏玩家，在朋友介绍下简晶玩起文字MUD。加盟希望公司后，简晶曾一度想将扫雷、低牌等Windows附带的游戏嵌入公司开发的基于DOS平台下的图形界面开发包UCSDK之中。但因Windows已经成为当时PC的主流操作系统，游戏在DOS环境中存在和升级的意义不大，因而未能成行，但这个想法一直萦扰他的脑海。

因为和鲍岳桥私交不错，简晶便把这个想法说了出来，希望鲍岳桥给他出出主意。鲍岳桥对此也十分感兴趣，二人当即决定联手开发网上游戏平台。除此之外，当时行业的大环境也是促成二人转行的重要原因。其时，随着微软等海外大公司强势介入中文平台，留给国内公司和个人发展的生存空间越来越小。中文平台或是办公自动化这条路已经越走越窄。因此，与其走到路的尽头，倒不如早一点儿转行。

1997年年底，被称为“梦之队”的三名成员鲍岳桥、简晶以及王建华一同辞职，投身互联网创业。

三人找到了杀毒软件公司江民科技的董事长王江民，从他那借来了50万元作为注册资金，于1998年3月在位于北京马连洼的联万庄宾馆的两个标准间里创办了飞鹰公司，后改名联众（众即为三个人，联即联合创办）。王江民借钱给人创业的举动，在风险极大的互联网创业界非常少见，这表明王江民并非像纯碎的“商人”那么斤斤计较，是一个重情重义之人。鲍岳桥他们也是“君子”，没多久就还清了王江民的50万元。

联众的框架设计用了将近两个月的时间，完全基于NT平台。接下来，王建华负责服务器端编程，鲍岳桥负责“游戏大厅”开发，简晶负责具体游戏的设计。到1998年5月，已经有3个游戏成形，基本上可以玩了。同年6月，北京ISP站点东方网景宣布“联众网络游戏世界”正式开放测试。当时联众拥有5个游戏：围棋、中国象棋、跳棋、升级、拱猪。三个人最初定的目标是到1998年年底有200人同时在线，注册人数5 000。结果到年底时，网站注册用户已经超过5万，平均在线游戏人数高峰时超过1 000人。

联众刚上线时，并没有引起多少人注意。后来，因一些围棋国手在上面下棋，逐渐受到越来越多的关注。1998年8月，“联众网络围棋室”现场直播了“中韩围棋天元战”常昊对李昌镐第二盘对局。1998年9月20日，马晓春九段亲自光临联众围棋，并给予联众围棋高度评价。1998年12月8日，中国桥牌协会、中国桥牌网与联众公司共同推出“中国桥牌网上娱乐、比赛牌室”。通过围棋这个单点切入，联众的名声渐渐大了起来。

鲍岳桥三人一开始给联众制定的商业线路是这样的：先依靠游戏平台免费做半年或一年的时间，等到用户积累到一定程度再考虑收取会员费。当时他们算了一笔账，假如用户达到了5000人，每人每年收费100元，只要有60%的人肯交钱，那么一年的收入就有几十万元。而在此之前，可以利用自己的技术优势多开发一些产品。

然而等到实际经营时却遇到了许多困难：一方面，当时国内的网游还处于起步阶段，免费的概念深入人心；另一方面，由于精力有限，在研发游戏的同时再去兼顾其他，会导致两边都做不好。所以，几个人讨论之后决定，放弃短期内盈利的目标，利用资金尽量把网站做大、做精，直至把它做成一个“全世界最大的中文在线游戏站点”，再通过融资等手段把网站做强。

实现融资这个目标并没有让鲍岳桥他们几个等太久。1999 年 6 月，中公网出资 1 000 万元收购了联众 79% 的股权，剩下的 21% 由鲍岳桥、简晶和王建华均分，每人 7%。当时大家都说联众卖了一个好价钱。

1999 年，联众成为网络游戏的代名词，最高时占据了游戏市场约 85% 的份额。此后，先是以盛大为代表的角色扮演类大型网络游戏崛起，取代了联众主营棋牌类网络游戏的地位，更多游戏玩家将时间用于大型端游而不是休闲游戏。然后，腾讯推出的 QQ 游戏凭借客户端捆绑在 QQ 聊天工具上，短短一年时间就将联众从休闲游戏市场第一的宝座上挤了下来。随后，在端游市场，腾讯又以类似的方式挤掉了盛大、网易，成为大型端游市场的第一名。

为了重新夺回昔日的江湖地位，2006 年年初，鲍岳桥曾宣布联众更换新标识，并宣布公司“瘦身”计划：对于联众的非核心业务，全部采取外包合作模式运行。到 2006 年第三季度，QQ 游戏最高同时在线人数已经达到 256 万，联众的数据仅为 50 万人。

之后，经过多年的闪挪腾转，联众终于在 2014 年 7 月修成正果，在香港成功上市。上市当日，市值约为 30 亿港元，虽然与腾讯的市值相差甚远，但总算取得了阶段性的成功。

一个值得关注的细节是：在联众董事会中，并没有鲍岳桥、简晶、王建华这三位创始人的名字。

QQ的五人决策小组

1998年，在中国互联网产业的土壤中，不仅萌芽了日后成为三大门户之一的网易，还诞生了日后业绩更出色的腾讯。

创业之前，马化腾在润讯传呼公司（以下简称润讯）做了5年软件工程师。20世纪90年代是传呼业的黄金时代，润讯作为其中的龙头老大自然更是风光无限。鼎盛时期，润讯一年的销售收入高达20亿元。在润讯的5年，不仅拓展了马化腾的视野，也形成了他日后的管理风格。

关于马化腾离开润讯创办腾讯的原因，坊间流传着两种说法：其一，丁磊的成功给了马化腾进军互联网的信心和动力，马化腾与丁磊在CFIDO上有过很多交流，而且同样具有电信的从业背景；其二，马化腾在润讯时曾向公司高层提出过开发类似QQ的即时通信的建议，但并没有引起润讯高层的重视，无奈之下，马化腾便离开了润讯，创建了腾讯。表面上看，这两种说法单独成立，似乎并无瓜葛，但其内在有着千丝万缕的联系，可以说相辅相成。

创业能否取得最后的成功，在很大程度上取决于是否拥有一支具有互补性的创业团队。在美国硅谷流传着这样一个说法：最容易获得风险投资人青睐的创业组合是由一名哈佛MBA和一名MIT（麻省理工大学）博士组成。哈佛MBA可以主管市场和内部管理，MIT博士则是技术奇才，实践证明这样的组合更能够获得成功。马化腾在创业之前对这个道理已经熟谙于胸。

准备下海之后，马化腾首先想到了自己的同学与朋友，并最终选择了其中四位，共同组建了日后的“QQ五人决策小组”，也就是坊间所谓的“五虎上将”。

第一个加入其中的是马化腾的大学同学张志东。张志东在深圳大学主修计算机及应用，之后进入华南理工大学计算机系深造，于1993年和1996年分别获得深圳大学理学学士学位和华南理工大学计算机应用及系统架构硕士学位。毕业之后，张志东进入深圳黎明网络有限公司工作，负责软件和网络应用系统的研发。

在深圳大学时，虽然马化腾的计算机技术也属一流，但跟张志东比起来还是稍显逊色。QQ的架构设计正是出自于张志东之手，从1998年创建至今，十几年过去了，QQ的用户数从之前设计的百万级到现在的数以亿计，整个架构仍然适用。从这一点就可以看出，张志东绝对是个技术天才。

第二个加入的是曾李青。曾李青在1999~2007年担任腾讯公司COO，之后离开腾讯创办了深圳德讯投资公司，任董事长。

曾李青是深圳互联网的开拓人物之一，也是深圳乃至全国第一个宽带小区的推动者。在加入腾讯之前，曾李青曾以一种类似做期货的方式做成过一个系统集成项目，被称为市场奇才，营销能力相当出色。

1993年，曾李青毕业于西安电子科技大学，获得计算机通信学士学位，毕业后任职于深圳数据通信局。让马、曾二人结识的“中间人”是时任深圳计算机协会会长的丁阿姨。丁阿姨的丈夫和马化腾的父亲是同事，同为盐田港的高管。丁阿姨的女儿与马化腾、张志东从中学到大学都是同学。当时，丁阿姨和深圳电信局的一位领导很熟，这位领导经常把曾李青派去协助丁阿姨，而马化腾和张志东也经常被丁阿姨拉去帮忙。就这样，几个年轻人相互熟识起来。

曾李青记得他们三个人第一次就创业进行商谈，就是在他工作的那间小办公室里。当时他们简单地分了下工：马化腾负责战略和产品，张志东负责技术，曾李青负责市场。

接下来，日后成为腾讯首席行政官的陈一丹正式加入。陈一丹是马化腾的中学同学。1993年从深圳大学化学系毕业后，进入深圳检验检疫局工作。1993—1996年，陈一丹一边工作一边攻读南京大学法学院经济法硕士，毕业后获得了律师执照。陈一丹性格严谨，后来全面负责腾讯的行政、法律、人力资源、公益慈善基金等事宜，同时集团的管理机制、知识产权及政府关系也由他负责。

“五人决策小组”中最后一位加入的是许晨晔。许晨晔和马化腾在大学同在一个班，毕业后曾任职于深圳数据通信局。由于性格比较开朗，腾讯一些需要抛头露面的活动，基本都由他来搞定。

至此，“五人决策小组”悉数登场。五个人在一起凑了50万元，其中，马化腾出资23.75万元，占47.5%的股份，张志东出资10万元，占20%的股份，曾李青出资6.25万元，占12.5%的股份，陈一丹和许晨晔分别出资5万元，各占10%的股份。五个二十几岁的年轻人，怀着对互联网的痴迷和热情，踏上了漫漫创业征途。

名字对互联网公司来说至关重要，一个朗朗上口、易于传播的名字，对公司品牌的迅速建立大有帮助。之所以取名“腾讯”，其中也有故事。“讯”字取自美国朗讯科技公司，代表着通信、信息的含义，提示了公司今后也要成为像朗讯一样的公司。然后几个人绞尽脑汁用“讯”字组词：网讯、捷迅、飞讯……腾讯只是其中之一。结果，到工商局注册的时候，只有“腾讯”没有重名，得以通过。1998年11月，深圳市腾讯计算机系统有限公司正式成立。

互联网创业已不再是一个人单枪匹马闯天下的时代，这在今天已达成共识。作为先行者，马化腾不仅在起步之初就组建了一支优秀团队，还在一开始就为这个团队理清了股份，分清了权责，这为腾讯成长为一个庞大的企鹅帝国奠定了坚实的基础。

遭遇 AOL，OICQ 变身 QQ

1997 年，马化腾接触了世界上第一个版本的互联网即时通信工具 ICQ，它是由三个以色列年轻人在 1996 年开发出来的。I 代表我，C 代表看见（S 发音与 C 相同），Q 与英文 You 发音接近，所以 ICQ 的意思是“我看见你了”。ICQ 支持在互联网上聊天、发送消息、传递文件等功能，为注册用户提供互联网即时通信服务。为此，三个以色列青年成立了 Mirabilis（拉丁文“神奇”的意思）公司。

ICQ 一经推出即风靡整个互联网，6 个月后便成为当时世界上用户数量最大的即时通信软件。在第 7 个月的时候，ICQ 的正式用户已经达到 100 万人。到了 1998 年，ICQ 被 AOL 以 2.87 亿美元收购，那时的用户超过了 1 000万人。

马化腾是中国互联网界第一批接触 ICQ 的人，他在 1997 年首次使用便被其吸引。但在使用一段时间之后，他发现英文界面的 ICQ 要想在中文环境中大范围推广是一件难事，于是便萌生了研发一个类似 ICQ 的中文版本的想法。

就这样，通过张志东和手下几名研发人员的共同努力，OICQ 诞生了。1999 年 2 月，OICQ 99A Beta1 作为 QQ 历史上第一个版本出现在了互联网上，免费提供给互联网用户下载。

其实，腾讯的 OICQ 并不是国内第一款模仿 ICQ 的软件。早在 OICQ 出现之前，国内已经冒出了一大批类似的软件，比如 PICQ、CICQ、OMMO，新浪、网易、搜狐也曾开发过类似的软件。但 OICQ 凭借其简洁、实用的风格以及诸多细心的设计，一经上线便受到大学生的追捧。在推广之初，据说马化腾曾亲自到各大高校的 BBS 上发帖做广告。随后，OICQ 以高校为中心，以令人吃惊的速度传播开来。

那时，马化腾并没想清楚该怎样用 OICQ 赚钱，他想到的只是将寻呼与网络联系起来，开发无线网络寻呼系统，然后让电信和寻呼台帮着收费。当时，腾讯的主要业务是给深圳电信、深圳联通和一些寻呼台做项目，QICQ 只是公司主业之外的副产品。当时在深圳，像腾讯这样的公司有上百家。

为了能有一个更好的网站入口，腾讯分别在 1998 年 11 月 7 日和 1999 年 1 月 26 日注册了与 OICQ 对应的两个域名：OICQ. com 和 OICQ. net。令腾讯没想到的是，域名中含有“ICQ”属于 AOL 的知识产权，所以腾讯只能将这两个域名还给了 AOL。

为避免再次受困于外国公司的知识产权，腾讯被迫进行了一系列的改变。2001 年 4 月，从腾讯 QQ2000b Build 0325 开始，OICQ 正式更名为 QQ。之前 OICQ 一直在免费使用的一些家喻户晓的头像如史努比、大力水手、Hello Kitty 等卡通形象，也从 QQ 中消失了，取而代之的是腾讯自己设计的一些头像。

与此同时，腾讯还启用了新域名 tencent. com 及 tencent. net。此后整整两年时间，腾讯一直以 tencent. com 域名作为其主要网站入口。

虽然从 OICQ 变身为 QQ 实属无奈，从表面上看这件事让腾讯遭遇了不小的挫折。但是换一个角度来看，这件事对腾讯来说是一件好事。首先，变身后的 QQ 比 OICQ 更朗朗上口，虽然不能说 QQ 日后的火爆都是因为名字更加简化，但其中的关联也有一二；其次，也正是因为有了这次教训，才让年轻的腾讯做了诸多调整，避免了在日后重蹈覆辙。

马化腾差一点儿将QQ卖了

在还没有变成QQ之前，因为资金缺口，马化腾曾经差点儿把OICQ卖掉。

1999年年底，OICQ已经运营了一年时间，用户量持续暴增。对马化腾来说，用户激增所带来的压力和责任感已经完全取代初期的喜悦。那时候腾讯的账户上基本弹尽粮绝，然而OICQ这个“大胃王”每个月却要“吃掉”两台服务器。虽然一台服务器的托管费才一两千元，但对当时的腾讯来说还是不堪重负。山穷水尽之时，马化腾想到了卖掉OICQ。

然而，当时正值ICQ盛行，有谁愿意冒险购买一个新的聊天工具呢？

也有一些公司对OICQ感兴趣，但最终的出价都没有达到腾讯预期的300万元——最高的一家也只出到60万元。因为对方公司大多不认同或者说不理解腾讯所谓的“技术和无形资产的价值”，表示只能按腾讯“有多少台电脑、多少套桌椅来买”。无奈之下，马化腾决定咬紧牙关，自己养大OICQ。

恰在此时，网易引入风险投资这件事给了马化腾不小的触动。他意识到互联网还有其他玩法，于是，融资提上了腾讯的发展日程。

为了获得风险投资，马化腾和曾李青一共做了6个版本的商业计划书，每一份都有20多页。曾李青将整个公司作价550万美元，出让40%的股份，希望融资220万美元。

曾李青在2007年离开腾讯创办了深圳德讯投资公司，如今已经成为中国很有影响力的天使投资人。但是在1998年，对于融资，他也是个门外汉，他首先找到了和腾讯几个创始人私交都不错的刘晓松。虽说刘晓松算是有钱人，但是他也无法拿出这样一笔巨额资金投资腾讯，不过他答应做腾讯融资的中间人。曾李青承诺以融资额的5%作为股份送给刘晓松。IDG的中国区总裁熊晓鸽是刘晓松的大学校友，就这样，腾讯被介绍给了IDG。另外，曾李青还找了林建男，由林建男牵线接触了盈科电讯的前身盈科数码动力有限公司（以下简称盈动）。

由于从ICQ以2.87亿美元卖给AOL这件事中窥见了商机，IDG和盈动都决定投资腾讯赌一把。

2000年年初，IDG和盈动分别出资110万美元，各自拿走腾讯20%的股份。腾讯获得了投资，同时又不失控股权，双方各取所需。拿到了这笔“救命钱”，腾讯有了喘息的机会。接下来，腾讯立即改善了服务器和带宽等硬件设施，同时加大了对OICQ的开发和改进工作。OICQ很快就把同类产品远远甩到了身后，用户增长再次暴增。

互联网烧钱的速度仅用一个“快”字是难以形容的。因为还没有找到切实可行的赢利模式，仅仅过了一年多时间，220万美元就花得差不多了，腾讯不得不考虑二次融资。可是，当时全球互联网都处于低迷期，纳斯达克接近崩盘，寻找投资异常艰难。

面对萧条冷清的互联网产业，IDG开始寻找“接盘侠”，他们不断找人谈：新浪、雅虎、搜狐、联想……谈了一大圈下来，最终也没人愿意接手。

与IDG的明确态度相比，盈动有些举棋不定：有时表示可以考虑跟进，可过一段时间又表示还要再等等看。盈动的老板李泽楷很想进入内地市场，但又不太确定腾讯的未来，加上当时正在全力做并购香港电讯的案子而无暇顾及其他，所以一直摇摆不定。在此过程中，盈动找过中公网，并曾与之草签过一个协议，约定盈动将联合霸菱基金共同注资中公网6 000万美元，其中4 500万美元用来收购腾讯。不过，此协议最终因为中公网的原因未能正式签订。后来，盈动又把腾讯推荐给自己的关联方TOM集团，但仍是没有结果。

在二次融资期间，IDG和盈动为腾讯提供了100万美元可转换债券的贷款。如果腾讯不能及时找到资金，创始人将失去对腾讯的控股。

2001年6月，盈动变身为电讯盈科，并终于找到了愿意接手腾讯的“接盘侠”——MIH（米拉德国际控股集团公司，南非最大的付费电视运营商）。手中20%的腾讯股份一共为电讯盈科成功套现1 260万美元。随后，

MIH又从IDG以及腾讯创业团队手中分别收购了13%和13.5%的股份。由此，MIH变成了与腾讯创业团队拥有相同股份（46.5%）的大股东，相对控股了腾讯。这对于腾讯创业团队来说是一个比较理想的结果，但国内媒体和大众不干了。

刚开始，媒体与大众对于MIH接手电讯盈科20%的腾讯股份并未给予太多的关注。一则因为对MIH公司很陌生，二则持有20%股份对腾讯不会构成太大的威胁，因为控股权还是牢牢掌握在腾讯的创业团队手中。但这次不同了，与腾讯创业团队拥有相同的股份，意味着MIH可以对腾讯“指手划脚”了。

作为中国注册用户最多、用户使用时间最长、用户忠诚度最高的网络软件，腾讯QQ已经深深地嵌入许多网民的工作与生活。因此，面对QQ被外人所掌控的境况，中国民众的民族主义情绪不断高涨。面对民众以及媒体的“拷问”，马化腾专门为此发表了声明“辟谣”，称MIH虽然投资了腾讯，但不介入腾讯的运营，这是双方达成协议的前提条件，所以腾讯团队仍然拥有对QQ的绝对控制权。有了马化腾仍然控制腾讯的保证，民愤逐渐平息下来。

通过这件事，马化腾开始有意识地加强对腾讯的控制。2003年8月，腾讯创业团队与MIH公司将IDG手中所持的剩余股权进行了“瓜分”，经过股权结构的重新调整，最终在上市之前完成了与MIH公司分别持股50%的股权结构。

2004年，腾讯在中国香港上市。一夜之间，造就了5个亿万富翁，7个千万富翁，大股东MIH可以说赚得盆满钵满。面对腾讯的造富神话，之前将手中股份匆匆出手的IDG与电讯盈科不知会作何感想。

门户时代：来吧，来吧，相约九八

在美国，20世纪70－90年代，计算机热持续了30年，由此催生了微软、IBM、苹果、甲骨文等一大批生产计算机硬件或软件的国际巨头。到了20世纪90年代中后期，雅虎、谷歌、亚马逊、eBay等公司相继崛起，个人计算机时代开始向互联网时代急剧进化。

1998年，《门户大战》一文在媒体上被炒得火热，它的作者就是后来曾执掌新浪一段时间的姜丰年。在当时的美国，一场以AOL和雅虎为首的战争正在火热展开，Netscape、微软以及老牌的搜索引擎公司，Lycos、Excite等也纷纷加入。

“群雄全力争夺的是被称为‘心灵市场占有率’的网民忠诚度。抢占的实体空间是网友打开浏览器时看到的第一个屏幕。美国主流媒体近来已经把这个虚拟市场取名为‘网络门户’。被网友选为上网通路的网站，就有机会在迅速成长的网络广告市场分得一杯羹。”在姜丰年的文章中，国内互联网人第一次听说了网络门户和门户大战这两个新概念。

随着关注度的不断升温，国内的ICP、ISP们蜂拥而上，纷纷向门户网站挺进。未来引领中国互联网的“三大门户”也发轫于这段时间。

1998年年初，张朝阳还在为搜狐的未来迷茫，此时他恍然大悟了。1998年9月15日，搜狐推出了2.0版，明确宣布要做中国第一门户网站。也是在这一年，张朝阳被美国《时代周刊》评为“全球50位数字英雄”之一，成为名噪一时的网络新贵。

同年，网易也开始从软件公司逐步向互联网公司转型。同年9月22日，网易全面改版，朝着中文网络门户方向迈出了第一步。

还是在这一年，四通利方这个以BBS起家的小公司与美国华渊资讯公司合并，全球最大的中文网站新浪网由此诞生。

未来赫赫有名的“三大门户”在1998年齐齐亮相。

说到门户，除了网易、搜狐和新浪，同样成立于这一年的腾讯不得不提。从1998年成立到2001年前后，腾讯还只是一家专注即时通信的公司。可是到了2003年，腾讯便开始向网络游戏与门户网站进军，并从此一发不可收拾。在此后短短的三四年内，腾讯一跃发展成为集门户、网游、C2C、搜索、邮箱和社区等为一体的互联网公司。这也为腾讯日后成为中国市值最高的互联网公司打下了坚实的基础。

除了网易、搜狐、新浪这“三大门户”，1998年，许多小网站也相继改版向门户挺进，如广州视窗、利方在线。

虽然如今门户网站早已极为成熟，但在1998年，国内所谓的门户网站还非常稚嫩，充其量只能算是最初级的搜索引擎，运行的也只是类似电话簿一样的分类目录。当时中国的网民数量刚刚超过100万，其中还包括几十万计算机和互联网从业人员。尽管概念刚刚普及，尽管技术还差很多，尽管用户还很稀少，但“网络门户将是互联网未来发展的一种大趋势”的理念深入人心，大家都知道抢占先机才是王道。

从1998年起，随着门户时代的来临，中国的互联网经济开始了持续扩张。

年度风云人物——明星产品经理鲍岳桥

在1998年的互联网江湖，马化腾、李彦宏、马云都还只是是行业内不知名的小辈，鲍岳桥则已经是大名鼎鼎。鲍岳桥与求伯君、王江民、简晶、王志东等人，是中国最早成名的一批程序员，都是一代明星级产品的开发者。

1967年，鲍岳桥生于浙江余姚，1985年以优异的成绩考入杭州大学数学系。在大学里第一次接触计算机之后，鲍岳桥就深深地迷上了这台神奇的机器。在大学期间，每周只有一节上机课，学校也只有一个机房，因此学生上机的机会很少。鲍岳桥想方设法地与机房的老师搞好关系，久而久之，机房的老师将机房管理员的差事交给了他。就这样，鲍岳桥可以自由出入机房了，他将所有课余时间都耗在机房。到大四的时候，鲍岳桥的主要课程修完了，他开始系统地自学编程，为此他从生活费里节省出一些钱来买编译教程的书。

1989年，鲍岳桥从杭州大学毕业，虽然他学的是数学专业，不过对他来说，他更引以为豪的是他掌握的计算机知识。很快，鲍岳桥就依靠几款自编的软件在国内“显山露水”。

1998年，上线才三个月的联众就实现了小规模盈利。据说棋圣聂卫平在下输了棋后总是失眠，这时他会化名上联众，将上面的棋手杀得丢盔弃甲。一连赢七八盘, 直到心情好转，聂卫平才会上床睡觉。

联众的三个老板都是程序员，精通技术却不善管理。好在鲍岳桥为人憨厚、不计得失，于无形之中化解了很多矛盾。

让联众上了一个台阶的是1999年6月中公网1 000万元的投资。这在当时引起了外界的艳羡，现在回头看，它显然对鲍岳桥的创业团队是不利的。第一轮融资就出让了将近 80% 的股份，不仅失去了公司控股权，对公司下一轮的融资也会有负面影响。

当然，创始人的个性也很重要，苹果的乔布斯并非技术专家，但是性格强硬、好胜心强，鲍岳桥显然不是这样的人物，他觉得“一个人活着能干自己想干的事是最重要的。”经常表示“缺乏管理经验”，而在大笔资金到手后又表示“不知道怎么用”，这就更加加剧了资方介入管理的欲望与力度。

几年以后，鲍岳桥曾表示：“唯一后悔的是股份卖得太多了。”2003 年冬，联众已经显现疲态，创始人简晶和王建华选择了离开。2004 年 4 月，韩国 NHN 以 1 亿美元从三位联众创始人和海虹控股手中分别购得 21% 和 29% 的股权，每位创始人各自以 1 400 万美元套现。外界猜测没有丝毫股份的鲍岳桥会选择离开联众，但他明确表示自己不可能离开联众，因为他认为联众还可以做好，离开“不甘心”。

2006 年 12 月 29 日，鲍岳桥宣布卸任 CEO 一职，今后不再负责公司日常管理。后来，经过多年的磕磕碰碰，联众终于在 2014 年成功上市。

联众的坎坷之路，让后来者意识到：资方话语权太大，对创新企业的影响很大。相对来说，始终冲杀在第一线的创始人更懂得市场，眼光也更长远，而以逐利为中心的资方则相反。两者一旦产生不可调和的矛盾，出局的一定是创始人。苹果和新浪的创始人都因为股权比例太小而被赶下台，所以阿里巴巴在后来才会如此坚决地要求采用合伙人制，以牢固掌握经营控制权。这也算是“鲍岳桥们”给互联网创业界的一个教训、一笔财富吧。

1999年

百家争鸣，你方唱罢我登场

1999 年是中国互联网盛宴开启之年。在日后成为超级大玩家的海归李彦宏、陈一舟、梁建章、沈南鹏，以及融合了极客和商人诸多角色的陈天桥、朱骏都是在这一年入席的。这批人与之前入局的马云、丁磊、马化腾、雷军、周鸿祎、鲍岳桥组成了中国互联网产业的中坚力量。

参与互联网盛宴的还有各路 VC。其中最活跃的有两家，一家是孙正义领导的软银，另一家是熊晓鸽和周全掌管的 IDG 中国。

有人，有钱，有开放的环境，有信息互联的刚需……这些力量纠合在一起，形成了一场强劲的龙卷风。

站在风口，人人都会飞上天。

阿里，阿里巴巴

马云是中国互联网界第一拨淘金客，1995年就已入局。在“中国黄页”被收编之后，1997年年底，马云应外经贸部的邀请，带领团队北上进京。

外经贸部为此成立了一家公司——中国国际电子商务中心（EDI），由马云组建并管理，马云占30%的股份，外经贸部占70%的股份。接下来，马云和他的团队先后为外经贸部建立了外经贸部官方网站、网上中国商品交易市场、中国招商等一系列国家级站点。同年，他们还拿到了雅虎在中国的独家广告代理。

1999年，深思熟虑之后，不甘受制于人的马云决定离开北京，重返杭州。

在做出决定的那一夜，马云把创业团队的所有人召集到一起，给了他们三个选择：第一，去雅虎拿高薪，马云亲自推荐；第二，去新浪或是搜狐拿高薪，马云同样亲自推荐；第三，跟自己回杭州，只有500元月薪。马云给他们3天时间做出决定。但3分钟后，所有人都选择回杭州。

在外经贸部工作的两年，让马云学会了判断国家宏观经济的发展方向。更重要的是，马云看到了创业的方向——电子商务。

回到杭州之后，马云在自己城郊的房子里创办了阿里巴巴。公司成立的那一天，房子的墙壁突然渗水了，他对大家说：“我出去找点儿材料。”过一会儿，他抱了一大卷旧报纸回来，然后大家一起用报纸把“办公室”的墙壁装修一新。

阿里巴巴的注册资本是50万元，来自创业团队的共同集资。当时总共有18个人（所谓的“十八罗汉”），其中包括马云和他的太太。马云对全体员工发表了开业演讲：“我们要办的是一家 B2B 的电子商务公司，我们的目标有三个：第一，我们要建立一家生存 80 年的公司；第二，我们要建设一家为中国中小企业服务的电子商务公司；第三，我们要建成世界上最大的电子商务公司，要进入全球网站排名前十位。”

听了这话，大家你看我，我看你，心里都犯起了嘀咕：这些目标太高了，就凭我们这几杆枪？

马云后来回忆说，他搞电子商务，从那一天起就铁了心。之所以把目标瞄准中小企业，是因为马云预测到互联网的普及将终结会大公司的模式。他认为：在工业时代，一家公司要向全世界扩张必须拥有雄厚的资本，因为需要开设很多海外分公司、办事处才能如愿以偿，但在互联网时代，一家公司要进入他国市场并不需要太多的资金，互联网可以使中小企业轻易获得原先只有跨国公司才能获得的商机。

阿里巴巴的总部设在浙江，那里是中国民营企业最活跃的地方，加上附近的江苏、广东一带，总共有数十万家以外贸为生的中小型制造工厂。当时，“中国制造”刚刚发力，没有外贸经验和客户资源的中小型工厂根本找不到合适的外销渠道. 而阿里巴巴为它们提供了一个免费的信息发布平台，所以阿里巴巴的业务一经推出就备受欢迎。

阿里巴巴最初的官网域名是 alibabaonline.com，之所以加“online”这个后缀，是因为 alibaba.com 已经被一个加拿大人注册了。alibabaonline.com 用了几个月后，马云对 alibaba.com 还是念念不忘，一直想买下这个域名，但又觉得花钱太多。为了域名的事，纠结的马云特意咨询了当时还在雅虎的吴炯。吴炯后来对媒体透露：“买阿里巴巴的域名，对方开价 3 000 美元，马云觉得贵了，我认为太便宜了。我说，你不是要办国际化公司吗？赶快买，省得对方抬价。”听了吴炯的话，马云马上将 3 000 美元打入对方账户，买下了 alibaba.com。关于阿里巴巴域名的故事，还有很多版本，但这个版本相对来说可信度更高一些。

阿里巴巴上线还不到半年，就被《福布斯》杂志看中。根据在线监测显示，这个名不见经传的小网站居然是当时全球最活跃的电子商务网站。《福布斯》派记者来到杭州，辗转之下终于在那个叫湖畔花园的住宅小区找到了马云。

2000 年 7 月，马云成为第一个登上《福布斯》封面的中国企业家。封面上的马云身材瘦削，穿着一件超大的蓝花格子衬衫，卷着袖子握着拳头，向全世界露出了一张灿烂的童话般的笑脸。

阿里巴巴被评为全球最佳 B2B 站点，名列综合类第一名。《福布斯》是这样介绍的："阿里巴巴自 1999 年 3 月 10 日成立以来，已汇聚了全球 25 万商人会员。每天新增会员数达到 1 400 人，新增供求信息超过 2 000 条，是全球领先的网上交易市场和商人社区。"

就这样，阿里巴巴一举成名天下知。

8848的网络生存实验

阿里巴巴并不是中国第一家电子商务网站，这个殊荣要归8848，其创始人叫王峻涛。

提起王峻涛，或许大家会感到有些陌生，但老网民应该熟悉他的网名，他就是那个在1997年写出“中国足球第一博文”《大连金州不相信眼泪》的老榕。

成立于1994年的北京联邦，凭借正版软件连锁渠道通路，迅速在全国各地陆续建立了500余家联邦软件连锁专卖店，王峻涛的福州联邦就是其中之一。

王峻涛经营的福州联邦的业绩非常突出。到了1999年，福州联邦从最初的20平方米的小店面变成了3 000多平方米的大公司，王峻涛自然也赚了不少钱。

不过，王峻涛并非俗气的商人，他有理想、目标与追求，一直在摸索电子商务。1997年，王峻涛写出了国内第一个电子商务网页，建立了网上软件销售试验站点“软件港”。当年，“软件港”以最高票当选为“福建省十大网站”之一。正是通过“软件港”销售软件，才让福州联邦的销售业绩大幅增加。Windows98发行时，王峻涛还通过网站预售出几百套。

“软件港”小试牛刀，坚定了王峻涛做电子商务的决心。与此同时，王峻涛一直在向北京联邦的两位创始人苏启强和吴铁推销电子商务理念。1999年元旦刚过，王峻涛便带着8848电子商务网站的商业计划书来到北京联邦总部。

其实，在决定与北京联邦一起做这件事情之前，王峻涛曾与时任金山总经理的雷军接洽过，而且双方谈得比较融洽，但最后王峻涛还是选择了拥有天时、地利、人和的北京联邦。

北京联邦本身是做软件连锁销售的，在IT产品流通渠道具有压倒性优势。当时北京联邦已经在近300个城市设立连锁专卖店，这些终端都可以为8848提供当地的配送、收款服务。同时，北京联邦的品牌在消费者心中具有较高美誉度。这些资源对电子商务拓展帮助很大，这是天时。

北京联邦拥有比较完善的供应链，尤其在软件、IT产品和计算机图书方面。它拥有巨大的仓储和比较完备的进销存信息系统（一款对企业生产经营中物流、资金流进行条码全程跟踪管理的软件），困扰其他B2C站点的库存、采购、物流问题，在这里根本不是问题。而当时的网民只有200万左右，其中大部分是计算机玩家或者业内人士，在8848上销售北京联邦经营的产品，自然很容易被接受。这是地利。

经过多年的合作，北京联邦已经像一个全国大家庭，王俊涛可以跟北京联邦的高层如朋友一样谈事。这是人和。

纵观中国互联网界，几乎每一个后来名动江湖的网站都有一个响亮的名字，而且名字的由来也都有一段不同寻常的故事，8848也不例外。在8848最早的那间不足10平方米的办公室里，苏启强、吴铁、时任南京联邦总经理的李献忠、时任成都联邦总经理的张屹、时任联邦市场公关总监的毛一丁和王峻涛一起讨论即将成立的电子商务事业部的名字。有人问，亚马孙河是什么？答曰，位于南美洲，第二大长河。于是，大家就按照这个思路开始思考。有人提长江的全拼，一查已被人注册了。有人提960这个数字，一查，也被注册了。这时毛一丁提议说，不如用珠峰的高度吧，8848，这个全世界的人都知道。大家都说好。可是一查8848.com又被人注册了，最后只好把8848.net抢注了下来。就这样，中国互联网产业的第一个电子商务网站8848正式开通。

为了提升8848的影响力，在1999年9月3日，8848赞助了一场名为“网络生存”的实验。

从数千报名者中遴选出12名志愿测试者，分赴北上广三地开始为期72小时的网络生存。他们的生存空间为酒店标准间，有基本的生活用品，如起居设备、沐浴设备，但没有食物和水，也没有电话、电视等电器，卫生间中只有厕纸，与外界的沟通只能依靠一台可以上网的电脑。

在这72小时内，志愿者不能携带任何物品进入房间。主办者提供1 500元现金以及额度的1 500元的信用卡（由8848网站赞助），还有当地ISP的上网账号和密码。实验结束之前，志愿者不能离开房间，只能通过网络满足食物和水。当生存不成为问题之后，志愿者可以通过网络获取生活上或者精神上的需求。

测试现场安装了摄像机和网络摄像机，详细记录志愿者每天的活动内容及上网记录。主办单位将依测试者的网络购物能力、网络社交能力、网络应用能力及网络学习能力等项目进行评判，优胜者将获得最高5 000元的奖励。

此次活动得到了包括《人民日报》网络版、北京电视台、上海东方电视台、广东电视台、《北京晚报》《新民晚报》《羊城晚报》《新民周刊》《新周刊》在内的国内主流媒体的关注，同时它们也是联合主办方。

这场实验的结果非常乐观，每一位志愿者都通过了测试。在这场实验中获利最大的无疑是8848。据王峻涛回忆说，测试时正值周末，本来是网上销售的低谷。但在那个周末，订货的人潮汹涌而至，数量大约是平时的10倍。就在那个周日，8848一天之内就接到了3 000多个订单。这还不是重点，重点是毛一丁曾在测试之前就指示过周末值守的工作人员：这两天接到的订单，无论任何要求，无论多远都要尽最大努力、在最短的时间内送到。就这样，在其他网站还没有察觉到电子商务的奥妙时，8848抢占了先机，从此声名鹊起。

资本迷局：8848的坎坷上市路

江苏综艺股份是一家于1996年上市的乡镇企业，其前身是江苏省通州市兴东镇黄金村的村办企业，从事纺织业与胶合板的生产。综艺股份总经理昝圣达是一个头脑灵活、易于接受新思想的人，在传统主业里浸淫多年之后，他意识到发展的空间有限，便萌发了转型的念头。

1998年下半年，综艺股份副总经理季风华得到一个消息，北京联邦软件的大股东中保联邦意欲出售手中的股份。季风华立即把情况反馈给昝圣达，同时还请专家对联邦软件的状况做了调研。1998年年底，昝圣达决定入主北京联邦。但他的这一决定遭到了公司总会计师的反对，总会计师表示，这项投资的风险系数偏高，不宜介入。昝圣达坚持己见，出资3 264万元，从北京联邦的股东（中保联邦）手中购得51%的股权，成为北京联邦的第一大股东。同时，昝圣达做好三年内不从联邦软件赚钱的心理准备。

然而，让所有人没想到的是，仅仅过了不到一年，综艺股份就因为这项投资赚得盆满钵满。这一切要归功于8848这个电子商务网站。

1999年6月，IDG的林栋梁决定投资8848，然后把8848推到美国纳斯达克上市。为了能够顺利上市，8848必须获得中国信息产业部和中国证监会的批准。当时，8848上呈给中国证监会的股权结构说明整整用了6页纸，而中国证监会关于8848上市的批复也同样用了6页纸。用王峻涛的话说就是："这是一个我永远也说不明白，你永远也听不明白的故事。"

之所以如此晦涩难懂，与8848的增资扩容有直接关系。1999年6月起，IDG出资200万美元参与8848网站的业务重组。一番运作的结果是，北京联邦持有601万股，IDG持有216万股。事实上，8848并不甘愿出让股权，因为大家都知道8848将成长为一只会下金蛋的鸡。但是，8848也知道，如果不把8848运作到资本市场上，那么这枚金蛋也无法装进自己兜里。

资产重组之后，到了2000年年初。在此期间，北京联邦曾多次前往证监会询问相关政策。从证监会得知若想在海外上市，首先必须是外资公司，其次不得违背信息产业部的规定，同时互联网内容服务不得作为海外上市的主体。简单来说，8848如果想在纳斯达克上市，不受红筹指引的限制，那么中方的股份不能超过20%，不能是第一大股东，第一大股东必须是外国公司。因此，当时作为8848第一大股东的综艺股份只有向外方投资公司转让股权。

讨价还价之后，折中的办法出来了，即中方股东等比例收回投资，均拿出1/4股权变现。按照每股6美元，所有的中方股东加起来出让200万股，其中北京联邦出让150万股，另一家关联方洋浦连科出让50万股。

就这样，综艺股份得到了大把现金，外方得到了足够股份，而8848也扫清了上市的障碍。

这一系列的事情做完之后，时间到了2000年7月，8848终于拿到了期盼已久的证监会的批文。然而，事情并没有朝着所有人期盼的方向发展下去。此时，纳斯达克已“血流成河”，尤其是带有网络概念的股票更是一泻千里，想在此时入市几乎不可能。同时，后期投资人希望能等资本市场好一些再上市，这一提议得到了前期投资人的认同，因为前期投资人早已套现成功成为既得利益者，对上市时间的早晚并不在乎。

生不逢时的8848就这样在资本市场寒冬里瑟瑟发抖。

2001年8月，王峻涛辞去8848董事长的职务。他对媒体说：“辞职就是一种业务重启，需要换一种方式做事业。王志东就重启了，现在我也需要重新启动一下。”辞职之后，他很快创办了新公司。

2001年9月，8848与电商数据（中国）有限公司宣布合并，成立珠穆朗玛电商数据（中国）有限公司。

2003年9月，8848重新开始新的业务发展规划，将业务重点转向专业购物搜索引擎——8848购物引擎。

2003年11月底，8848完成技术、产品一期开发。8848购物引擎囊括了几千个网上购物及电子商务网站，能为用户提供数百万条详细商品介绍。

2003年12月，8848网上商店eStore招商计划启动，开始为广大中小企业开辟网上销售新途径。同时，也为8848购物引擎提供海量的商品数据信息。

2004年1月1日，8848网上商城重新发布，在电子商务领域复出。

但在仅仅一年多之后，8848就再度休眠，此后渐渐淡出公众视野。关于8848的再次没落，业内人士分析后认为主要有三个原因。

一是根基不好。从创建之初，8848的摊子就铺得太大，导致成本过高、人员过多。摊子大自然包袱重，人员多也必然会引发内讧。二是业务方向不正确。8848推出购物搜索引擎，想要在短期内获利很难，而且精力都耗费在此，就会忽略赚钱的业务。三是平台与营销未能很好结合。商务的关键是营销，电子商务平台的关键是收集营销，收集营销是一种和技能紧密结合的营销策略。8848只实现了商业事务平台所需要的功能，没有考虑到和收集营销的有效结合，因此很难为终端用户带来明显的营销效果（收入）。

2005年，经过重新测定，珠穆朗玛峰的高度为8844.43米。至此，“8848”这个曾经作为世界最高峰的高度也已经失去意义，而8848电子商务也如这个已经失去意义的数字一样，不再具有任何光环。不过，在我们为它惋惜、感叹的时候，也不要忘记，8848曾经代表了一种敢为人先的创新精神。

百度成立：技术改变生活

还在攻读美国纽约州立大学布法罗分校计算机科学硕士学位的时候，李彦宏就在国际权威学术期刊《模式识别与机器智能》上发表了关于如何提高光学字符识别效率算法的学术论文。这证明了李彦宏有着超乎常人的学术才能，一条从博士到教授再到学术权威的光辉大道已经清晰地在他面前展开。

而那时的李彦宏却觉得，自己更喜欢比较实际的东西，如针对现实中存在的问题进行分析，进而找到解决对策。在学习之余，他很喜欢看《华尔街日报》，那上面一个个鲜活的商战故事刺激着他，让他逐渐感到比起技术本身，商战策略更是决定胜负的关键。恰在此时，他接到华尔街道琼斯旗下一家专门分析财经数据的咨询公司的聘书，邀请他去做带有工程师性质的高级顾问。这家公司的老板对李彦宏的研究非常欣赏，两人在学术上谈得非常投机。最后，李彦宏放弃了从博士到教授的人生坦途，一头扎进了波诡云谲的华尔街。

在道琼斯负责金融信息系统开发的三年，李彦宏在工作上得心应手。但是，技术出身的李彦宏还是打算去硅谷。

到硅谷之后，在这个“技术人员的创业天堂”里，李彦宏进入了当时搜索技术最好的公司 Infoseek，全面负责公司的技术开发。

作为一名技术人员，李彦宏当然希望公司加大对搜索技术开发的投入，增加搜索网页的数量。然而，Infoseek 越来越倾向于市场化盈利，这让一心想搞技术的李彦宏感到失望。

作为技术人员而非决策者的事实让李彦宏时时处于被动，创业的想法开始在他心中悄然萌生。1999 年，他应邀回国参加国庆典礼，亲身感受到了国内蓬勃的互联网创业热潮，他觉得自己回国创业的时机到了。

决心回国创业后，接下来最重要的就是找到一位靠谱的创业伙伴。李彦宏对创业伙伴的定位是：善于市场运作与开拓，富有激情，能与自己风雨同舟的志同道合者。李彦宏想到了好友徐勇，徐勇是李彦宏刚刚闯荡硅谷时认识的，同是北大毕业的背景让两人很快成为好朋友。徐勇在美国的身份是生物学博士后，曾在两家著名跨国高新技术公司担任市场部经理。虽然也是技术人员出身，但徐勇在市场开拓方面的卓越才能使他多次获得公司的杰出销售奖。更重要的是，生物学博士出身的徐勇对互联网怀着极大的热情，对硅谷的机制也颇感兴趣。1998 年，李彦宏出版了《硅谷商战》一书，此后二人更是经常在一起谈论有关硅谷和互联网的话题。

1999 年 11 月，就在徐勇与朋友共同拍摄的《走进硅谷》在斯坦福大学首映后的第二天，李彦宏把他约到家里商谈回国创业“大计”。徐勇没有一丝犹豫，当场应允。

“庞大的中国市场+深厚的技术背景+放弃优厚待遇创业的决心”让两人很快获得了第一笔风险投资。1999 年 12 月，李彦宏和徐勇带着 120 万美元风投从美国硅谷回到北京中关村，创建了百度。2000 年 9 月，百度获得了第二笔 1 000 万美元的风险投资，解决了身处中国互联网寒冬期的资金问题。2004 年年底，百度又进行了第三次融资，当时百度已经开始盈利，对资金的需求并没有那么强烈，融资更多的是为上市做准备。

创业是对创业者自身能力的大检验，李彦宏通过了检验。在华尔街的三年，增强了李彦宏的搜索引擎技术；从华尔街来到硅谷，丰富了李彦宏关于商场实战的经验；从硅谷再到中关村，则确立了李彦宏的人生奋斗目标：创建自己的公司，用技术改变人们的生活。

当当网蹒跚起步

1999年，引领中国互联网产业发展的电子商务正式登场。除了马云的阿里巴巴以及王峻涛的8848外，在这一年的年底，一个叫作“当当网”的B2C网站也蹒跚起步。

当当有两位联合总裁：李国庆和俞渝。两人是夫妻，联手创业，早已在业内传为佳话。而这段佳话的开始，要从一盘咸鸭蛋说起。

李国庆毕业于北京大学，在校时任学生会副主席。毕业之后，他进入了当时最热门的政府机关——国务院发展研究中心。在那里工作的几年，李国庆颇有成就感，他的调查报告曾部分引用给了国务院领导。但是后来机构重组，他被分到中共中央书记处农村政策研究室。那里的工作环境让李国庆感到越来越不适应，他想到了下海。

李国庆的第一次下海与图书出版有关，其过程相当惊险。李国庆出版发行了一套9本的励志书，每本首印10万册。没想到代理发行商只勉强要了1万册，每本都剩下9万册库存，为此他背上了100万元的债。李国庆不服输，在深思熟虑之后，举办了一个“读书征义”活动，联系杂志社作为活动承办人，邀请社会名人当评委。结果，一年半之后，库存的图书销售一空。这次图书运作让他对国内图书行业有了一个较清晰的认识，为日后经营当当网奠定了基础。

与俞渝的相识，缘于李国庆的一次出国之旅。1993年，李国庆联合北京大学、中国社会科学院、农业部所属的单位创办了北京科文经贸总公司。那时候，北京科文经贸总公司的年利润已达到了几百万元，李国庆可谓踌躇满志。为扩大公司规模，在朋友的建议下，李国庆于1996年4月前往美国取经。在美国，他认识了俞渝。当时，俞渝在纽约创办了一家公司，专门做金融咨询顾问业务。她给李国庆讲如何吸引投资等问题，告诫他："钱不是最重要的，主要的是控制权。"俞渝的谈吐与见解让李国庆折服，他向俞渝发出邀请，希望她能抽时间回国对自己的公司提供一些帮助。

1996年的一天，俞渝应李国庆之约回了一趟国。那天的接风宴上，李国庆请俞渝吃了她最爱吃的咸鸭蛋。之后不久，这两个都已过了而立之年的人闪婚了。从相识到结婚，他们只用了三个月。

当然，李国庆此次美国之旅不仅仅带回了新娘，同时还带回了网上书店亚马逊的商业模式。李国庆在图书出版领域摸爬滚打多年，很了解中国传统的图书出版和发行。俞渝是纽约大学金融及国际商务MBA，在华尔街做融资，有过一些很成功的案例。她在美国生活了整整10年，投资者非常信任她。因此他们很快便找到了投资人，其中包括IDG和LCHG（卢森堡剑桥集团，该集团公司拥有欧洲最大的出版集团）。在两家风投的共同投资下，当当网登台亮相。

创业至今，以图书销售起家的当当尝试过品类扩张，3C、家电、母婴、美妆……相比之下服饰扩张是所有品类中最成功的。2014年9月，当当宣布以服饰为重心向"时尚电商"转型并更换LOGO。

不过可以肯定的是，当当未来还将紧扣阅读市场的战略方向。2015年年初，当当网宣布剥离数字业务，由公司CEO李国庆亲自挂帅，重点打造数字阅读生态，目标是三年内占领正版数字阅读市场60%的市场份额。

在2015年10月举办的中国电子商务发展峰会上，李国庆发表演讲，称创业以来当当的日子过得很苦——"马云、刘强东、亚马逊都死打我的图书"。

李国庆说："第一个五年马云就死打我的图书，因为当时图书是最便于网上销售的，没有打过。第二个五年亚马逊这个跨国公司来了，死打我的图书，也没有打过。好不容易上市了，京东老刘说要打我的图书，你说我命苦不苦？"

虽然艰苦，但苦中有乐。创业，从来就没有人能随随便便成功。

“携程四君子”悄然登场

梁建章1969年生于上海，早在1983年绝大多数中国人还没见过电脑时，14岁的梁建章就开发出了用电脑辅助写诗的程序，并且获得了全国第一届电脑程序设计大赛的金奖。

初中还没有毕业，梁建章就直接考入复旦大学少年班。在复旦大学计算机系仅仅读了一年，梁建章又考入美国乔治亚理工学院攻读计算机系硕士学位。1989年，20岁的梁建章拿下了硕士学位，并且直读博士学位。读博期间，梁建章发现“最先进的东西不在学校而在企业”。于是没有读完博士，他就加入了埃里森创办的甲骨文公司。

在甲骨文公司，梁建章一开始在研发部工作。梁建章是信息技术领域的高级人才，虽然是新员工，但待遇要优于公司的其他同事。在甲骨文公司待了3年之后，梁建章在一次回国期间看到了国内火热的创业氛围和中国市场的巨大商机，由此萌生了回国创业的想法。回到美国后，他主动申请转到客户服务部，希望通过客户服务部的工作全面了解公司运作，以此弥补自己在创业上存在的不足。

1997年，梁建章通过公司内部的招聘计划，担任了甲骨文公司中国区咨询总监的职务。凭借职务之便，梁建章密切关注着中国互联网环境的变化。1999年，当互联网热潮在中国兴起时，梁建章离开甲骨文回到中国，开始了他的创业生涯。

俗话说“一个好汉三个帮”，一个人独立创办一家高科技公司是很困难的，梁建章很快找到了三个得力帮手：沈南鹏、季琦和范敏。这三人在后来都成为鼎鼎有名的商界人士。

这四个人中，梁建章偏理性，有海归背景，精通全球通行的商业逻辑和法则，担任CEO；季琦有激情，技术过硬，敢闯敢创新，担任总裁；沈南鹏个性老练，是资本运作的行家里手，担任首席财务官；范敏个性沉稳，善于经营，方方面面的关系处理得当，担任执行副总裁。就这样，人称“携程四君子”的创业团队悄然登场。

梁建章在一次采访中透露：“其实，创业之初我们有很多选择，我甚至还注册了一个网站，打算做招聘服务。后来，我对中国的互联网形式做了一个详细的分析，发现门户网站在中国已经有几家，我们没有必要和他们竞争。于是，我们想在细分市场上做文章，我们发现旅游不需要物流配送，国内也没有人做，交易上面没有致命的问题，所以做旅游方面的电子商务应该是比较好的选择，想像的空间非常大。最后，我定下了做旅游服务。现在来看，我当初的选择非常明智。”

1999年5月，携程正式在上海成立，注册资本为200万元。携程获得的第一笔风险投资来自IDG, IDG合伙人章苏阳与沈南鹏和季琦都是旧识，并且之前就有过合作。1999年10月和2000年3月，IDG两次向携程注资。此后，携程先后收购了国内最大的传统订房中心现代运通以及北京海岸航空服务，把业务从网上订房拓展到机票预订。2001年10月，携程宣布盈利。

2003年12月9日，携程登陆美国纳斯达克。其发行价为每股18美元，开盘价为每股24.01美元，当天收盘价为每股33.94美元，涨幅高达88.56%，创造了三年以来纳斯达克市场上开盘当日涨幅最高的纪录。这也是三年来中国互联网公司登陆纳斯达克的第一家网站。

在携程的竞争对手中，艺龙与去哪儿都属于重量级选手。苦斗多年后，2015年5月，携程出资约4亿美元，收购艺龙37. 6%的股权。至此，携程成为艺龙最大的股东，多年的冤家终于大联欢了。

2015年5月14日，拥有70亿美元市值的携程公布了2015年第一季度财报，财报发布后携程市值一举达到101亿美元，进入百亿美元俱乐部。

2015年10月26日，携程宣布与去哪儿合并，合并形式为百度出售去哪儿股份，然后持股携程，百度用45%去哪儿股权换携程25%股权。这一对在线旅游业的老冤家，缠斗多年后终于站在同一个战壕中。

年度风云人物——“中国电子商务之父”王峻涛

“对中国的电子商务业者来说，1999年是创业的年代，2000年是扩张的年代，2001年是思考的年代。”这句话出自王峻涛写的《2002：中国电子商务的转折年代》一书的开篇。

王峻涛领导的8848取得了业界多个“第一”：第一个全面适应中国数十种在线结算方式的电子商务平台；第一个在中国超过50个城市实施货到付款；第一个自行开发、完善、使用了一整套适合中国电子商务环境的技术平台；第一个开发与采用了完整的物流管理、商务管理、客户关系管理一体化信息平台；第一个成功实施异地第三方物流管理系统的公司。此外，8848还率先于2000年4月开通并成功运营了中国第一套开放式网上商城系统，其个性化的网上营销方案也成为中国网上营销的经典学习案例。这诸多“第一”的背后，凝聚了王峻涛无数的心血。

怀揣6 000万美元投资的8848曾是很多人羡慕的对象，但是“成也萧何，败也萧何”，为了迎合投资者和分析师，8848过早地走上了一条分散经营的道路。B2C还没有做好就开始涉足B2B等领域，导致了8848“全而不精”尴尬。

2000年年底，伴随纳斯达克市场下挫，8848无缘上市。B2C业务也从8848剥离为MY8848（北京时代珠峰科技发展有限公司）。2001年8月，由于无法调和与股东之间的矛盾，王峻涛从MY8848离职。

王峻涛离开之后，8848逐渐没落。虽然8848也曾作过许多努力和尝试，如与电商数据合作、推出购物搜索引擎，并于2004年高调“复出”，但最终难逃黯然退场的命运。就好像是一场事先张扬、志在必得的战争，结果却惨败而归。

8848赋予王峻涛“中国电子商务第一人”的江湖地位，也让他成为一个著名的“失败者”。多年后，王峻涛在一次面对媒体时曾做过这样的反思：他认为回过头去看8848的失败，最大的原因在于创始人未能拥有绝对的控股权，因此只能任由投资人“摆布”，而投资人因为不了解业务，极易因道听途说而改变公司发展的方向，结果使公司发展误入歧途。通过王峻涛的反思，我们可以看出：当年退出8848，对王峻涛来说是一件很无奈的事，他想按照自己的方式把8848做好，但苦于没有话语权，只好一走了之。

说了这么多商场上的王峻涛，其实对于他，大家更愿意称呼其网名——老榕。提起老榕，资深足球迷绝对都记得他那篇感动了千万人的《大连金州不相信眼泪》。从《大连金州不相信眼泪》到8848，从福建的第一个网虫到网上救助贫困大学生第一人……多年来，老榕在互联网上始终是位个性鲜明的活跃人物，以不同的身份和形象出现在网民面前。无论是作为球迷、网友还是企业家，感性与善良是老榕留给所有人的印象，而这两个字也成就了老榕的个人魅力。

2002年8月，王峻涛创立了6688购物。2006年，6688获得5 000万元的风投。2009年，6688推出服务农业的“鱼羊道”平台，开始布局农业领域。2011年，王峻涛投资维吉达尼商贸有限公司，将新疆的土特产卖到了全中国，惠及无数新疆农户的同时也让消费者饱了口福。2014年，6688电子商务平台与北京投贷宝资本管理有限公司战略合作，正式进入互联网金融领域。

在星光熠熠的中国互联网20年的发展历史上，8848当然不是一个成功的案例，但王峻涛必定是一个不可忽视的人物。王峻涛一直说他喜欢开创具有启蒙意义的事业，但是更多时候启蒙代表着失败。作为中国电子商务的开创者，王峻涛不但给这个产业留下了弥足珍贵的经验和教训，还从始至终对这份事业不离不弃，这份执着同样值得大家学习。

2000年
盛宴过后，一地狼藉

记得诺贝尔经济学奖得主约瑟夫·斯蒂格利茨在《喧嚣的九十年代》一书中，曾说过一句意味深长的话："毁灭的种子是什么？第一个就是繁荣自身。"这句话几乎适用于所有商业领域。

发生在1999年中国互联网产业的"非理性繁荣"，并未引起人们的注意。所有人都没觉察到一个巨大的泡沫正在形成，并且会在2000年这个千年等一回的千禧年破灭。

互联网产业的发展需要激情，也需要理性。然而在过去的几年中，大家都激情有余、理性不足。于是在2000年，激情大于理性的恶果开始显现。

盛宴之后，一片狼藉。历史上的危机在这点上都雷同——资本一发烧就离危机不远了。但是不管怎样，互联网产业仍然是一个年增长率可达200%的朝阳产业，仍然值得信仰。

寒冬之前的疯狂预演

作为一个新世纪的开端，2000年的中国互联网被赋予了很多传奇色彩。

中国互联网产业之前几年积蓄起来的乐观心态，在这一年仍在继续膨胀："眼球经济"炒热了互联网，大大小小的风险投资商疯狂地找人帮着花钱；凡是带有互联网"贵族血统"，尤其是带有"中国概念股"的股票更是获得了纳斯达克等资本市场的青睐。这一年春节刚过，tom. com在中国香港创业板上市，发行当日股价涨幅竟高达5倍。之前的超额认购更是接近2 000倍，被冻结的资金高达1 500亿元。接下来，新浪、搜狐、网易、中华网等就像生怕错过一场盛宴似的，一个接一个地冲进了资本市场。

当然，这一年的疯狂绝不仅仅局限在互联网行业，诸多传统企业也都唯恐错过这场盛宴，纷纷开始转型。以上海为例，据上海产权交易所披露，仅仅在2000年上半年就有20宗网络公司的产权交易，这些收购企业中不乏赫赫有名的传统大型企业集团，如上实联合、联华超市、大众交通、紫江企业、漕河泾开发区、海虹控股及浙江广厦。这些大的收购行为并非只是资本市场在炒作概念，而是具有实实在在的内容，真真正正在实施电子商务。从中可以看出，向网络转型已成为大型传统企业的共识。

除了上市和转型，并购也一直充斥着2000年的中国互联网产业。2000年2月29日，盈科数码动力有限公司并购香港电讯，并购金额高达380亿美元；2000年8月22日，联想斥资3 540万美元并购中国最大的网上证券交易商赢时通，获得赢时通40%的股份，成为赢时通的最大股东；2000年9月4日，Tom斥资3.7亿港元并购163.net；2000年9月14日，搜狐并购ChinaRen，并购金额为3 000万美元；2000年10月16日，携程网并购国内最大的订房中心现代运通公司，并购金额6 000万美元……

上市、转型加上并购，2000年的中国互联网产业就像一个纷繁复杂的大舞台，上演着各式各样的大戏。这一年的上半年，几乎所有的中国互联网公司都处在飘忽的云端，境外的风险投资疯狂涌入，圈钱、烧钱成为当时最流行的风气。所有人都有意或无意地忽略了一个基本事实：大多数网站并没有找到合理可行的盈利模式。于是，当下半年从美国互联网市场吹来一股寒风时，中国互联网公司集体感冒了。

到2000年11月底，纳斯达克跌破2600点大关，从9个月前5132点的历史高位下跌了近50%。国内首先遭遇纳斯达克寒流侵袭的是刚刚进入资本市场的三大门户：新浪的股价跌到了每股1.06美元，搜狐跌至每股60美分，网易的股票在上市当天就跌破了发行价，一度只有每股53美分。再放眼国际互联网市场，思科的市场价值从5 792亿美元下跌到1 642亿美元，雅虎从937亿美元下跌到97亿美元，亚马逊从228亿美元下降到42亿美元。据统计显示，2000年美国共有210家互联网公司倒闭。此时，包括中国在内的全世界的网络公司都接收到了资本的信号：资本对互联网的浮华失去了耐心。

用“冰火两重天”来形容2000年的中国互联网产业最为贴切。“市场好的时候，什么概念都是美好的；市场差的时候，什么概念都是虚幻的。例如.com和e标签。市场好的时候，什么样的商业模式都是黄金；市场差的时候，什么样的商业模式都像垃圾，如B2C、C2C。”著名网络评论人方兴东对中国互联网产业2000年的盘点既形象又深刻。

在寒风中瑟瑟发抖的中国互联网公司为了生存开始冷静思考：如何创建一个新的、可以实现盈利的商业模式来御寒？

TOM在线的转型之路

在2000年下半年纳斯达克崩盘之前，互联网热潮不仅席卷了内地的中国互联网产业，还将这股热潮吹到了香江两岸。2000年3月1日，以长江实业、和记黄埔和盈动为主要股东的TOM在线在中国香港上市。当声名显赫的李嘉诚遇上炙手可热的互联网，足以让资本市场为之疯狂。上市之后，TOM在线股价急剧飙升。

虽然在上市时创造了“神话”，但TOM在线是典型的资本运作产物，旗下的中文综合网站tom.com只有一个“空壳”。在tom.com开通运营的半年时间里，TOM在线的亏损就达到了1.9亿港元。因此，找到业务支撑点、摆脱“空壳”成为当务之急。时任行政总裁的王兟为TOM在线量身定制了一个向跨媒体平台转型的方案。而要想在短时间内转型，收购自然是捷径。

TOM在线收购163.net在2000年被炒得沸沸扬扬。最初，TOM在线称将以7亿港元收购，接着又传出只出5亿港元；最后，9月4日，TOM在线正式宣布以3.7亿港元完成此次收购。TOM在线的目的很明显：要尽快转型成跨媒体平台。这个平台可以丰富TOM在线的广告渠道，为客户提供一站式广告套餐服务。

在被TOM在线收购之前，163.net已几经倒手。第一次是1998年2月，网易将其卖给广州飞华电信工程有限公司，价格在200万~300万元之间；第二次是1999年12月，飞华又将163.net转让给深圳新飞网信息技术有限公司，转让价格是5 000万元，而新飞的当家人正是TOM在线的行政总裁王兟。接下来，便是TOM在线对其的收购，价格高达3. 7亿港元。

163.net不仅成就了TOM在线，也成就了身兼双职的王兟，却让大半年前“贱卖”掉它的广州市电信局数据分局局长张静君（广州飞华负责人）受了处分，她因此被免职。这位曾经扶持了田溯宁、丁磊等中国互联网第一批创业人的重要角色，自此黯然退场。

收购163.net之后，TOM在线的浏览量急剧攀升。早在收购163.net之前，TOM在线就已经收购鲨威体坛网等国内知名网站。收购163.net之后，TOM在线又迅速兼并了内地户外广告公司风驰广告，并与长城科技旗下两家公司合作开拓宽频增值服务，同时还收购了香港时事杂志《亚洲周刊》的部分股权。至此，一个覆盖网络、印刷、户外广告、活动策划等多层面的跨媒体广告平台初具雏形。接下来，需要将这些媒体整合起来以发挥集体作战的优势。

为此，TOM在线先后聘请具有崇高声望的城邦出版控股集团董事长兼CEO詹宏志以及贝塔斯曼中国区的CEO艾科来完成这一整合，但二人皆因种种原因未能完成使命。

尽管TOM在线的跨媒体平台之路没能走通，但此后的发展轨迹仍然可圈可点。整合无望，王兟开始根据业务对其进行有效拆分，其中最大的动作就是把所有互联网的业务都整合到TOM在线。接下来，在互联网的寒冬期过后的2004年，TOM在线被推上了纳斯达克，迅速吸纳了大量资金投入无线业务。但从2005年开始，信息产业部针对无线增值服务商的整顿力度加大，对该项业务的依赖度高到90%的TOM在线业务大减、股价大跌，于是集团选择了将其私有化。

2007年9月2日及9月6日，已经完成资本运作使命的TOM在线正式退市。但退市并不代表退出互联网产业，时任TOM在线CEO的王雷雷在接受记者采访时表示，TOM在线退市只是因为公司价值被资本市场低估，并不意味着失去了价值。同时，王雷雷透露，退市之后TOM在线旗下四大业务将分拆独立运营，包括门户、无线、语音服务和电子商务，四项业务互相补充和支持。

TOM在线虽然没有实现创建时“成为全球中文门户第一”的梦想，但在一系列的资本运作和经营之后，为其创办者和拥有者创造了大量的财富和价值。从这个意义上来说，TOM在线结局虽不完美，但未辱使命。

《人民日报》为张小龙的生计感到担忧

2000年3月，一个年届三十的失业码农引起了《人民日报》的关注。

这个码农就是张小龙，在当时互联网圈内算是一个名人。1997年，他写了一款叫Foxmail的软件，这款软件让他一举成名，时任《电脑报》记者、后来的多玩网创始人李学凌曾这样说："只要你站在黄庄路口，大喊一声，我是Foxmail张小龙，一定会有一大群人围上来，让你签名。"

1997年就名扬圈内，为何到了2000年仍泡在苦海里引起媒体的忧虑？

我们不妨先来读一读2000年3月26日刊发在《人民日报》第四版的一篇时评。时评题目为"免费软件饿着肚子挥洒冲动"，作者署名"魏然"。

《免费软件饿着肚子挥洒冲动》

我的电脑屏幕上有一个火红色如狐狸尾巴的图标，那是Foxmail——一种收发电子邮件的软件的标志。我每天都要点开它一两次，收发稿件、联系作者，已成为每天必做的"功课"。与我同样的还有很多人，据粗略估算居然有100多万，分布在美国、加拿大、瑞典、俄罗斯、日本等十几个国家和地区。从用户数量上来说，中国人写的软件中，Foxmail是当之无愧的冠军。

使用Foxmail不用付钱，因为它是免费软件。在任何一个稍具规模的网上软件下载站点上，你都能找到Foxmail。

Foxmail有这么多忠实用户，并不是因为它不要钱。应该说，目前几乎所有的邮件软件都是免费的。我想，占用资源少、使用灵活方便，应该是它受欢迎的原因。

知道Foxmail的人很多，可知道作者张小龙的人很少。在北京见到张小龙时，他正处于失业状态。这是一个不善言辞的年轻人，也许他的思想和冲动，都通过键盘，融进一行行外人看起来枯燥无味的程序之中。

最初创作Foxmail的冲动，来源于一个程序员怀才不遇的惆怅。他想通过写一个好的软件，来证明自己的能力。

从1997年至今，Foxmail已更新了三个版本，知名度越来越高。但这并没有给张小龙本人带来任何经济上或社会地位上的好处。去年起，他离开了广州一家开发文档管理软件的公司，成为一个“自由软件写作者”，说白了，就是一个无业游民，靠临时给别人写程序为生。正如一篇题为“懒散的Foxmail”的文章所说的，张小龙承认自己是一个懒散的人，他只喜欢天马行空的生活，不愿意待在一个大公司中，为一个软件数以千万行计的程序写其中的若干行。

然而，Foxmail带给张小龙的，只有不堪重负的感觉。当初写软件，对他是一种挑战。但当软件写成，需要一点一点完善时，他已失去了兴趣。他觉得，这是商业软件才会做的事。

像张小龙这样的热衷于写免费软件的人还有很多，但大部分都像他一样是饿着肚子写。“我不知道下一步该怎么办，也许再过半年，找不到合适的发展机会，干脆去美国算了。”张小龙这么说。

张小龙的朋友都觉得他可怜，认为这位在100多万台计算机屏幕上留下大名的人只是个悲剧人物。张小龙目前的状况，是中国免费软件的一个缩影。

从文章中可以看出，张小龙其时的际遇颇为落魄，甚至到了连朋友都觉得他“可怜”的地步。或许是《人民日报》的这篇文章给张小龙带来了运气，20多天后，博大国际互联网公司收购了Foxmail，价格为1 200万元，“失业”的张小龙还被任命为博大公司的首席技术官。2005年，Foxmail被腾讯收购，张小龙和他的团队也因此与腾讯结缘。

值得一说的是，张小龙的Foxmail差点儿在两年前以15万元的价格卖给雷军。张小龙与雷军都生于1970年，两人在同一年到武汉上大学：张小龙上的是华中工学院，雷军上的是武大。这样的渊源，加上都属于互联网圈子里的极客，因此两人比较熟悉。1998年的一天，时任金山软件CEO的雷军给张小龙发了一封邮件，跟他聊了Foxmail存在的一些漏洞。然后，两人通了电话。在电话里，雷军问张小龙愿不愿意把Foxmail卖给金山，价格为15万元。

张小龙仅凭一己之力研发并维护Foxmail，这让他感到非常累，他想卖了Foxmail去美国留学。雷军抛出这个话题之后，就忙着联想注资的大事，收购Foxmail的“小事”交给了下属去做。下属们经过研究后认为这种软件没必要花钱收购，金山自己也能做，此事也就不了了之。

没人接盘，张小龙只好一个人继续扛着，直到扛得《人民日报》也看不下去了，为他感到“悲哀”。好在，“悲哀”没有持续多久，1 200万元砸到了张小龙身上，连同一份“高大上”的工作。

中千万元大奖也没有这么高兴吧。中大奖只是纯运气，而且不可持续，而张小龙的这个1 200万元是对他能力的高度认可，是可以持续的。后来，他用微信震惊了全世界，很多人认为他最有可能成为乔布斯的中国接班人。

联想圈钱，借力打力

1999年11月，联想集团隆重推出天禧计算机。天禧计算机因“网际飞梭”（即一键上网）以及“即时通”（即十几秒的快捷开机）等领先技术，被联想冠以“因特网计算机”的称号。天禧计算机推出之后，联想股价从每股7港元一路上涨至18港元，春节后更是攀升至30港元以上。

2000年2月29日，联想集团及香港联想以每股33.75港元出售及发行8 500万股份，共集资28亿港元。就在8个月前，联想也进行过一次配股，数量高达1.3亿股，但仅集资9.36亿港元。这样巨大的差距与联想的“互联网战略”密切相关，由此可见资本市场对互联网的关注和热情。

2000年3月2日，也就是TOM在线在香港成功上市的第二天，联想董事局主席柳传志在香港紧紧握住李嘉诚二儿子李泽楷的手。这次握手后多方宣布合作。联想与李泽楷的盈动合作的消息一经传出，联想股价一飞冲天，达到每股70港元。一个交易日下来，联想的市值就暴增177亿港元，以800多亿港元跻身香港十大市值公司之列。

一系列的大手笔让联想尽享互联网红利。但是柳传志的目标远不止于此，接下来他还有更大的动作。

2000年4月，柳传志宣布了拆分计划，将联想一分为二：一家是联想集团有限公司，仍由杨元庆执掌；另一家是神州数码控股有限公司，由郭为执掌。

拆分之后，杨元庆执掌的联想集团将继续从事联想品牌计算机及互联网接入设备的制造和销售，提供互联网服务，向中小型企业提供资讯科技服务，制造以及销售软件和硬件组件。郭为领导的神州数码有三个业务方向：电子商务、网络设备制造以及系统集成。

联想之所以拆分，有其战略考虑：从一个PC厂商逐渐变成一个全方位的网络产品、技术、服务供应商。这一战略兵分两路：其一，从原有的PC机生产制造出发，从硬件方面着手，进入利润丰厚的网络设备生产领域，跨入宽带网络；其二，从软件行业的积累出发，提供网络软件、系统集成和电子商务解决方案等服务项目，建立B2B、B2C商务网站。

表面上看，拆分后的两家公司在业务和资本上已经没了瓜葛，但有一点不容忽视，那就是他们最大的股东都是联想控股公司。接下来，柳传志借助香港资本市场对互联网概念的热捧和联想所积累下来的良好信誉，让香港资本市场为神州数码埋了一个大单。

2001年6月1日，神州数码控股有限公司在香港联交所主板成功上市，股票代码0861，发行股票8 826万股，股票总值达到3.25亿港元。此后，在“恒生中国企业指数”从47只减至27只的情况下，神州数码被纳入为新增成分股。可以说，直到神州数码顺利在恒生上市才标志着联想的拆分以圆满结局收场。柳传志曾这样形容联想分拆的意义：“这是公司整个互联网战略实施过程中又一次漂亮的战役。”

一个概念和一连串运作，让联想在资本市场上坐上了互联网创业头等舱。但联想也并非战无不胜，FM365的失败便是一个明证。

2000年4月18日，联想刚刚完成拆分，就投入巨资创建了FM365网站。为了将FM365打造成国内一流的门户网站，联想启动了一连串大手笔的并购。

联想拆分之后的交班大会上，杨元庆发言表示：“联想集团将在软件、信息服务、系统集成、ASP、宽带和移动通信等方面向互联网全线挺进。其中，软件（幸福Linux）和信息服务（FM365）将是2000年的重点。”具体来说，FM365年底的目标是接入100万以上的客户以及1 000万以上的综合浏览量，从而晋升中国门户网站第一集团军。

在杨元庆的发言中，重点提及了对发展FM365的长远设想。FM365的内容建设，主要以两种方式进行：其一，自己丰富，即积极增设频道，研究其他门户网站可资借鉴的形式、经验为己所用；其二，投资并购一些独特的内容资源，摒弃其他网站千篇一律的新闻、重复出现的娱乐内容，打造出别人不能替代的功能。

2000年8月23日，联想斥资3亿元（现金、股票和设备）收购了当时国内最大的财经网站赢时通40%的股权，成为赢时通最大单一股东。同年11月29日，再次出资5 000万元，以50%的股份与新东方合作建立“新东方教育在线”，并与北大附中合作建设“北大附中网校”。FM365对这一系列的并购解释说，要以此满足80%的用户的80%的需求。

至此，联想“三点一线”的一站式互联网服务策略已经十分明确：接入部门(ISP)借助于中国电信的163平台，把联想每年几百万的计算机用户通过捆绑销售的方式引入互联网；为接入用户准备了一个入门网站，这个网站就是FM365，FM365负责聚集最好的内容和功能服务，吸引并留住用户，然后在这个平台上提供网络广告和电子商务；同时，FM365把吸引来的流量导入垂直网站，如证券、教育和旅游，用垂直网站的利润补贴门户网站的亏损。此三点一线，构成联想信息服务的一局棋，也为“盈利”找到了落脚点。

不过，这看上去很完美的“三点一线”却在日后的市场检验中一败涂地。

垂直网站首先出现了问题。在原来的构想中，联想将以365为统一后缀形成网站群，即证券垂直网站（赢时通）为FN365，教育垂直网站（新东方在线）为SCHOOL365。可由于赢时通、新东方在线以及北大附中网校都是以合资合作的方式建成的，365作为后缀的动议并未通过，赢时通变为YESTOCK，新东方在线变成了TOL240。在“三点一线”最初的布局中，垂直网站和接入都是盈利点，FM365则是站在二者的中间地带，负责吸引并留住用户。而如今垂直网站和接入方各自为政，FM365的境地难免尴尬起来。

接着，接入部门也出了问题。随着客户的增加，接入部门也需要提供在线服务，于是自己建设了一个LOL365.com，主要内容与功能与FM365几乎一致。此举导致FM365和接入部门成为并行的业务部门，开始各自为政。

就这样，“三点一线”终成破局，与原来的构想渐行渐远。

据资料显示，从2000年4月到2001年6月11日联想与AOL宣布合资的一年多时间里，联想为FM365投入上亿元，却依然只是门户网站第二梯队中的一员。联想不准备再继续投入。FM365从一开始就是个资本产物，最后被资本废弃也是再自然不过的事情。

2001年6月，联想和AOL宣布成立合资公司，双方各占51%和49%的股份，同时承诺分别分阶段投资1亿美元。与AOL的合作，为联想减少了一部分损失。因为双方合约中有这样一项条款："由于合资公司是在原来FM365的基础上建立的，因此双方都将按股份比例承担FM365过去的投入。"但此次合作并没有让FM365的经营出现起色。随后，网站经营淡出了联想的主营业务。FM365从此烟消云散。

从卓越到卓越亚马逊

前面说过，1998年王峻涛在做8848之前，曾与金山的总经理雷军沟通过。当时，王峻涛说他想做电子商务，希望雷军能够投资。一直对电子商务感兴趣的雷军对此很有意向，但后来王峻涛选择了与北京联邦合作。之后，雷军对电子商务仍然兴趣盎然，他一直和王峻涛保持着沟通，也时刻关注着8848。

2000年年初，雷军打定主意要做电子商务。但他只是金山的小股东，要想做电子商务先得说服张旋龙、求伯君、联想集团这几个大股东。

张旋龙是方正（香港）集团的老总，虽然不是互联网业内人士，但他对互联网非常感兴趣。早年，张旋龙在中关村帮四通卖过打字机，所以和四通上上下下的人都很熟，而新浪上市直接成就四通这个大股东，张旋龙自然对此事印象深刻。1999年下半年，张旋龙促成了方正与全球互联网市值之王雅虎之间的一次合作，双方共同出资开办了一家公司代理雅虎中国的广告。此外，中华网于1999年7月在纳斯达克成功上市，对中国互联网产业来说，这绝对是一个标志性事件，受到震撼和鼓舞的一大批人当然也包括张旋龙。所以，虽然他没太听明白雷军所说的电子商务是怎么回事儿，但一听说雷军想加大对互联网的投入，便二话没说同意了。

求伯君对互联网深有好感，联想对互联网也是垂涎欲滴。就这样，雷军说服了所有人，金山的电子商务时代拉开了序幕。

在开通卓越网之前，雷军邀请了在思科做市场经理的王树彤当总裁，王树彤又把在《书评周刊》做主编的陈年拉了进来。

2000年1月，卓越网从金山分拆出来，由金山及联想投资公司共同投资。金山和联想给卓越估价是2 000万元，其中金山投了1 000万元，占

70%股份（内含管理层的20%），联想投了600万元，占30%股份。最后卓越一共到账1 640万元，多出的40万元是王树彤的个人投资。同年5月，卓越网正式对外发布，主营音像、图书、软件、游戏、礼品等流行时尚文化产品。

卓越上线之前已有了8848作为参照，雷军对8848那种大而全的模式并不看好。8848复制的是亚马逊，但雷军认为亚马逊模式在中国行不通：销售海量品种的图书，缺货怎么办？在美国，信息化程度很高，亚马逊可以通过互联网直接查询几大供货商库房是否有存货。亚马逊的卖点是“最近50年的书我们都有”——这是他提供海量品种的意义。而在当时的中国，既没有这样的信息化基础，也没有超级上游供货商，所以根本不可能做到像亚马逊那样。另外，网上购物图的就是方便快捷，用户下了订单，8848再用传统方式为用户找货，势必影响发货速度，导致用户体验不佳。同时，雷军从贝塔斯曼书友会为会员们提供的书目中发现了求同消费现象。

总结完这些，雷军悟出了一个道理：“如果卓越只卖有限商品，实行完全库存，客户下单之后马上送到，就能让用户充分感受电子商务的快感。更为重要的是，由于只卖有限的精品，单一产品的销量就会上去，价格就会下来，如此形成正循环。”这就是雷军给卓越定的精品策略路线。

卓越网凭借独创的“精选品种、全场库存、快捷配送”的“卓越模式”，迅速成长为当时国内最有影响力和辐射力的电子商务网站，注册用户很快就超过了500万，一跃成为中国访问量最大、营业额最高的零售网站。

2004年，卓越网以7 500万美元卖给了亚马逊，变为卓越亚马逊。亚马逊全球领先的网上零售专长与卓越网深厚的中国市场经验相结合，进一步提升了客户体验，同时也促进了中国电子商务的成长。

年度风云人物——“为兴趣而工作”的丁磊

在2000年中国IT十大风云人物中，丁磊携手张朝阳、王志东、雷军、杨元庆等人共同入榜。十人入榜并没有让人感到意外，让人意外的是在颁奖现场仅有一名获奖者到场，她是时任香港阳光文化网络电视有限公司主席的杨澜。杨澜开玩笑道：“其他获奖者都没来，是不是都到国外找钱去了？”

据了解，这九名未到场的风云人物确实都很忙，都有不来的理由：田溯宁在外地出差；张朝阳在美国；雷军在珠海，正准备启程赴印度考察；王志东时常在美国与香港之间跑业务，这会儿也是；杨元庆在开秘密会议……至于丁磊，他正在上网，刚好颁奖这个时间是他的上网时间，所以就没来。

丁磊的勤奋在互联网圈内是出了名的，他每天都在关心新的技术，密切跟踪互联网新的发展。早期创业那会儿，他每天工作16个小时以上，其中在线时间超过10小时，每天仅电子邮件就要处理几百封。此外，丁磊是一个极为低调的人，他更愿意将公司推到镁光灯下。

丁磊在电子科技大学读书的时候，并不是一名传统意义上的好学生。大学四年，每天的第一节课他基本都旷课，他的理由是“眼睛还没睁开就去听课，效率一定不高”。虽然漏掉了很多课堂知识，但他收获了一个更为重要的东西，那就是思考。为了考试，丁磊不得不思考他不在的那节课老师会讲什么，传达什么样的消息。

大学毕业后，丁磊回到了家乡，在宁波电信局谋了一份差事。电信局旱涝保收、待遇优渥，但是丁磊只干了两年就辞职了，为此还和父母产生了很大的矛盾。1995年，从电信局辞职的丁磊离开家乡来到了广州。至于为什么放弃电信局的工作，一是辛苦，二是丁磊觉得难尽其才。他坦言自己也是鼓足勇气才迈出这一步。

在广州，不知道去了多少公司面试，不知道费了多少口舌，终于，外企 Sebyse 向丁磊敞开了大门。在外企工作一年后，丁磊又萌生去一家创业公司的念头。就这样，丁磊再次辞职，加入了一家小得可怜的创业公司。在公司里，丁磊负责一切技术支持。但丁磊各种新奇的想法总得不到公司领导的认可，他郁闷地选择了离开。

1997 年 5 月，丁磊决定创业。在广州淘金路一间 8 平米的屋子里，网易诞生了。和丁磊一起的还有周卓林和陈磊华。丁磊与周卓林在网上认识，周卓林后来两进两出网易，在很多关键节点上帮助了丁磊。陈磊华是技术天才，后来因与丁磊在公司业务发展模式上有冲突而离开。

网易通过出售给各地电信部门免费邮箱软件起家，每个能卖 10 万美元，丁磊的日子过得非常舒服。1998 年，网易赚了 500 万元，负责软件技术的陈磊华分到了 100 万元，当时的他还没有大学毕业。

1999 年 4 月，丁磊和陈磊华吵翻了，吵翻的原因是：网易要从软件公司转为门户网站，而陈磊华是个技术型人才，对门户网站商业模式并不看好。当矛盾不可调和时，陈磊华选择了离开。网易里人来人往，丁磊通常心里并不是太在意，但陈磊华的离开着实让丁磊很难受，他曾经说：网易至今只流失过一个开发人员，但是流失的是最重要的。毫无疑问，这个“开发人员”指的是陈磊华。

2000 年 6 月 30 日，网易在纳斯达克正式挂牌交易，不幸的是那时候科技股已经开始崩盘，网易的股价从第一天开始就节节下滑。丁磊的人生也随着网易的股价一起滑落到了谷底。2001 年 9 月，网易因涉嫌财务欺诈停牌长达 4 个月，其股价定格在每股 64 美分。那是丁磊最为狼狈的时候。

为了走出困境，丁磊决定将网易的三大业务重点锁定在在线广告、无线互联和在线娱乐。2001 年年底，《大话西游》让网易成为网游领域的巨头之一。随后，纳斯达克于 2002 年 1 月 2 日恢复了网易的股票交易，悬空多时的“网易事件”突然峰回路转，网易平安着陆。

在互联网界，马云是个非常圆滑的人，在他身上几乎看不到让你讨厌的地方；马化腾极为内敛，虽然“挨骂”不少，但拥趸也多；而丁磊似乎不像是一个生意人，财经作家吴晓波对他的评价是“一个互联网信徒，一个为兴趣工作的人”。无论是高潮还是低谷，在丁磊的身上始终可以看到“为了兴趣而工作，顺便赚点儿钱”的洒脱。

2001年

凛冬已至，丧钟为谁而鸣

从震惊世界的美国“9·11”事件，到中国申奥成功、加入WTO，2001年大事件不断。与这些大事件相比，中国互联网在这一年中上演的诸多故事，其精彩程度毫不逊色。

这一年，受纳斯达克股灾和美国经济的影响，前几年意气风发的IT英雄们遭遇了他们职业生涯的第一股大寒流。

网易遭遇纳斯达克停牌，人事也发生了重大变动。丁磊想卖掉网易，却无人接盘。搜狐也遭遇了自创业以来最大的危机：北大青鸟在二级市场收购了搜狐近20%的股份，欲入主搜狐董事会操控搜狐。新浪则在这一年失去了它的创始人——CEO王志东，从资本的角度来说，“赶走”王志东实属无奈，但失去了创始人的新浪，前方的路未必好走。

一轮接一轮的内忧外患让年轻的中国互联网公司和企业家们面临一场生死考验。庆幸的是，在大风大浪面前，网易凭借短信和网游重新振作，搜狐董事会也表现出了空前的团结，抛出了“毒丸”计划让北大青鸟空欢喜一场，盛大、百度、阿里巴巴和携程也都在各自的领域找到了自我救赎的路径。

网易的多事之秋

2001年，互联网寒潮还未过去，身为国内三大门户网站之一的网易几乎被冻僵在荒野。

2001年4月30日，就在网易公布了其截止到2000年12月的财务报告的一个月之后，丁磊在清理公司财务状况时发现了诸多问题。

2001年5月8日，网易向外界宣布将推迟发布2001年第一季度财务报告。对一家上市公司来说，推迟发布财务报告是一件很严重的事情。

2001年7月19日，由于网易未能按要求的表格形式向纳斯达克和美国证券交易委员会呈报年度报表，违反了纳斯达克的规则，纳斯达克给网易发出了在2001年7月27日开市时对网易进行停牌的通知。同时，网易在纳斯达克的股票代码也由NTES改为NTESE。加了一个“E”的后缀，代表着网易具有违反规则的“污点”。这次“摘牌预警”使网易的公信力大打折扣，股价受到巨大打击，一度跌至每股0.53美元的低谷。8月，网易对2000年财政年度的财务报告予以修正，但仍未能让纳斯达克满意。9月4日，纳斯达克正式宣布从即时起暂停网易在纳斯达克的交易，直到网易能够提供纳斯达克所需的“补充资料”为止。

对网易来说，此次风波所引起的震荡远不止于此。2001年5月8日，也就是网易对外公布将推迟发布财报的同一天，时任网易COO的陈素贞以及销售总监陈盈洁双双被通知在家休息。此后，丁磊和公司CEO黎景辉的矛盾开始公开化。2001年6月12日，网易宣布了两项重大决定：第一，黎景辉和陈素贞已经分别辞去CEO和COO的职务，同时黎景辉也辞去了网易公司董事会的职位，辞职自当天起生效；第二，董事长丁磊将代理CEO和COO的职责。

2000年，随着黎景辉、陈素贞等人进入网易，网易的管理层开始了“大换血”。这时候，作为奖励机制，丁磊将自己名下约4%的网易股份转让给了新加盟的几位高层，转售价格比当时的市场价格要低，约每股5美元。但到了2001年，由于网易的股票在资本市场并未取得良好业绩，丁磊有心将网易卖掉。但如果卖掉网易，黎景辉等高管将遭受不小的损失，所以他们对出售网易并不积极。

中间有过哪些争执已不可考，最后的结果是丁磊表示：“董事会感谢黎景辉和陈素贞对网易公司所做的努力和贡献。我们希望他们在其他生意上的发展获得成功。”

历经了停牌风波、人事变动的重大变故之后，风雨中飘摇的网易无疑成为丁磊的一块“心病”。此时的丁磊更想卖掉网易。早在被停牌之前，丁磊就动了要卖掉网易的心思。2001年，随着互联网广告市场日渐低迷，网易与其他门户网站一样面临经营困境，实现盈利似乎遥遥无期。这种困境让网易管理层的信心开始动摇。于是，从年初开始，丁磊将出售网易的消息一直在盛传。虽然网易曾出面澄清此为“谣传”，但许多迹象都表明，网易真的要被出售了。

首先，有消息称，2001年年初中华网、香港上市公司九龙仓旗下的有线宽频、雅虎、AOL等都与网易有过“亲密接触”。后来，传言将要收购网易的人越来越多，炎黄新星、网通、实华开、TOM在线等也纷纷加入其中。

丁磊一直将网易比作“漂亮的姑娘人人爱”，但是最终有心“娶”其回家的人只有有线宽频。据说，2001年5月，网易与有线宽频进行了多次密商。到了2001年6月上旬，并购谈判逐渐明朗化，大部分媒体都乐观地认为：有线宽频收购网易已成定局，万事俱备，只欠签字。

据参与过此次并购谈判的人后来回忆，双方的确曾一度走到了签署协议的边缘，而且谈判的核心条款已经达成共识，最终敲定的收购价格为8 500万美元。此次并购的财务顾问是高盛公司，安达信会计事务所负责提供审计意见。如果此次并购成功，那么丁磊手中持有的网易过半的股权将给他带来至少4 000万美元的现金。

一切都在有条不紊地进行，期间黎景辉和陈素贞的离职似乎也在印证此次并购的真实性，而且在某种程度上增加了并购成功的筹码。因为按照一般规律，一家公司被收购之前，离职是其高管最普遍的选择之一。

然而就在这个关键时刻，2001年6月18日，有线宽频突然单方面宣布暂时中止收购网易的计划。两天后，网易也发表了措辞严谨的声明：公司曾与包括有线宽频在内的几家公司，就并购网易公司股份及资产进行过秘密磋商，但至今没有达成协议，且这些谈判已被终止。

这个结局出乎所有人的意料，但也在情理之中。网易当时身陷财务问题的旋涡，接手这样一个一直没有找到盈利点的网站本身就是一件有风险的事情，加之“假账”风波的出现，有线宽频自然不想被牵连。

消息传出后，有人评价说，有线宽频与网易就像一对恋人，已经携手走上了红地毯，但是在最后关头突然解除了婚约。

“煮熟的鸭子”就这么飞了，网易成了一个“嫁不出去的女儿”。既然嫁不出去，那就只好自己继续养着了。那时的丁磊恐怕不会想到，就是这个自己想方设法要甩掉的“包袱”在不远的将来会给自己带来丰厚的回报。

现在回想起来，如果网易当时真的卖给了有线宽频，那么中国互联网产业失去的将不仅仅是一个门户巨头，还将失去一个网游巨头。好在，这场并购最终并未成形。今天的丁磊，在偶尔回想那段峥嵘岁月时，应该也会有一些“后怕”吧。

祸兮福之所倚。有时候，遭遇挫折或者被拒绝不一定是件坏事。

北大青鸟“偷袭”搜狐

就在网易因“假账”风波而焦头烂额之时，搜狐也遭遇了自创建以来最大的危机。这次危机不仅来势汹汹，而且事发突然，打了搜狐一个措手不及。

2001年4月23日，香港青鸟科技有限公司斥资360万美元，以每股1.18美元的价格买下了搜狐大股东英特尔手中的307万股股票，获得了搜狐8.6%的股权。此消息一出，搜狐股价当日上涨7.3%，达到每股1.32美元。接下来，同年5月7日，青鸟再度斥资230万美元，以每股1.73美元的价格接手了搜狐另一位股东电讯盈科手中的134万股。紧接着第二天，又以386万美元的价格买下了高盛等5家机构持有的230万股搜狐股票，每股1.68美元。至此，通过几番在二级市场的购股，青鸟共获得了672万股搜狐股票，持股比例达到了18.9%，成为次于张朝阳和香港晨兴科技的第三大股东。

香港青鸟的介入，让搜狐的股价在短短一个月内由每股0.81美元攀升至每股1.69美元，涨幅高达109%。香港青鸟什么来头？何以出手如此阔绰？大举购进搜狐股票所为何来？

在向美国证交会申报的文件中显示，香港青鸟科技有限公司为北大青鸟有限责任公司的全资子公司。说到这，有必要介绍一下北大青鸟了。

在北大青鸟集团最主要的公司之一北大青鸟软件有限公司的网页上，“蓬山此去无多路，青鸟殷勤为探看”这两句李商隐的千古名句一直以flash的形式不停闪现。青鸟是神话里西王母的信使，专司传递信息。这就是北大青鸟名称的由来。

20世纪90年代初，国家重点支持的知识创新工程“青鸟工程”正式启动。这是中国软件产业建设的基础性工作，由著名软件专家、北京大学计算机系主任、中科院院士杨芙清教授主持，其目标是以实用的软件工程技术为依托，推行软件工程化、工业化生产技术和模式，提供软件工业化生产手段和装备。

脱胎于“青鸟工程”的北大青鸟软件有限公司诞生于1994年，是现在北大青鸟的前身。此后，数年中几经嬗变，北大青鸟开始陆续投资其他领域：广电传输网、中芯国际、《京华时报》、华亿影视等。从投资的领域来看，从电信概念到芯片再到媒体，几乎囊括了那几年的热点。至此，北大青鸟不再仅仅是一家软件公司，而是步入了投资公司行列。与此同时，北大青鸟在国内资本市场上也开始了突进。短短三年时间，北大青鸟就先后拥有了三家上市公司：青鸟天桥、青鸟华光和青鸟环宇，成为中国资本市场上长袖善舞的新贵。

北大青鸟进取的势头一时无二。20世纪90年代末，中国互联网产业开始发力，“宽带”、“跨媒体”的故事吸引了北大青鸟的目光。北大青鸟从1999年下半年至2001年间，先后购入了多个省份有线网络公司49%的股份，同时在媒体领域内的投资表明了其业务向“跨媒体”领域拓展的意图。但“万事俱备，只欠东风”，这个“东风”就是一家门户网站。此时，搜狐进入了北大青鸟的视野。2001年，搜狐的股价一直低迷，长期处于每股1美元以下，搜狐手中的现金却相当于每股1.62美元，这无疑是一个理想的收购目标。于是，便发生了本节开头的那一幕。

有意思的是，北大青鸟的意图最初并未被张朝阳发觉。在其进入之初，张朝阳甚至还表示热烈欢迎。在搜狐当时发布的一份新闻稿上，张朝阳说：“像北大青鸟集团这样的公司非常了解中国市场，因此他们对于搜狐在中国市场上的优势有很好的把握，便于我们将这种优势迅速转化为经营成效。”由此可以看出，当时张朝阳把北大青鸟的行为视为财务投资。然而，事实并非他想的那么简单。

在接受媒体采访时，时任北大青鸟副总裁的范一民在谈及收购搜狐股权时这样说：“我们的行为并不是偶然的冲动，我们是看好才收购的，也不是什么炒作，是一种长期的策略……假如我们成为第一股东，并且在市场条件允许的情况下，我们希望与现有的经营班子达成共识……当然也有一个可能，就是青鸟成为第一大股东的时候，整合就是一种趋势性的东西，第一大股东会对经营实体等进行一些方向性的调整。”话虽说得含蓄，但其用心已经昭然若揭。只是，想要真正入主搜狐，北大青鸟还要经历重重关卡，其中最难闯的就是搜狐董事会这一关。

“毒丸”计划

在2001年的中国互联网界，搜狐是知名度最高的公司，新浪和网易还在其后。所以，北大青鸟的高调“表白”引起了人们的诸多猜想：北大青鸟果真能入主搜狐吗？由北大青鸟掌控的搜狐未来的方向在哪里？搜狐还能坚守门户的阵地吗？

就在人们的猜测还没有找到答案之前，富有戏剧性的一幕发生了：2001年10月上旬，北大青鸟发出声明，称其将全面紧急撤出搜狐，卖掉之前购入的搜狐股份。

这个结果早在搜狐的意料之中。北大青鸟虽然是这出戏最初的导演，但到了下半场，导演换成了搜狐。

北大青鸟的高调进入，让搜狐的管理层在短暂的开心之后，马上意识到了对方来者不善。搜狐董事会在此时表现出了空前团结。董事会6名成员分别是张朝阳、爱德华·罗伯茨、托马斯·格历、麦健陆、张家骐以及Philip Revzin。张朝阳自不必多介绍，其余五个人也都很有背景。爱德华·罗伯茨是美国麻省理工学院斯隆商学院教授，同时也是麻省创业中心的创始人和主席。同时，爱德华·罗伯茨还是集学与商于一身的人物，学术上长于技术性创业公司的研究，商业上他是许多高科技公司的创始人、董事和风险投资家，搜狐的部分创业资本就是由他提供的。张家骐是搜狐第二大股东香港晨兴科技副董事长、晨兴亚洲集团和集团内部多家公司的财务总监兼董事，同时是美国注册会计师协会、加拿大会计师协会及香港会计师协会会员。麦健陆自1993年12月至2000年7月担任道琼斯公司中国区副总裁兼首席商务代表，其中1996年担任北京美国商会会长。托马斯格历曾任搜狐财务总监兼高级副总裁，Philip Revzin则是道琼斯公司国际业务副总裁。

由此可见，搜狐董事会是一个具有丰富商业经验且十分国际化的团队，面对北大青鸟的“偷袭”，他们自有应对良策。

北大青鸟若想实现与搜狐“资源整合”的设想，那么就必须进入并控制搜狐董事会。而根据搜狐注册地美国特拉华州公司法第203款的规定，如果一家公司收购搜狐普通股超过15%，那么在其后的三年内，搜狐不得与其进行合并、股票收购、资产出售或者其他特定交易，除非交易获得搜狐董事会的批准，并且在股东大会上得到关联股东之外2/3以上股东的赞成。也就是说，不管北大青鸟想对搜狐动什么脑筋，都必须得到搜狐第一和第二大股东即张朝阳和晨兴科技的同意。为了防止被北大青鸟恶意收购，搜狐抛出了“毒丸”，即“股东权益计划”。

“毒丸”又称“驱鲨剂”，在20世纪80年代美国收购兼并的高峰期，恶意收购公司的人（机构）被称为“鲨鱼”。抛出“毒丸”是美国上市公司反恶意收购的通行做法。“毒丸”分两类：一类是赋予公司股东（除恶意收购者外）以廉价购入公司股票或获得公司现金偿付的权利；另一类是赋予公司股东（除恶意收购者外）以廉价购入被收购后公司股票的权利。无论哪一类，“毒丸”都将导致恶意收购者的收购成本高得无法忍受，并完全丧失收购的意义。

按照搜狐向美国证交会的申报材料，在2001年7月23日工作日结束时登记在册的搜狐普通股股东均享有优先购买权，购买面额为0.001美元的占搜狐公司所发行的特种优先股千分之一的股票，执行价格为100美元。这一优先购买权在有人或机构收购搜狐股票达20%时启动，有效期为10年。简单地说，就是除恶意收购者外，搜狐的其他股东可以获得价值等于其执行价格双倍的优先股，即以100美元的价格从公司赎回现金200美元，或者获得千分之一的优先股。

如果其他股东选择赎回现金200美元，那么结果是搜狐将握有的巨额现金全数分配给除收购者外的全部股东，收购搜狐的一大吸引力也将随之消失；如果其他股东选择买入千分之一的优先股，那么将使任何恶意收购者的股权被稀释到微不足道。也就是说，搜狐抛出“毒丸”后，彻底阻断北大青鸟的收购之路。

就这样，一粒“毒丸”让北大青鸟打消所有妄想，搜狐从容躲过一劫。

资本的意志：王志东黯然出局

除网易遭遇纳斯达克停牌、搜狐被北大青鸟“偷袭”外，三大门户中的新浪在这一年同样遇上了大麻烦。相较网易和搜狐，这一年在新浪发生的故事更富戏剧性。

2001年6月1日，除了是儿童节外，这一天是一个很普通的星期一。但对新浪来说，这一天非常特别。早上7点，在所有人还没开始上班的时候，新浪网的显著位置发布了一条震惊整个中国互联网界的消息——王志东因个人原因辞去新浪网CEO、总裁、董事会董事三个职务。虽然同时获得了一个“新浪网首席顾问”的称号，但所有事实都表明：王志东已经与新浪网了无瓜葛，王志东的新浪时代结束了。

随即有记者拨通了王志东的手机，电话是王志东夫人接的。虽然王志东没有发表任何看法，但记者相信是因为王志东并没有为这样的变化做好准备。如果真如网上发布的消息所说，王志东是因个人原因辞职的，那么面对这个重大事件，他不可能不事先准备好说辞。行内资深人士据此猜测，王志东本人或许也是刚刚才得知这个消息。也就是说，所谓的“因个人原因主动请辞”其实另有隐情。

其时，由于互联网产生进入寒冬期，互联网公司裁员、合并、收购的案例在那段时间纷纷涌现，新浪网发生人事变动也并不稀奇。但稀奇的是，这件事在事前没有一丁点儿征兆，发生得异常突然，连当事人似乎也一点儿准备都没有。而且，新浪网发布的消息中特别强调：“王志东同时辞去了新浪网总裁与董事会董事的职务，这项辞职已经生效。”这种对王志东已经“绝对”离职的“迫不及待”的表述，给人们提供了更多联想的空间。按常理来说，公司在高管变动的过程中，为了避免内部的巨大振荡，都希望有一个缓慢的过程以平稳过渡，而不是像新浪这样四处“宣扬”，甚至采取这种激烈的措辞，况且王志东的身份不仅仅是一位高管，还是新浪的创始人。从这一点上看，似乎印证了人们对王志东并不是自愿请辞的猜测。而接下来戏剧性一幕的发生，更直接印证了这一点。

2001年6月25日，也就是新浪网发布王志东辞职消息的三个星期之后，王志东身着带有新浪标志的蓝色衬衫，挂着新浪员工胸卡，重新回到新浪“上班”了。在他身后，自然跟着一群听到消息赶来的记者。当天下午，王志东在北京召开新闻发布会，直接否认“因个人原因自动辞职”一说，并称怀疑董事会的决定在法律上具有“不正当性”。但王志东的“现身说法”并未改变他的命运，一个月后王志东正式宣布离开新浪重新创业。接替王志东位置的是时任新浪网首席运营官的茅道临，他于1999年加入新浪，此前曾任国际著名风险投资公司华登国际的副总裁。

在中国互联网发展的过程中，资本一直扮演着极为重要的角色。2000年之前，风险投资对网络公司情有独钟，资本的狂热让网络公司如雨后春笋般出现、发展、壮大，网络概念股价位不断飞涨，年轻的网络新贵们不断涌现。然而，2000年年底，随着纳斯达克股市的暴跌，中国互联网产业迎来了第一个寒冬，风险投资对互联网的态度也发生了重大的转变：网络概念逐渐失宠，实际盈利被奉为“圣经”。结果，中国互联网产业一片狼藉，网络公司纷纷倒闭，互联网产生发展陷入低潮。

由此，在中国互联网产业内出现的短期利益与长远利益之间的矛盾愈演愈烈。作为资方的风险投资越来越注重看得见、摸得着的短期利益，所以通常会要求互联网公司转型，找到有实际盈利的项目，以便早日获得投资回报；经营者却更注重公司未来发展的长远利益，同时坚持自己的创业“初心”。这种矛盾在互联网前景不明朗、投资回报预期不确定的情况下显得尤为突出。而在一番较量后，获胜的一方往往是资本。

李彦宏大吼大叫要单练

2001年，当李彦宏提出百度要单练做搜索门户时，遭到了董事会的一致反对。以安静美男子著称的李彦宏一改昔日的温文尔雅，他用一整天的时间开会，大吼大叫，把桌子拍得“啪啪响”。最后，董事会的人与其说是被他“说服了”，不如说是被他“吓怕了”。

李彦宏之所以执意要单练，源于做ASP（后台服务提供商）的百度陷入了一种尴尬境地：市场越来越大，公司却不挣钱，名气也没有，只是为其他门户网站打工。加上门户网站的日子并不好过，作为门户网站后台服务商的百度就更为难受了。

2001年8月，百度发布baidu.com搜索引擎Beta版，从后台服务转向独立提供搜索服务。在盈利模式上，百度在中国首创了搜索竞价排名。由商家们一起来竞价搜索关键词，谁出的单价高，谁的搜索排名就更靠前(靠前意味着浏览量大)；用户每点击一次，商家需向百度支付一笔自己所出的单价。

2001年9月，竞价排名推出的第一天，百度赚了1.9元，第二天赚了3元，到了第四天这个数字已经成为两位数，第五天超过200元……就这样，截止到2001年年底，百度在竞价排名上的收入达到了12万元。钱虽然不多，但“钱景”非常诱人。

2002年年初，在一次公司内部会议上，李彦宏为百度的竞价排名制订了全年600万元的销售计划，对此大家心里都没有底。因为要想实现这个销售目标，平均每天的收入要达到18 000元，而当时每天的收入最多才2 000元钱。除了李彦宏，其他百度人都不太相信这一点，但在他的坚持下，这个目标还是定了下来。结果，2002年12月，康佳、联想、可口可乐等国际知名企业都成了百度竞价排名的客户。当年，百度竞价排名的销售最终达到了580多万元，基本实现了预定目标。

根据百度2008年第三季度的财报显示，百度在第三季度的营业收入为1.354亿美元，其中竞价排名所带来的收入占比为90%以上。直至今日，竞价排名仍是百度极为重要的赚钱工具，大批企业挥舞着钞票要在百度搜索上露脸。

但这种模式一路走来，非议不断，被指过多地人工干涉搜索结果，被指为“勒索营销”，站长控诉，企业告状，央视抨击……“搜索结果不应该被人为干预。”李开复认为，“搜索结果被广告操纵是对用户的辜负。”但又怎么样呢？

日进斗金的巨大诱惑，令百度竞价根本停不下来。2008年11月，央视强势介入，连续两天报道百度竞价排名“黑幕”，引发了公众对其信息公平性与商业道德的质疑。百度的股价应声而落，于一天之内暴跌25.04%。

2009年12月1日，百度宣布放弃竞价排名，取而代之的是“凤巢”系统。但大家很快就发现：“凤巢”不过是换汤不换药，其本质仍是“付费上头条，按点击数收费”的商业模式。变本加厉的是：关键词更多了，“头条”减少了。前者让百度的收费面得到了拓展，后者导致被推广企业为了上“头条”血拼更凶。

百度再次成为最大的赢家。有数字为证：2009年第四季度，百度来自网络营销的收入为12.6亿元，较2008年同比增长39.8%。2010年第一季度营业收入为12.94亿元，较2009年同期增长59.6%。钱从何来？

当然是“凤巢”这个2.0竞价排名系统，其关键词普遍涨价20%~50%。

时至今日，形势正在发生变化，移动互联网在改变我们的生活方式，也在改变我们的传统产业，包括传统互联网广告。很多时候，用户并不需要通过搜索获得信息，特别是消费方面的，他们更倾向于直接通过App去垂直类网站。而营销渠道也分散到了专业网站、O2O平台、微信、微博、QQ等工具与平台。

另一个消息是：谷歌回归大陆的迹象越来越明显。百度也一直在调整自己的姿势，以便更适应这个变幻无穷的商业世界。

移动梦网带来互联网的春天

2000年11月10日，中国移动推出一个新的业务品牌——“移动梦网（Monternet）”。2001年年初，中国移动全球通号码的每一位手机用户都接收到一条内容为“从2月21日起，信息点播费为通信费+信息费，其中通信费为0.1元/条”的短信通知。这一关于短信收费的新规定，给凛冽寒风中的中国互联网公司送去了一件毛衣。

在移动梦网刚刚发布消息的时候，由于对其知之甚少，并没有引起网络公司的注意。为了让网络公司体会到其中的好处，移动梦网花了很大精力去解释。据CNNIC2000年7月的调查报告显示，当时国内的互联网用户已达到1 690万，但是网络所带来的商机基本上停留在实验、预期甚至猜测阶段。这是因为当时的互联网市场缺少一种有效的赢利机制，服务提供商找不到真实的赢利点，从而限制了其潜力的发挥。而一个行业只有当市场参与者都能从中受益时，才能进入良性循环。

当时业界所达成的共识是：好的内容和应用是启动市场的关键。因此，中国移动一直积极探索高效合理的商业模式。这次，中国移动走出了运营商的传统格局，向众多的内容、应用服务提供商提供了一个大舞台——移动梦网，实现开放、公平的接入，并以客户聚集者的身份架起服务提供商与用户之间的桥梁。WAP平台、短消息平台等均开始向各合作伙伴开放，并将以“一点接入，全网服务”为目标，升级和完善计费系统。

就这样，移动梦网为网络公司解决了包括支付在内的商业模式问题，同时将比互联网用户多得多的手机用户开放给了网络公司。因此这项计划得到了众多网络公司的积极响应。

当时国内的三大门户网站最先冲进了短信市场。2001年1月，网易成为移动梦网的第一批合作伙伴之一，也因此成为国内第一家大力推动短信业务的门户网站。

开通短信业务之后，网易随即将所有的频道与服务都和短信挂钩。2002年网易扭亏为盈，短信业务功不可没。之后，网易决定将无线业务扩展，又开拓出了更多的增值业务，包括图片、音乐铃声、彩信等业务，由此牵动了一个大的产业链。

搜狐自然也不甘人后，与网易同步开通了短信业务。2001年1月15日，搜狐宣布：搜狐与中国移动通信公司携手，全面推出搜狐手机短信息服务，为全国5 000万用户提供基于普通手机、由用户自由定制的无线互联网信息点播服务。也就是说，只要具有支持中文短信息功能的手机，通过搜狐就可以享受天气、新闻、体坛信息等短信息服务。

接下来，同年5月22日，新浪网也推出短信服务。

作为一项互联网收费服务，短信收费是当时所能看到的最能被用户接受的一项服务，这项服务给网络公司带来了可观的收益。

1992年，世界上第一条短信在英国沃达丰的GSM网络上通过PC向移动电话发送；1993年，一名诺基亚的实习生用手机打出了“Merry Christmas”（圣诞快乐）后用短信发给了另一部手机。当时，谁也不会想到，这项很平常的服务竟会在多年后对全世界的经济、文化、生活产生巨大的影响。而对2001年的中国互联网产业来说，更是犹如雪中送炭。

报刊、广播、电视一直以来被称为传统“三大媒体”，互联网出现之后，很快便获得了“第四媒体”的称谓，而短信业务在如火如荼席卷全国之后，被冠以“第五媒体”的称号。

年度风云人物——“悲情英雄”王志东

在中国互联网创业界，生存并最终发展壮大的公司几乎都有一个共同的特点，那就是创始人一直稳坐公司“头把交椅”，大权很少旁落。从2009年年底的一份“中国上市互联网公司市值排行榜”中可以看出，在排名前十的公司当中，无论是“老将”网易、搜狐、腾讯、百度，还是“后起之秀”完美时空、畅游、CRIC，其掌门人都是最初的创办人。其中只有一家公司例外，就是新浪。携程三位联合创办人梁建章、沈南鹏、季琦系自动“卸任”，而且基本套现了手里的股份，且一直身在董事会掌控大局。

王志东一手缔造了新浪，董事会里的每一个董事都是他请来的。然而在他带着新浪成功上市后不久，却被这些人联手“扫地出门”。这对王志东来说是一个沉重的打击。

与网易的被摘牌、搜狐的被“偷袭”相比，2001年发生在新浪的人事震荡让人们看到了互联网创业界的残酷。

关于王志东离开新浪的真实原因，无论是王志东本人还是新浪董事会都未曾给出任何实质性的答案，人们只能从一些蛛丝马迹中探寻其中的本源。

据业内人士分析，王志东的出局可能有以下三个原因：第一，管理层内部对新浪网的发展方向未能达成一致意见，董事会认为新浪不应该固守广告这块阵地，王志东却认为只有广告才是新浪的出路；第二，当时整个互联网产业都处于低迷期，大多数公司的业绩下滑，新浪也不例外，而王志东作为CEO始终未能向董事会交出一份切实可行的“赢利计划”，对新浪未来的发展也没有一个清晰的规划，董事会因此对他的能力产生了质疑；第三，王志东对新浪和其他网站合并持反对意见，从而影响了董事会对他的信任。综合来看，王志东的离开归根究底是遭遇了资本举起的杀威棒。

自2000年开始，整个中国互联网，尤其是已经上市的三大门户都承受着盈利的巨大压力。此前，新浪网的广告收入占总收入的80%左右，但是2001财年第二季度的财务报告显示，其广告收入比上一季度只提高了6%。除了广告形式的花样翻新外，没有别的亮点。在这种情况下，王志东仍坚持认为广告是门户网站的出路。业务上无法突破，导致了自2000年4月上市后新浪股价一路走低，从最高的每股55美元跌到了1.60美元。新浪的股东们先后投入了1.6亿美元，投资的成本均价为每股4美元，如果不能遏制股价的持续下跌，那么大家都将亏得一塌糊涂。

同时，新浪运营成本一直居高不下，当时每季度大约为1 100万~1 300万美元。有分析师认为，如果新浪继续以之前的速度“烧钱”，那么只能活两年。而以当时的增长进行静态计算，新浪至少要用三年才能实现收支平衡。也就是说，如果继续这样发展下去，在达到收支平衡之前，新浪就已经挂掉了。于是，新浪的投资方开始积极寻求合作，并最终将合作对象定为中华网。当时，成功上市的中华网手握重金，一直渴望挤入门户网站的第一梯队，而新浪恰好拥有很高的市场占有率，如果双方结合会立即成为市场第一，并带来更大的节流空间——这些美好的想法让两者一拍即合。但王志东对于合并却不看好，他曾不止一次在公开场合表示：“新浪网即使不合并也能生存得很好。”他的理由很简单，根据国内外的经验，同质网站的合并大多数不会有什么好结果。就中华网而言，除了一个好的域名和对国际资本市场的驾轻就熟之外，在运作互联网业务方面并无多少可取之处。此外，更值得注意的是，中华网的企业文化、业务方向等都与新浪网存在很大差别，除了可以用来进一步刺激股票市场和方便新浪网的部分投资者及时退出外，这项合并不会给双方带来更多实质性的利益。

就这样，一方面，王志东无法给资方交出一份切实可行的“赢利计划”，另一方面还与资方在业务发展方向上各持己见。王志东不能说服资方相信他的广告神话，而资方也无法让王志东接受新浪转手他人的做法，双方最终只能选择分道扬镳。在这场个人与资本的较量中，手中股权微薄的王志东败下阵来。虽然舆论一度倾向于他，但资本的力量绝不会因此妥协。

《财经》杂志在当时的一篇评论中曾这样写道：“无论对新浪还是对王

志东，创业人的去职都是一件痛苦的事情。它将证明，在互联网浪潮中引进中国的，不仅有外国的资金与技术，还有与之相伴的成熟市场规则。它将毫无疑问地成为一个经典案例，证明资本的权力，亦证明企业家的理性。”

在离开新浪的10多年里，王志东的事业一直不温不火。也许是因为当年在新浪太成功，于他个人而言是一个难以逾越的顶峰。但无论如何，王志东一直以创业者的姿态做事是值得敬佩的。

2002年

没有哪个冬天不可逾越

在2002年的中国互联网江湖，百度和盛大成为大哥。李彦宏和陈天桥这两个对互联网有着不同见解的年轻人，用资本和能力开宗立派，傲视群雄。

除了主角百度和盛大两个大哥外，空中网可以称得上是大侠。周云帆和杨宁从1999年创办ChinaRen，到2000年将ChinaRen卖给搜狐，再到2002年离开搜狐创办空中网，精彩的“三级跳”成就了他们在移动通信领域的霸业。

纵观这一年中国互联网商业的发展，对中国互联网发展有足够信心、自身具备超强能力的年轻人开始锋芒毕露。他们才华横溢，是知识经济时代的“知本家”。

百度用“闪电计划”击败谷歌

本质上，PC时代的BAT就是流量贩子。最典型的是百度，直接卖关键词。阿里巴巴免费让大家开店，但是通过直通车、页面广告等手段贩卖广告（支付宝是盈利手段之一，但其源头也是巨大的流量），腾讯则靠QQ导流到游戏等平台产生利润。

2001年8月，百度甩开门户网站做自己的搜索引擎之后，面临的第一个问题就是baidu.com的流量太少。流量上不去，竞价排名的变现无从谈起。而流量要上去，良好的用户体验必不可少。

用户与客户并不是一个概念。简单地说，用户是使用你产品的人，客户是为之埋单的人。传统的商业理论是“客户至上”，在互联网时代应变为“用户至上”。互联网时代的创业，盈利之前需要先考虑如何创造用户价值。只有想办法给用户提供高品质的服务，甚至是免费服务，才能拥有一片宽广肥沃的用户土壤。再在这片土壤上种植上适宜的作物，何愁不大丰收？

当时的谷歌是百度搜索最大最强的竞争对手，要想从谷歌的虎口夺食（流量），用户体验是关键。因此，李彦宏亲自制订了“闪电计划”，期望在短时间内全面提升技术指标，在用户体验上追赶甚至超越谷歌。

“闪电”，顾名思义就是强调速度快、力度大。李彦宏、刘建国等公司高管希望通过这个项目，将百度的技术再提升一个层次。同时，也希望借此机会重新点燃大家当初创业的激情，共同努力把百度做得更好。

2002年3月，“闪电计划”正式启动。以北京大学计算机系2000届硕士毕业生雷鸣为首的技术突击队成立。李彦宏为这支突击队下达了具体指标，要求为时9个月的“闪电计划”完成后，百度的日访问页面要比原来多10倍，日下载数据库内容比谷歌多30%，页面反应速度要与谷歌一样快，内容更新频率则要全面超过谷歌。2002 年 8 月，李彦宏更是亲自兼任组长，带领队员们共同研发。

“闪电计划”结束之后，百度在索引量、相关性、中文处理的相关检索、拼音的检索、纠错技术等方面的功能都得到了极大的增强，众多指标开始与谷歌持平。同时，由于“闪电计划”后期启动了用户体验评价非常高的百度 MP3 搜索，使百度的知名度和美誉度迅速提升，奠定了其在中文搜索引擎领域的领先地位。

“闪电计划”之后，李彦宏策划了一场营销活动。

百度和谷歌到底哪个更好用？是专家说了算，还是媒体说了算？都不算，李彦宏认为，最客观、最公平的评测来自于每天使用搜索引擎并真正利用它改变了生活的普通用户的使用感受。于是，一场“万人公测”拉开了序幕。

2003 年 6 月，历时一周的“百度 vs. 谷歌——两大搜索引擎对决搜索之巅”万人公测开幕。来自世界各地的 10 015 名中文网络随机用户使用了多达 100 150 个搜索关键词，对两大搜索引擎进行了评测。评估标准采用的是美国著名计算机科学家乌迪·曼伯尔提出的测试搜索引擎质量的 UDI 测试。结果显示，55%的人认为“百度比谷歌好”。

如果说“闪电计划”是百度的一份考卷，那么此次“万人公测”则是一份具有公信力的判卷。百度以优异的成绩，赢得了“评委”以及用户的认可与赞赏。

陈天桥空手套白狼

2001年1月，中华网注资盛大之后，开始为盛大谋求更“远大”的未来。中华网认为仅凭虚拟社区远不足以带来高浏览量，他们要求盛大改变经营方向。于是，那段时期在盛大出现了“一鱼四吃”现象，即下面有四个事业部在运转：动漫部拿奥迪、飘柔等公司的广告单子；技术部给企业做网站；出版部购买了几个中国经典卡通的版权，尝试着做动漫出版；另外还有一个部门在做卡通杂志。

2000年下半年，互联网的泡沫逐渐破灭，互联网产业步入颓势。陈天桥意识到做动漫很难聚集人气，做门户则缺乏互动性，原来盛大那种“一点突破，全面繁荣”的理念出现了偏差。因此，陈天桥忍痛关闭了虚拟社区，转而一心一意搞起了网络游戏。

在2001年，网络游戏还是一个新兴产业。陈天桥快人一步抓住了这个机会。

这一年韩国游戏开发商Wemade娱乐到上海来推广自己研发的网络游戏《传奇》，经上海市动画协会介绍，他们和陈天桥碰面了。当时，《传奇》在中国台湾地区已经运行了一段时间，可在线人数不过几千人，并没有什么影响力与口碑，代理这款游戏确实要冒很大的风险。决定代理《传奇》之前，陈天桥自己先上网玩了玩这款游戏，正是这一玩让他下定了代理的决心。

陈天桥向投资方中华网提交了运营《传奇》的计划，同时希望中华网同意他把最初创办的社区转型为网络游戏。然而，这个计划遭到了中华网的强烈反对。当时，中华网给陈天桥摆出了两条路：一是接受中华网的建议，将盛大做成一个“门户”，然后得到300万美元的全部投资（前期投资只到账200万美元）；二是中华网撤资，盛大只能得到30万美元的股本费。

对于投资方中华网来说，他们当然不愿意把钱投到一个看不到一点儿实际利益的行业里，毕竟投资的目的是赚钱。双方各持己见，最后以陈天桥不接受中华网建议、中华网撤资而告终。

2001年7月14日，陈天桥以每年30万美元的费用外加每月27%的利润提成，与《传奇》的母公司Acotz签署了运营《传奇》的协议，合同期限为两年。

签下《传奇》之后，盛大仍然面临极为严峻的挑战。要想把《传奇》运营起来，足够的服务器与带宽是最基本的，而此时盛大的账面上已经一贫如洗。怎么办？

陈天桥之前积累的人脉资源和历练出来的商业智慧在这一刻爆发了。首先，他拿着与韩国Acotz公司签订的合约，找到浪潮、戴尔，告诉他们盛大要运作《传奇》这款游戏，申请试用机器两个月。对方一看是国际正规合同，于是就同意了。紧接着，陈天桥拿着与浪潮、戴尔的服务器合约，以同样的方式找到中国电信进行洽谈，中国电信也给了盛大两个月测试期的免费带宽。有了韩方的合同，再加上服务器厂家和中国电信的支持，陈天桥又用其作为“背书”，取得了当时国内首屈一指的单机游戏分销商上海育碧的信任，同意代销盛大游戏点卡。陈天桥打了一场中国互联网商业史上最经典的“无中生有”战役。

2001年9月，《传奇》开始了为期两个月的游戏测试期。2001年11月，《传奇》开始收费。之后仅仅用了一个月，盛大的所有投资就全部收回，接下来带给陈天桥和盛大的就是巨额收益。根据IDG的统计数据，盛大网络在2002年的收入达到了6.188亿元，而2002年中国网络游戏市场的总收入仅为9.1亿元，这表明68%的市场已经被盛大网络占据。按网络游戏40%的净利润计算，盛大网络2002年的净收入高达2.475亿元。

陈天桥以《传奇》这款游戏作为一个核心要素，通过一系列精妙的整合，最后合纵连横，演绎了一场精彩纷呈的“空手套白狼”大戏。

这本身就是一个传奇！

从产品为王到服务为王

2002年，正当《传奇》风起云涌席卷中国网游市场的时候，盛大与销售代理商上海育碧之间的矛盾也在不断升级。

当时盛大只负责《传奇》的运营，销售则全权由育碧负责。《传奇》从公测之日起至正式收费，在线人数迅速突破了40万大关，这是所有人没有想到的。而负责销售游戏卡的育碧却没有及时将工作跟进，导致大部分玩家根本买不到卡，很多省市甚至出现了断货的情况。直到今天，仍有很多盛大的经销商清楚地记得当时的情形：经销商一家人拿着盛大发来的Excel表格，昼夜围着打印机打印。在普通A4纸上打好用户名与密码，裁成若干小纸条后就拿出去卖钱。

此外，育碧给各地分销商的回款期也相对偏长，这使得现金回流的速度很慢。更严重的是，由于育碧高层的人事变动，竟然不承认原来与盛大的合约。愤怒的陈天桥决定放弃与育碧的合作，自己去做销售。当时，在许多人眼中，盛大选择与育碧"决裂"，其荒唐程度无异于自掘坟墓。然而陈天桥坚信盛大一定会化被动为主动，打赢这场硬仗。

如何从零开始，快速搭建自己的销售网？陈天桥将目光投向了网吧。经过调研，陈天桥发现，网吧一方面是游戏玩家的集散地，另一方面是最有效率的销售终端。

就这样，陈天桥的全新销售策略——"网吧战略"开始实施了：以各地的网吧为纵线，将网吧作为游戏卡销售的据点，再以各地的总代理商、分销商为横线，建立起盛大自己的销售网络。

为此，盛大注册了一个公司做游戏卡的全国总代理，然后在各省、地、市招二三级代理，省级、地级、市级代理能拿到不同的返点折扣。很快，就有约10万家网吧业主代理销售《传奇》游戏卡。在建立渠道的过程中，陈天桥还别出心裁地开发了一套线上销售系统，把销售渠道直接铺进了网吧，从而将网吧由一个单纯的消费场所变成了具有销售作用的综合营运场所。用户在装有盛大系统的网吧里，只需告诉网吧老板需要买多长时间，交钱后网吧在2分钟内就可以把时间打到用户的账号里，方便、安全又快捷。

当代表中国互联网产业的新浪、搜狐和网易等门户网站都还在为如何盈利而苦恼万分的时候，踏入互联网仅仅一年时间的盛大开始享受互联网带来的巨大利益。

《传奇》把盛大引向了成功，然而陈天桥却认为：盛大的核心竞争力并不是游戏运营，也不是产品研发，而是服务理念。

其实早在盛大运作“天堂归谷”社区时，陈天桥就提出了服务至上的概念。当时盛大招聘了一批网络管理员，其工作的核心就是与网友交流，解决网友提出的各种问题。

盛大在运营《传奇》时，陈天桥一直在思考一个问题：网络游戏的核心到底是什么，是技术还是运营？回忆起当时的情形，陈天桥曾说过这样一段话：“当时的情况下，我们代理的游戏并非一流，如果我们代理的是《天堂》，那么盛大可以很牛，我去找人谈判都很牛，但是我们代理的是一个非一流的产品。我们去找合作商谈时真的没有底气。记得当时和育碧谈判，单单合同就改了12次。我们在与合作商谈时，都说有很多企业抢着要我们，实际这只是自己安慰自己。我们的产品是不错，是很稳定，但稳定需要长时间才能考验出来，而且我们是一个新进入的小公司拿着一款并不被大家看好的游戏，这是我们的第二个缺点。”由此可以看出，陈天桥提出“服务至上”的概念，在当时有很大一部分原因是出于现实的无奈。不过，从另一个角度来看，这也可以称得上是盛大的一次创新，因为在当时的业界，游戏产业是一个服务产业的概念根本没有出现过。

在这种背景下，盛大开始实施“服务战略”，并把其上升为整个公司所有人必须遵守的行为准则。

盛大开始建立标准的服务体系和组织架构，用规范化、一体化、制度化的管理来落实服务。为此，陈天桥亲自制定了游戏管理人员手册。这个最初的服务流程，在后来慢慢演变成盛大的客服中心、产品运营中心、技术保障中心的服务标准。

经过几年的发展，盛大呼叫中心、盛大客服接待中心相继成立。客服中心为用户准备了14种与盛大的联系方式，基本上把社会上能用的联系方式都用到了。用户碰到问题，可以选择电话、传真、邮件、发帖子等任何一种方便的方式与客服沟通，甚至可以选择直接到盛大的接待中心接受一对一的服务。

除了解决用户主动寻求帮助提出的问题外，盛大客服中心的另一个任务就是主动提供服务。通过用户回访、电话访问、玩家调查等了解用户对游戏的满意度，以及对盛大总体形象的认可度，等等。这些服务数据和调查结果会连同被动服务中所了解到的问题做成总结和报告，提交给公司相关部门，供决策部门和研发、保障、运营等部门参考和整改。

陈天桥在回忆往事时曾说："那么到最后我们为什么能成功呢？我觉得就是我们的服务！当时抓服务我感觉是比较出奇制胜的一招，是我们成功的基石。"

在盛大之前，国内所有的软件开发商、销售商、游戏运营商都是以产品技术或商品销售作为企业核心竞争力。当他们看到盛大提出服务至上的理念并运用"服务战略"为自身塑造了更强大的竞争力之后，便纷纷开始研究并效仿。因此，陈天桥在盛大实施的服务战略对中国互联网产业的发展来说，算得上是一次卓越的贡献。

从 ChinaRen 到空中网

1999 年，周云帆在华尔街目睹了互联网热潮席卷资本市场，回国创业的热情再次被点燃。于是，他回到国内，和搭档杨宁、陈一舟开始筹建一个全球最大的华人虚拟社区。就这样，ChinaRen 诞生了。

ChinaRen 一上线，便迅速进入国内网站前十。尤其是 ChinaRen 校友录，在中国很多年轻人当中更是深入人心。然而，和其他同时期创办的互联网公司一样，ChinaRen 一直没有找到一个可行的赢利模式。

在互联网方兴未艾之时，它需要“眼球”来带动的产业，所以那时候无论是创业者、经营者还是投资人，想的都是一件事情：如何引起更多网民的注意，扩大品牌影响力。至于如何赢利，大家都认为是以后的事。这在当时是互联网业界都认可的一种模式，当然，后来大家都觉醒了。

由于是第一次创业，经验上的欠缺导致 ChinaRen 觉醒得有些晚。2000 年下半年，资方开始捂紧钱袋，并对投资对象的盈利有了明确要求。于是，ChinaRen 的资金便陷入前所未有的紧张。ChinaRen 是伴随网络经济泡沫诞生与成长起来的，如果泡沫没了，它的结局可想而知。在困境中，三个创造人不得不考虑卖掉 ChinaRen。

2000 年 9 月 14 日，ChinaRen 资方被搜狐收购。卖掉 ChinaRen 后，周云帆、杨宁和陈一舟都进入了搜狐的管理层。周云帆担任公司执行副总裁兼总经理，杨宁担任公司首席技术官，陈一舟担任公司资深副总裁，负责搜狐的战略计划及产品开发。

并购完成半年后，陈一舟在 2001 年 3 月宣布因“个人原因”辞职，周云帆和杨宁则一直蛰伏在搜狐，行事低调。一直到 2002 年 3 月 18 日，周云帆和杨宁再次成为媒体关注的焦点。这一天，他们正式递交了辞职申请，决定离开搜狐去寻求个人发展。5月，空中网正式成立，并得到了数家风投的资金支持。

在搜狐的一年半时间，周云帆和杨宁立下了汗马功劳。两家公司刚刚合并的时候，搜狐的注册用户是500万，ChinaRen是330万，合并15个月后，两个网站的注册用户加起来达到了4 300万，迅猛增长。

周云帆和杨宁都是创业型人才，从1999年赶着互联网的热潮归国创业，到2002年开始第二次创业，他们一直善于借势而发、顺势而为。卖掉ChinaRen、蛰伏在搜狐的那段日子，也成为他们提升自我的好时机。在搜狐，周云帆看到了一个做大、做强的公司应有的坚持，学会了一个上市公司所应有的规范，同时也悟出了网络公司能够最终盈利的商业模式。

2002年初春，移动通信产业也迎来了初春。其时，中国固定电话、手机用户均超过2亿，位居世界第一。此外，中国WAP网也有了新发展，2002年10月中国移动推出了手机彩信业务。周云帆和杨宁很敏锐地把握住了这个机会，将空中网定位为提供基于彩信（MMS）、WAP、Java等2.5G、3G技术，为中国的年青一代带来全新的移动娱乐、移动沟通以及移动商务与生活平台的移动通信增值服务提供商。

因为踩准了互联网发展的节点，空中网逐渐壮大。2004年7月9日，空中网在纳斯达克挂牌上市。从成立到上市，仅用了两年多一点点，成为当时中国公司中在纳斯达克上市所花时间最短的公司。而作为创始人，周云帆和杨宁也因此成为中国上市公司中最年轻的老板，被誉为中国商界的传奇搭档。

如今的空中网，已经成为中国领先的无线增值服务提供商和无线互联网门户网站，全天候为中国手机用户获取资讯和娱乐提供个性化的服务。空中网拥有新闻、娱乐、体育等数十个频道，同时提供手机游戏、交友社区、论坛与聊天、移动博客等服务，以多元化发展的战略朝着国际化大公司的方向跨越或发展，成为继PC互联网之后无线互联网新浪潮中的领导者。

年度风云人物——“沉默而御”的李彦宏

经过2001年的毅然转型，以及“闪电”计划中的辛勤耕耘，2002年百度迎来了丰收。2002年3月，百度CEO李彦宏荣获“中国十大创业新锐”。6月，百度正式推出IE搜索伴侣。11月，发布MP3搜索，推出搜索大富翁游戏。12月，康佳、联想、可口可乐等国际知名企业成为百度竞价排名客户。

1999年，李彦宏研发的超文本文档检索系统和方法在美国获得专利。这一专利解决的是文件与搜索关键词的相关性问题，现在几乎所有的搜索引擎都在使用。

2002年，为了与谷歌竞争，李彦宏制订了“闪电”计划，并亲任技术攻关组负责人。“闪电”计划结束后，百度的各项技术指标都提升了一个层次，同时也击败谷歌，成为“中文搜索第一”。

中国互联网产业内的老板们大多个性鲜明，如马云狂傲、陈天桥大气、周鸿祎彪悍、史玉柱霸道、马化腾内敛……而作为业界公认的帅哥级CEO，如果要用一个词来形容李彦宏的话，则非“沉静”莫属。

31岁开始创业的李彦宏，有着与年龄不太相称的沉稳与平静。“李彦宏的一个优点是他比较沉得住气。决策时比较冷静，平时不太受外界诱惑。”曾率领3721与百度竞争多年的周鸿祎说。在中国互联网界，周鸿祎堪称凌厉和强势的代表，但至少在搜索引擎这场竞争中，他自认为输给了李彦宏。在周鸿祎看来，除去运气因素，李彦宏的决策看起来更谨慎也更理性，这是百度占上风的一个重要原因。

2002年，机械工业出版社出版了哈佛商学院教授约瑟夫·巴达拉克所写的《沉静领导》。在这本书中，“领导不语，沉默而御”是巴达拉克推崇的领导观。他认为“大多数卓越的领导者通常并非公众英雄”，只不过是一些人平凡的坚持，有些平淡、有些拖沓、有些不显山不露水的平常之人，作者称之为“沉静领导”。他是这样来描叙“沉静领导人”的：“这些人与传统上那些大胆而勇敢的领导形象太不符合，并且他们也不打算那么去做。他们想要的，就是去做‘正确的事’，为了他们的组织，他们的同事，以及他们自己——但是沉静而不动声色。”

综观李彦宏的领导风格，我们可以发现他具有“沉静领导人”的诸多特质。特别是百度在2005年8月5日登陆纳斯达克后，李彦宏在喧嚣热闹中更是努力淡出公众视野，体现了“沉静领导”中的“克制”与“谦逊”。李彦宏始终认为他应该从容地专注中文搜索领域，那是多么地执着！

沉稳如山，平静若水，这是李彦宏给人的印象。山因沉稳而威严，水因平静而深邃。百度员工眼中的李彦宏，是一个冷静得可怕的上司。有记者曾采访多位百度老员工，这些人都因为李彦宏成为百万甚至千万富翁。“冷静”几乎是他们对这位老板的共同评价。“朋友义气、感情用事”这些词对科学家出身并在美国接受过精英教育的李彦宏来说，似乎有些难以理解。“说服李彦宏的路径很简单，就是讲道理，做任何一件事情，你首先要告诉他这究竟能为百度带来什么商业上的好处。你应得的利益，李彦宏会主动为你争取，但一般来说，他与多数人都会保持一种微妙的距离。”老员工眼里的李彦宏是这个样子。

但李彦宏如果只是沉静、务实，百度就很难完成战略上的下跃。李彦宏说自己的风格是：“在大的决策上，我敢于冒进，但在执行层面务实，有很多备选方案。”在2001年，董事会曾一致强烈反对李彦宏要转型做独立搜索服务的动议。这时李彦宏不再冷静，不再讲民主，也不再安静地听取别人的意见，他大叫大嚷了一整天，直到董事会屈服。事实证明，董事会的屈服是明智的。

可见，李彦宏懂得如何在必要时，将领导风格的频道切换到铁腕模式。这就像一湖平静的水，并非软弱无力，它一旦突破堤岸，会产生巨大的波涛。因此，“沉静领导”在李彦宏身上体现的是一种如山一样稳重的威严、一种如水一样平静的凌厉。

2003年

“非典”阴影下的破冰之旅

以网易的“咸鱼翻身”为标志，中国互联网经济在经历了两年多的冷清之后，在2003年又迎来了明媚的春天。

上半年的“非典”让实体经济几乎陷于停滞，却让电子商务得到了长足的发展。从阿里巴巴到易趣，电子商务走进了人们的生活。继网易之后，新浪和搜狐也实现了盈利。百度、分众等一批日后引领中国互联网经济发展的公司也如雨后春笋般蓬勃向上。

根据2004年年初CNNIC发布的《中国互联网络发展状况统计报告》显示，截至2003年年底，中国网民数达到了7 950万。

互联网的根基在中国越来越深，一个新的互联网时代已经到来。

阿里巴巴因“非典”而得福

2003年春，“非典”爆发。之前阿里巴巴答应客户派人参加广交会，但是因为广州是疫情重灾区，阿里巴巴管理层犹豫了。斟酌一番后，为了信守承诺，马云还是派几个人去了广交会。

5月8日，从广州回来的人中，有一人被诊断为杭州第四例“非典”疑似病人。杭州市政府迅速把阿里巴巴定为重点防范对象，公司员工被迫隔离。阿里巴巴顿时陷入了混乱和恐慌，网站随时面临瘫痪。

突如其来的危机使阿里巴巴员工不能在公司集体办公，虽然员工可以在家里通过互联网工作，但是对于这种办公方式，公司毫无经验可以借鉴。除此之外，马云还面临员工家属的指责。种种压力之下，马云写了一封言辞诚恳的信，在向阿里巴巴员工及家属表达歉意的同时，还鼓励所有员工一起努力、共渡难关。在危难时刻，这封信既安抚了员工情绪，又赢得了所有员工的支持。在被隔离的14个日日夜夜里，阿里巴巴网站仍然正常运转，还创造了日收入100万元的奇迹。

这次危机以公司全部员工解除“嫌疑”而告终，那位最初被诊断为“非典”疑似病人的员工也很快恢复了健康。

马云说：“‘非典’隔离的那几天，我从来没有布置过一项工作，每天照样100万元现金进来，每天我们的网站照样那么稳定，每天客户打电话进来，什么异常也没有感觉到，这是我们团队体现出来的最大价值，阿里巴巴的团队让我骄傲。”

从2003年3月开始，阿里巴巴网站各方面的业务指标都呈现剧增趋势。3~5月三个月时间里，网站每天新增供求商机数从9 000条激增至15 000条，比前两年一直保持的平均3 000条增长了4倍。在对阿里巴巴

140多万会员的调查中发现，通过网上进行交易的企业在“非典”时期所遭受的损失并没有原先预估的严重，有超过一半的企业在这段时间业务持平或上升。越来越多的企业认为电子商务对企业发展起着重要的作用。

“非典”几乎中断了国内所有外贸企业和国外客户之间面对面的联系。阿里巴巴利用其成熟的电子商务平台，为贸易双方提供了一个可靠的贸易途径。所谓“栽下梧桐树，引得凤凰来”。阿里巴巴的“梧桐树”茁壮挺拔，“凤凰”迟早会飞来。只不过一场“非典”之火焚毁了好多“凤凰”栖身的“树”，加速了“凤凰”的迁徙而已。

全球互联网于2000年达到第一个高峰，2000年年底互联网泡沫破裂跌入谷底，2001年和2002年是互联网的冬天。出人意料的是，2003年春发生的这场百年不遇的天灾，让中国很多的中小企业认识到了电子商务的价值。阿里巴巴适时地抓住机会，借势造势，使成千上万的企业搭上了电子商务的快车。

2003年，阿里巴巴拥有来自200多个国家和地区的190多万商人会员。它的主要业务就是为企业牵线搭桥，创造商机。在这190多万会员中，90%都是中小企业。在阿里巴巴网站的相关网页上，会员企业可以提出各种各样的买卖需求。从农产品到小客车，几乎所有中国产品的买卖信息都可以在该网站上查到，来自世界各地的生意洽谈函络绎不绝。

业内人士分析认为，网上贸易迎合了中国企业国际市场多元化的需求，“非典”只不过是放大了这种需求，企业使用电子商务的必然趋势，通过电子商务手段进行网上交易是进入国际市场的必然选择。

淘宝网横空出世

在网上交易尤其是C2C领域，易趣一度是称霸国内的老大。这家1999年8月开通的国内电子商务网站，在其CEO邵亦波和总裁谭海音的率领下一枝独秀，占据着80%以上的C2C市场份额，并且拥有良好的品牌优势。

2003年6月12日，全球最大的电子商务公司eBay全面接手易趣。在2002年以3 000万美元收购了易趣33%的股份之后，在此时又以1.5亿美元的价格收购了易趣余下的67%的股份。eBay收购易趣，可谓如虎添翼，大有中国网络购物市场舍我其谁的架势。

马云一直警惕地关注着易趣，尤其是在eBay收购易趣部分股份之后。在2002年年底，马云就发现了威胁：在宣布自己为C2C网站的易趣网上，出现了并非个人对个人的B2B大宗交易。

面对易趣的跨界打劫，一个秘密计划也在阿里巴巴内部按部就班地推进。2003年5月，阿里巴巴内部网站上出现了一个帖子："注意，有一个制作思路与阿里巴巴极为相似的网站正在迅速聚拢人气，它的名字叫淘宝。"讨论这件事的人越来越多，马上就有了几十个跟帖。让阿里巴巴员工感到奇怪的是，公司高层对此事既不表态也不采取任何行动。

后来，马云回忆说："议论的声音越来越大，可是我们不发表任何看法。最后，终于有人把网上的议论搬到了网下来，我注意到有人在我们的休闲吧里议论这件事。而此时已经有人对阿里巴巴高层在此事上的麻木不仁感到愤怒：'他们为什么对这样一个网站不闻不问?'已经有人在这样问了。"

其实早在2003年2月，马云和公司的几位高管就已经开始秘密筹建淘宝网。大约10名阿里巴巴员工被叫到了马云的办公室，马云告诉他们公司有一个秘密项目需要完成，如果愿意做就在文件上签字，无论是否参与都必须承诺保密。大家都签了保密协议之后，制作淘宝网的核心队伍形成了。

接下来是“非典”爆发，这支队伍被隔离了两周。虽然困难重重，但淘宝网的建设并未停步。7月，阿里巴巴宣布投资1亿元打造中国最大的C2C网上交易平台淘宝网。这时，员工们才明白当初马云为什么对这个“对手”不理不睬。

但是面对占据绝对市场优势的eBay易趣，大多数人认为阿里巴巴的“豪赌”必输无疑。eBay全球总裁惠特曼更是毫不掩饰地预言：“它（淘宝网）最多只能存活18个月。”

阿里巴巴推出淘宝网后，几乎所有人都认为马云“疯了”。此前一直专注于B2B并且对C2C并不看好的马云，突然发生了如此巨大的转变，让人看得一头雾水。其实，互联网在中国的发展日新月异，2000~2003年，国内互联网公司的盈利模式悄然发生转变，从广告变成了短信和网络游戏。这让马云意识到，电子商务市场也将发生巨大的变化，到了该有所突破和创新的时候了。

“这引起了他的高度重视。因为在我们的观念里，本来电子商务就不存在一个人为制造的B2B和C2C的明确界限，个人对个人的交易做大了实质上与企业对企业的交易并无区别。”阿里巴巴的一位高管这样说。

不同于eBay定义的“个人拍卖”，马云通过淘宝网重新定义了C2C，马云将它定义为“个人交易网站”。当时阿里巴巴所涉及的B2B还停留在信息流交易层面，而淘宝网的C2C则介入了资金流层面。

在淘宝网刚刚诞生时，访问的人很少。为了吸引用户，淘宝网放出了大招——免费。这一招正中网民下怀，对于免费的互联网服务，没有人会拒绝。免费策略为淘宝网吸引到了大量用户，马云成功扮演了电子商务领域的“搅局者”。

从零开始并勇敢挑战强劲对手eBay易趣，淘宝网仅仅用了两年时间便坐上了国内C2C交易的头把交椅，创造了中国电子商务界的又一个神话。

从易趣到eBay易趣

易趣的创始人叫邵亦波。在互联网创业大军中，邵亦波是其中的佼佼者。

1973年，邵亦波出生于上海。很小的时候，身为中学数学老师的父亲就让他开始接触数学。邵亦波对数字特别敏感，并逐渐显露出了数学天赋。他11岁时获得了首届全国“华罗庚金杯”少年数学竞赛金牌奖（全国第三名）。在初高中全国数学竞赛中连获特等奖与一等奖。高一时，他谢绝直升上海交通大学的机会，高二跳级直接进入美国哈佛大学，是中国以全额奖学金赴哈佛读本科的第一人。

1995年，邵亦波大学毕业，进入美国最好的咨询公司之一波士顿咨询公司工作。两年后被公司送进哈佛攻读MBA。在哈佛进修期间，邵亦波认识了后来成为他妻子的鲍佳欣。

1999年，互联网热潮涌来。邵亦波辞掉了在美国年薪20万美元的工作回到上海，在同年8月创办了易趣。“易趣”取自中文“交易的乐趣”。而邵亦波之所以选择做电子商务，缘于他在1996年6月帮新加坡政府所做的一项调查。从调查结果里，邵亦波看到了电子商务在中国的商机。

易趣网以网络平台的搭建与服务为核心，致力于让用户买到种类繁多且物美价廉的商品，还可以卖掉自己不需要的物品。邵亦波在易趣的公司简介上这样写道：“易趣网是中国第一个综合性网上个人物品竞标站。网友可以借助它来出卖或购入任何物品。大到计算机、彩电、电冰箱，小至邮票和电话卡。你也可以通过它来结交新的朋友，如有着相同兴趣的收藏爱好者。”

易趣上线仅半年，就成为中国最受欢迎的拍卖网站。在CNNIC于2000

年1月发布的《中国互联网络发展状况统计调查》中，易趣网获得了最高票数，成功登上国内拍卖网站之首。

1999年11月和2000年10月，邵亦波先后拿到了150万美元和2 050万美元的投资。此后易趣踏上了快速发展的道路。在中国C2C领域，易趣早期的主要对手是一家叫雅宝的C2C网站，但雅宝很快退出，易趣从此一家独大。

2002年，易趣与eBay结盟，更名为eBay易趣，成为国内最大的在线交易社区。2003年6月，eBay以1.5亿美元全资控股易趣，邵亦波手里大约30%的股份变成了7 000万美元的真金实银。从白手起家到上亿（人民币）身家，邵亦波仅仅用了4年时间，互联网不可谓不神奇。

但是随着淘宝网的入局，eBay易趣江河日下，市场份额开始不断缩水。一项数据显示，在2005年，eBay易趣的市场份额从鼎盛时期的80%下降到29.1%，而他的竞争对手淘宝网则达到了67.3%。

eBay易趣的落败，最直接的原因是淘宝网采用了免费策略。在线拍卖网站主要以交易服务费、注册费以及推荐位费（橱窗展示位）这三项收费方式赚钱。淘宝网却是全部免费，这种模式对在互联网上做买卖的人来说就如同天上掉馅饼。收费的eBay易趣竞争力尽失，不仅新用户的增长乏力，老用户的流失也很快。

除此之外，淘宝网的另一个重要法宝就是支付宝。2003年10月，淘宝网看到了在线支付这个市场空白，试探性地推出支付宝。支付宝的模式是买家拍下订单后将货款转入淘宝的第三方账户，淘宝在买家确认收货后再把货款支付给卖家。这个模式降低了买家的风险，赢得了买卖双方的认可。支付宝的出现使得淘宝网的成交量持续上升。

在淘宝网的步步紧逼之下，eBay易趣节节败退。2006年，eBay宣布放弃中国C2C市场并出售了易趣51%股份，TOM集团随即接手。如今的中国电子商务市场，淘宝、京东等电商群雄逐鹿，而易趣的身影却逐渐模糊。但不可否认的是，易趣的创办翻开了中国电子商务发展史的重要一页，也填补了中国电子商务C2C领域的空白。正是易趣等早一批的电商企业披荆斩棘勇开路，才有了如今电子商务的繁荣兴盛。

分众传媒：一桩源于“无聊”的生意

2002年年初的一天，江南春在上海太平洋百货等电梯，百般无聊的他被电梯门上的广告吸引。联想到等待电梯以及乘坐电梯时乘客的无聊，一个在电梯口与电梯内打视频广告的创意在他头脑里冒了出来。江南春认为：在等待电梯或乘坐电梯的短暂时间里，人们处于相对安静、无干扰的封闭环境中，陌生人随机组合成的临时群体特性加剧了等待的无聊和尴尬，他们渴望任何可以转移注意力的内容填补“思想空白”，打发这无聊的时间段。这时如果有视频看，乘坐电梯的人就不会感到无聊和尴尬。当然，他所说的视频，播放的内容是广告。

说干就干，江南春利用自己的永怡传媒公司开展业务。按照江南春的设想，他先投入一部分资金购买液晶显示屏并安装在50栋楼宇里，再用广告客户的钱滚动投资。但是他的如意算盘落空了。面对这种新型传播方式，不少广告客户犹豫观望。江南春预测前期销售将有1 000万元，但实际只有150万元。

虽然广告的销售情况不理想，但为了更吸引广告主的眼球，也为了占据更多的“领地”，江南春不得不安装更多的液晶显示屏。最要命的是，他刚把显示屏挂上去“非典”就来了。这场灾难无疑让他的广告销售雪上加霜。2003年上半年，江南春先后投进去了2 000万元。

每天都在烧钱，江南春如坐针毡。这位大器早成的富翁成为“负翁”，感受到了从未有过的资金压力。那段日子里，他每天晚上躺在床上都会难以入眠。他说：“我觉得每天都要烧钱，觉得自己十几年的青春岁月一起被烧掉了，有一种失败的恐惧感。”

记得在一部美国“二战”片中，有一段这样的对白，大意是一个小孩问老兵：“爷爷，你们上战场时会恐惧吗？”老兵这样回答：“会的，即使是英雄上战场也会感到恐惧，不过是英雄可以战胜恐惧罢了。"

江南春也如同一个在战场上感到恐惧的英雄，在商场上尽管恐惧但能战胜恐惧。就在江南春最需要资金的时候，软银中国区首席代表余蔚主动找上门来。余蔚非常看好江南春的业务，认为江南春的业务是"一个创新的模式，会有几十倍的回报"。在交谈了三个小时后，江南春获得了1 000万美元的投资。2003年5月，由于有了风投资金的加入，江南春把永怡传媒公司更名为分众传媒（中国）控股有限公司，把主业锁定在楼宇广告上。

2004年，江南春又获得了5 000万美元的风险投资。每一次融资之后，江南春都闪电般地在全国各大城市的高中档写字楼里跑马圈地。2005年7月，分众传媒在纳斯达克上市，年仅32岁的江南春身价暴涨到了2.72亿美元，按照当时的汇率约合人民币20多亿元。在胡润2005年推出的IT财富榜上，江南春以19亿元进入前十（排名第七）。到了2007年，江南春的财富再次暴涨到45.6亿元。

2005~2008年短短三年中，上市后的分众传媒一共进行了大约60次收购行为。每一次大的收购之后，分众股价必定飙升，三年中从每股20美元冲高到了80美元。

对于无休止的并购，江南春坦言，当时的步伐太快了，因为只有并购才能快速推高股价。江南春说："当时我们非常疯狂，每件事情都要做到垄断，并要在市场上拥有绝对的话语权。但是后来由于太喜欢做垄断，我们也得到了巨大的教训。"

过于追求股价和资产的不断上涨，导致分众的目标发生了根本性的改变，也造成了价值观上的偏差。江南春意识到这一点后，决心做一些改变。

2013年7月，分众传媒在纳斯达克退市。从此，分众传媒成为一家非上市公司。作为一家非上市公司，分众不用再被资本市场左右，也不用再为财报而有所顾虑，江南春可以长远地思考公司的商业模式和管理问题。

江南春曾经是一个诗人，甚至出版过自己的诗集。在这个远离诗歌的时代，写诗似乎已经成了一门无聊的艺术。让江南春名声大震的不是他在无聊中写的诗，而是他从别人的无聊中发现了商机、创下了大业。江南春的创业过程本身就是一首诗，是浪漫和现实完美结合的经典范例。

年度风云人物——喜欢“出轨”的江南春

在最初的创业路上，江南春有“仲永”之早慧。他在大一时就去一家广告公司兼职，那时他才19岁。大二那年，也就是1993年，江南春所兼职的广告公司一年收入400万元，其中有150万元来自江南春。1994年，大三在读的江南春成立了永怡广告公司，自任总经理，成了校园里唯一带着4万多元的移动电话上课的同学。1998年，永怡的年营业收入达到6 000万~7 000万元。2000年，年营业收入达到了1.5亿元，在上海广告界声名鹊起。

一条无比顺利的创业坦途伴随了江南春7年。2001年那场互联网的寒冬，让这位20多岁的成功人士品尝到了商海呛水之痛。互联网公司大批倒下，活着的苟延残喘，不得不缩减各项开支。虽然当时的江南春从事的不是互联网产业，但他的广告公司代理了上海IT领域95%的广告业务。客户日子难过，江南春能有好日子过吗？

在回忆2001年的情形时，江南春说：“一切彻底消失，而且消失得干干净净，就好像是没发生过一样。”冰火两重天，他“第一个反应就是我不能接受这个过程”，并且“觉得这几乎是个故事，是个梦，结束了”。

为了维持公司的日常运转，习惯做大买卖的江南春不得不承接餐厅的小广告。对于在互联网高烧时期经常接500万元大单的江南春来说，难免“心情是极度郁闷”（江南春自己这么说）。虽然白天还在努力工作，但一到晚上，江南春就陷入了迷惘与苦闷之中，他甚至怀疑自己投身广告业是一个错误。

2001年12月的某个晚上，江南春约见了老朋友陈天桥夫妇。此前，陈天桥的小网站的推广广告一直由江南春代理。在香樟花园的茶座里，几个月不见的陈天桥告诉江南春，自己已经不做那个小网站了，改做代理国外网络游戏——他在2001年11月代理了韩国开发的网络游戏《传奇》。陈天桥告诉江南春，《传奇》同时在线人数已经达到11万。

商人对数字最为敏感，江南春飞快进行了心算：11万人同时在线，意味着拥有至少70万收费用户，每个用户每月35元，一个月就是2 450万元。这个数字对江南春刺激很大，他觉得"很恐怖"。江南春回忆，"当时就觉得要学习陈天桥，发掘别人没发现的产业模式，这样才能挣大钱！"

江南春用形象的语言描述了他的反思轨迹；"我们在没有空调热得要命的大巴里挤来挤去不停与人搏斗的时候，他（陈天桥）却在寻找跑车。他情愿花很多力气去找。我们好不容易把别人挤下车有了一块属于自己的地方，觉得这就是我们的核心竞争力了。而陈天桥却在一旁，开着跑车扬长而去。"

最后，江南春做了理性的总结："在创意面前，生意是不平等的。"这个总结，后来经常出现在他的口中。对于创意，从事广告业务的江南春绝不陌生，因为广告业本身就是一个充满创意的行业，但创业上的创意不仅仅是单个广告的创意。江南春通过陈天桥的传奇，拓展了自己的视野："天桥给我的经验是，你要找到一个全新的商业模式，你就会创造超额利润。"

2003年，分众传媒诞生后，并不被大众看好。江南春回忆说："当时有很多人打击我，说这个东西即使做到天边也就这么小一点儿范围。"但江南春咬定青山不松口，一直坚持到梦想开花。

中文系才子、诗人出身的江南春有一句很大胆暧昧的话："一年出轨一次是道德的。"江南春所谓的"出轨"，当然不是花心，是指每个人都要有一些颠覆性、反逻辑性的观点。不按常态出招，经常变化招式——江南春谓之"变态"。在他的办公室里，高悬着两个大字"变态"，他希望用这两个字时刻提醒与敦促自己改变惯常的思维方式。他认为：最保守的信条不见得安全，反而可能是最危险的。

其实，江南春所谓的"出轨"也好、"变态"也罢，都是所有创业者身上的共同特质，只不过称呼上不同，细微的内容也有少许差异。在其他创业者身上，我们称之为"创新"。而江南春将"创新"用"出轨"和"变态"这两个更感性的词代替，本身也是一种创新。

2004年

群雄逐鹿，网游市场掀起热浪

纵观2004年，中国互联网界最热的两个词非“网游”与“上市”莫属。网络游戏这块中国互联网最赚钱的“蛋糕”在做了5年之后，终于成了众人疯抢的盛宴。

最先发威的是中国网游界的领航者盛大。2004年5月，盛大率先成功登陆纳斯达克，接下来便开始了一系列的战略扩张。2004年年底，九城凭借3D游戏《魔兽世界》紧随盛大登陆纳斯达克，之后与盛大展开了持续数年的竞争。11月，史玉柱涉足网游，他带着一款2D游戏《征途》，以一个IT老大的身份杀回本业，成为盛大又一劲敌。也是在这一年，腾讯踏上了进入资本市场的征程，于6月在香港主板上市。虽然上市时腾讯的主业为即时通信，但很快凭借过亿的QQ用户群跻身中国网游前三甲。

就这样，盛大、九城、巨人、腾讯，加上之前已靠网游翻身的网易，中国的网游市场形成了群雄逐鹿的局面。

除上述凭借网游登陆资本市场的公司外，在中国互联网汹涌而来的第二轮境外上市热潮中，手机供应商掌上灵通、TOM在线、空中网、前程无忧等也纷纷在纳斯达克或中国香港上市。

大量热钱涌入中国互联网产业，催生了一大批身家过亿的互联网新贵。

盛大与 Actoz、Wemade 的“江湖恩怨”

盛大与 Actoz 和 Wemade 两家公司之间的“恩怨”，要从盛大与 Actoz 公司签订合约说起。

2001 年 7 月，盛大与 Actoz 签订了网络在线游戏《传奇》在华运营协议，代价是每年 30 万美元的运营费用外加每月 27% 的利润提成。那时候盛大并不知道：Actoz 只拥有《传奇》的海外代理权，《传奇》的真正版权所有者是 Wemade，技术支持也是由 Wemade 负责；在盛大支付给 Actoz 的分成费中，70% 归 Wemade 所有。

2002 年年初，Wemade 曾私下要求绕开 Actoz 与盛大直接签约，被盛大拒绝。此后，Wemade 便不再向盛大提供技术支持，导致《传奇》在接下来的运营中出现了大量技术问题。为解决这些问题，盛大投入了许多人力、物力和财力。

2002 年 7 月，盛大不得不与 Actoz 和 Wemade 签订了一份三方补充协议，Wemade 成为合作方之一。然而就在这份协议签订了仅仅一个多月之后，Actoz 却不慎将游戏源代码泄漏，导致《传奇》私服泛滥，给盛大造成了巨大损失，盛大因此停止向 Actoz 支付分成费。

2003 年 1 月，半年未拿到分成费的 Actoz 单方面宣布终止与盛大之前签订的协议。对盛大以及 Actoz 和 Wemade 三方来说，协议的解除都是有害无益的。首先，Actoz 有 80% 的利润来自《传奇》，Wemade 当然也是既得利益者。而《传奇》在中国的成功，完全得益于盛大的成功运营。所以，与盛大解约，意味着 Actoz 和 Wemade 自断了在中国的财路。当然，对盛大来说，失去《传奇》的代价非常惨重，因为盛大 60%～70% 的利润来自《传奇》。虽然盛大已经自行研发了网游《传奇世界》，但短时间内还不能带来利润。

与Actoz和Wemade的纠纷让陈天桥意识到，要想在网游市场打出一片天地，必须掌握绝对控制权，代理模式再成功也摆脱不了受制于人的命运。于是，陈天桥加大了对《传奇世界》的投入。可就在《传奇世界》上线公测后的2004年元月初，Wemade以《传奇世界》涉嫌抄袭《传奇2》和《传奇3》、侵犯了其知识产权专有性为由，请求北京市第一中级人民法院判令盛大停止《传奇世界》的运营，销毁有关数据、资料，停止相关产品的宣传、销售，关闭《传奇世界》网站，并公开赔礼道歉，承担相关诉讼费用。

虽然官司缠身，盛大自主研发的步子并没有减缓，《梦幻国度》《三国豪侠》《疯狂赛车》等新款游戏陆续上线。接下来的几年中，盛大又相继推出了《神迹》《英雄年代》《纵横天下》《功夫小子》《盛大富翁》等新款游戏。从游戏类型上看，这些网游覆盖了大型多人在线角色扮演游戏、休闲网游、网页游戏三大领域；从游戏内容上来说，则包含了奇幻、神话、Q版、赛车、动作等各种题材。这些新款游戏的研发运行，使盛大逐渐摆脱了对《传奇》的高度依赖，走上了一条独立发展的道路。

2005年2月，盛大以9 170万美元成功收购了Actoz股东持有的28.96%的股份，由此成为Actoz第一大股东。收购Actoz对盛大来说意义非凡。首先，与之纠缠多年的知识产权之争得以解决；其次，Actoz在韩国是一家上市公司，入主Actoz之后，盛大就可以更方便地收购韩国有潜质的中小游戏公司或工作室，以完善盛大内部的产业链。

对于这件事，韩国《电子报》评论说："随着这次纠纷的解决，盛大扫除了韩国网游界对中国公司的不信任感，为将来中韩双方秉着'诚信'原则的合作开了个头。今后盛大可以'风风光光'地在韩国开展业务，通过代理韩国其他公司的网络游戏增进和韩国游戏业界的关系。"

2007年3月21日，盛大宣布携手Wemade，成为该公司最新研发的网游《苍天》在中国内地的独家运营商。盛大对这款由Wemade历经4年开发出的网游巨作寄予厚望。伴随着《苍天》运营权的落定，盛大与Wemade纠结了5年的《传奇世界》侵权之争烟消云散。

盛大入主Actoz以及再度携手Wemade代理《苍天》，与三方旷日持久的国际纠纷终于画上了一个圆满的句号。这也充分印证了那句著名的商业名言：商场上没有永远的朋友，也没有永远的敌人，只有永远的利益。

盛大势在必得，流血上市

从2001年开始，盛大就委托了多家融资顾问与外国投资公司洽谈融资事宜。直至2002年6月，汇丰银行成为盛大的财务顾问之后，事情才有了些眉目。经过层层筛选，以软银和汇丰私募为主投、三家投资公司跟投的投资组合进入了盛大融资的最终谈判阶段。盛大负责此次合作的李曙君和软银的周志雄一见如故，周志雄说服了李曙君抛开汇丰私募由软银单方投资。

软银的周志雄之所以对盛大信心满满，除了其非常认同陈天桥做人做事的风格以外，更重要的是，从最早很火的《石器时代》开始，他就持续关注着国内网游行业的发展。当软银负责人阎焱决定接手盛大融资案子时，周志雄坚信这绝对是个赚钱的好项目。

一切都在按部就班地进行，谁知就在这时，盛大由于与合作方Actoz、Wemade之间的版权纠纷，使其融资之路多了一道阴影。周志雄将事情的进展向软银的投资委员会报告。投资人最不愿看到的就是即将投资的公司身陷法律纠纷，更要命的是一旦盛大输了官司，其业绩将一落千丈。

不过，周志雄没有放弃盛大，盛大也一直积极地做着各种努力，最后终于打动投资委员会的Gary Rieshel，在他的帮助下说服了全体成员。就这样，盛大于2003年3月获得软银4 000万美元的投资，其代价为25%的股权。这是当时中国互联网增值业务所获得的最大一笔风险投资。

软银投资盛大，是看中了盛大有别于传统中国互联网公司的赢利模式。那时，绝大多数中国互联网公司都在模仿和复制AOL、亚马逊、eBay、雅虎的商业模式，基本上大同小异，最多也不过微调一下使之更符合中国国情。盛大却创造了一种新的模式——以运营在线游戏为主要获利手段的盛大模式。

按照盛大原来的上市计划，2004年5月12日将在纳斯达克挂牌交易。

但就在上市前一天，陈天桥决定将上市时间推迟。之所以推迟一天，是为了重新制定最新版本的招股说明书递交给美国证交会。根据一个月之前的招股书显示，盛大将以每股13~15美元的价格IPO 1 732万股美国预托凭证（每股相当于2股普通股），预计募集资金2.5亿美元。而最新的招股说明书显示，盛大将价格调低至每股11美元，同时IPO的预托凭证也减少到1 390万股。这意味着盛大的融资总额减少了8 000万美元，损失高达2 000万美元，无异于“流血上市”。

为什么要做出这样的改变？事后陈天桥解释说：“我们的上市遇到了最不好的时机：国家宏观调控、全球原油涨价、伊拉克形势愈越发紧张、美国国内布什和克里的大选之争前途难辨……而且历史上，中国概念股跌破发行价的情况时有发生，投资者对中国概念股历来信心不足。所以，要么不上市，要上市就要成功，就要跟以往的中国概念股有所不同。降低发行价虽然让我们的融资量有所减少，但是对以后的发展来说更加稳妥。而且我把股票的发行量减少了不少，这样，以后等股价上扬的时候，我还可以再卖一部分股票。”

2004年5月13日，盛大在纳斯达克正式挂牌交易。开盘短短半小时，成交量便超过150万股，当天股价以8.8%的涨幅收在每股11.97美元，在当天中国概念股中位居涨幅首位。一周之后，盛大的股价冲上每股17美元的高位，陈天桥的账面财富也达到了50亿元。这一财富数值使陈天桥取代丁磊成为又一位中国IT界“首富”。

盛大在纳斯达克的优异表现给国内互联网产业打了一针强心剂。就盛大的上市，“中国博客教父”方兴东如是说：“在前面多家中国公司表现不佳投下阴影，国外投资者对中国概念股信心不足的时候，盛大的表现非常不容易。作为一家两三年内崛起的互联网公司，盛大的成功为产业、为用户、为资本市场开辟了一个全新的领域。”

盛大成功上市之后，陈天桥说过这样一句话：盛大上市的目的不是圈钱。的确不是为了圈钱，从盛大上市前后的一系列举措当中，我们可以窥见一斑。

2004年1月，盛大参股中国北京数位红软件应用技术有限公司（国内早期的手机游戏开发商），同时收购了全球领先网游引擎核心技术开发公司美国 ZONA 公司。2004 年 7 月，盛大先后收购了中国最大的在线对战游戏平台运营商——上海浩方在线信息技术有限公司，以及中国领先的棋牌休闲游戏开发运营商——杭州边锋软件技术有限公司。2004 年 10 月，盛大收购中国领先原创娱乐文学门户网站——起点中文网。2004 年 11 月，盛大宣布收购韩国 Actoz 公司，掌握控股权。2005 年 2 月，盛大宣布持有新浪 19.5%的股份……

据媒体信息显示，盛大在上市前后一年多里陆续收购了中国、北美、日本等国家共计 10 家公司，并且全部取得了控股地位。随后还成立了多家分公司，分别从事游戏开发、游戏周边产品开发以及游戏类电视媒体设计等业务。

“我把盛大的战略发展方向归结为六个字：互动、娱乐、媒体。盛大的未来一定牢固地依靠高科技和国际互联网的力量来发展，这是我们的基础。而游戏是我们进入娱乐产业的捷径，也是我们未来的主心骨。”这是早在盛大创办之初，陈天桥就定下的发展目标。陈天桥深知，要想实现这个既定的目标必须把盛大做大、做强。而做大、做强的首要条件就是充足的资金，上市也因此而来。

这一点，从盛大上市之前递交的招股募资计划中也可以得到印证：5 500万美元募集资金用于网游研发，2 000 万美元用于提升操作平台，另外 5 000 万美元用于提升现有品牌和业务的相关产业投资。这三笔款项的总额已经超过流血上市之后盛大公司融到的 1.056 亿美元。上市后，首席财务官李曙君在一次座谈会上的发言更是充分印证了盛大上市的目的并不是圈钱：“7 个月时间完成了整个融资、上市，尽管算是很快，但对盛大来说速度还是慢了。不是我们自己要多快，而是我们的战略目标非常清楚，我们这个资金拿过来是要去吃掉别人，而不是运营的要求。”

以上种种，可以清晰地呈现出盛大上市的根本目的：打通融资渠道，为将来的战略扩张摆好架势，做足准备。因为势在必得，所以即便“流血”也要保证顺利上市。因为“流血”是一时的，而战略是长远的。

九城：从跟随者到叫板者

九城最初的运营模式与陈天桥的天堂归谷很相近，都是做交互式虚拟社区。当时的九城主要为国内15~25岁的青年人提供个性化虚拟体验、互动游戏和信息交流等各类娱乐服务。除此之外，朱骏还创建了PASS9交易平台——一个可以向用户及游戏供应商提供多渠道、方便、灵活的支付计算系统，该平台具备单一的登录验证系统以及灵活的支付结算方式。

盛大因《传奇》暴富之后，九城创始人朱骏嗅到了网游中的商机。2002年7月，九城与Webzen签订了运营网游《奇迹》的协议，以200万美元的代理费拿下中国大陆的独家代理权。此外，双方共同投资150万美元，成立了九城娱乐公司，九城和Webzen分别占51%和49%的股份。2003年2月5日，《奇迹》在中国开始正式收费，之后九城日均进账200万元，朱骏初次尝到了网游的甘果。

2004年4月，九城获得了美国暴雪娱乐公司（以下简称暴雪公司）研发的3D游戏《魔兽世界》在中国内地的独家代理运营权，代理费为300万美元。但这还不是全部，根据协议，在《魔兽世界》正式收费前，九城还须支出680万美元用于游戏的市场宣传。此后九城还要付给暴雪公司22%的销售分成以及4年版税金，总额约5 130万美元。

《魔兽世界》有何背景，让朱骏肯以巨大的代价孤注一掷？

1991年，两名加利福尼亚大学洛杉矶分校的毕业生迈克·莫怀米和艾伦·阿德汗共同创建了暴雪公司。1994年年初，暴雪公司以1 000万美元的价格卖给了美国著名发行公司Davidson&Associates，业务主线仍为自主研发网游。

1994年，暴雪公司推出了第一款《魔兽争霸》。游戏背景设定在一个奇幻世界中，充满了刀剑和魔法，背景是葱郁的森林。游戏中的联网对战模式、随机地图生成器、快捷键设定，可谓引领了网游的发展方向。1995年，《魔兽争霸2》上市。2002年，《魔兽争霸3——混乱之治》上市。2003年，暴雪公司正式宣布3D网游《魔兽世界》的商业运营计划。

2004年，《魔兽世界》在北美公测，当年11月在美国发行。接下来在韩国和欧洲相继公测并发行，随即风靡全球。2004年正是中国网游业风生水起的时候，火爆全球的《魔兽世界》自然也吸引了众多中国网游公司的关注，盛大和九城皆在其列。

最终九城以更优厚的条件击退盛大，拿下了《魔兽世界》的内地代理权，其身份也从盛大的追随者变成了叫板者。

2004年12月16日，九城成为继盛大之后又一家在纳斯达克上市的中国内地网游公司。九城开盘价为每股19美元，高出此前公布的17美元的发行价2美元。当天收盘价为每股21美元，涨幅达23.53%，融资1.03亿美元。

《魔兽世界》在中国正式运营之前，九城2005年第一季度和第二季度的财报分别显示公司净亏1 050万元和2 300万元。自2005年6月9日《魔兽世界》在中国正式运营之后，九城2005年第三季度就以470万美元的利润扭亏为盈。此后几年中，《魔兽世界》引领着九城的财报一路上涨，使九城成为一支名副其实的"魔兽概念股"。2007年第二季度，《魔兽世界》的营业收入达到4.16亿元，同比增长69.1%。2008年第二季度，九城的营业收入达到4.551亿元，同比增长69%，同时游戏的在线人数也超过了100万。

中国网游公司大多是靠一款游戏起家，如盛大靠《传奇》、巨人靠《征途》、九城靠的是《魔兽世界》。其中，九城对《魔兽世界》的依赖尤为严重，其业务重心几乎全在《魔兽世界》上面。这意味着如果失去《魔兽世界》，九城将寸步难行。后来的事实也证明了这一点。2009年4月16日，暴雪公司正式宣布，与九城的协议到期后，将与网易签订为期三年的《魔兽世界》独家运营协议。2009年6月7日，网易代替九城接手《魔兽世界》。两天之后，九城市值缩水1/3，由此退出中国网游界前三甲行列。

对九城来说，可谓成也"魔兽"，败也"魔兽"。

回过头来看，在《魔兽世界》最初的争夺战中，盛大的落败着实让人有些不解。无论从公司实力、业界影响力或者产品口碑等方面来说，九城比盛大都不止差一个级别。那么，为什么九城反而取胜了呢？

其实，在暴雪公司带着《魔兽世界》首次来到中国寻找运营合作商时，最先接触的正是盛大。但暴雪公司提出的条件让盛大有些难以接受。盛大认为，高额的授权费和宣传费会占用公司大量的资金。其次，暴雪公司提出必须由自己来架设服务，这也让盛大无法接受，因为这意味着用户数据都将控制在暴雪公司手中。此外，暴雪公司要求与盛大成立合资公司，也就是说暴雪将会参与游戏的日后运营，在收入中再分一杯羹。

强势的暴雪公司试图层层剥皮，将自身利益最大化，同样强势的盛大自然不会答应，两者的矛盾很难调和。而盛大当时正在解决与韩国游戏开发商之间的纠纷，并把主要精力投在了自主研发的《传奇世界》以及休闲游戏《泡泡堂》上。于是，再三权衡之下，陈天桥决定放弃《魔兽世界》。暴雪公司只好退而求其次，找到了安心做游戏代理的九城。

拿下《魔兽世界》之后，九城与盛大开始了势均力敌的较量。为了应对《魔兽世界》对自己用户的冲击，盛大在短短几个月内签下了《龙与地下城》《仙境传说》等多款国外大型多人在线角色扮演游戏，同时力推一款专为女性玩家设计的Q版宠物网游《梦幻国度》，用瓦解战术来冲淡玩家对《魔兽世界》的注意力。为避开盛大的锋芒，九城将《魔兽世界》的公测时间也做了相应的调整。

在市场推广上，两者的竞争尤为激烈。2005年4月15日，九城与可口可乐（中国）饮料有限公司签署了共同在中国跨领域推广《魔兽世界》的协议。时隔一个月，盛大与百事可乐建立了战略合作伙伴关系，共同大力推广盛大的《梦幻国度》。

盛大和九城的激烈竞争，同时也折射出可口可乐与百事可乐两大国际巨头在中国市场的微妙关系。在它们拼杀的硝烟中，中国的网游市场正悄悄地进行着嬗变。

“挖脚”盛大，踏上《征途》

在《国富论》中，亚当·斯密总结了一个非常重要的规律：资本会自然而然地从利润率低的行业流向利润率高的行业。这个规律在网游领域得到了体现。联众、盛大、九城相继在网游中淘到金之后，中国网游市场开始了剧烈的资本涌动。在这股潮流中，有一个人的加入引起了业界地震，他就是在中国商业界几经沉浮的著名企业家——史玉柱。

史玉柱进军网游，除了追求商业利益外，与其个人兴趣也有一定的关系。史玉柱可谓超级网游玩家，他玩游戏的历史可以追溯到20世纪90年代在深圳首次创业的时候。那时候，工作累了，史玉柱不像其他人一样关掉电脑休息，而是靠玩电脑游戏调节与解压。

2004年11月，上海征途网络科技有限公司正式成立。在IT业，史玉柱算得上是一个“老江湖”，在网游界却是一个不折不扣的新兵。为了弥补自身的不足，他格外关注公司的团队建设。一个有竞争力的网游公司团队由两部分组成：一部分是研发，另一部分是销售。销售是史玉柱的老本行，更是强项，所以并不是难事。史玉柱从原来做脑白金的团队中抽出一部分精英，负责网络公司的行政、营销以及宣传。难点在研发上。恰在此时，史玉柱听到一个消息，以林海啸为首的盛大旗下的一个王牌团队准备集体出走，而且正在与中国台湾的某投资方接触。史玉柱立即找到林海啸，商谈之后，“挖”来了整个团队。

1998年，年仅17岁的林海啸就组建了自己的公司——鸿志网络科技开发有限公司。他曾因制作网游《网络三国》的外挂“网三工作狂”，而被誉为“中国网游外挂第一人”。2003年2月，林海啸加入盛大，出任盛大网络副总经理兼技术总监。在国内网游研发阵营中，林海啸被称为最顶尖的三个人之一。

林海啸加入征途网络后，任公司副总经理兼技术总监，同时其整个团队获得了25%的股份。

史玉柱对游戏研发非常重视，亲自主抓创意策划，程序设计和游戏测试交由林海啸团队负责。在《征途》的研发过程中，史玉柱秉承着一贯严格的管理作风，要求研发团队对游戏开发进度严格保密，甚至在研发过程中，所有人员不能上网，不能打手机，不能与外界联系。管理上过于严苛，不过史玉柱给的待遇相当优厚，研发团队的薪水、所占期权在同时期的同行中是数一数二的。

史玉柱为《征途》准备了两亿元。不过，在投入4 000万元之后，《征途》就进入了良性发展，在公测阶段就开始盈利。截至2006年年底，《征途》同时在线人数超过68万，打破了之前盛大《传奇》创造的67万的最高纪录。

林海啸团队的加入为史玉柱的网游事业奠定了基础，但他们之间的缘分却很短暂。当2007年巨人网络（征途网络上市前改为巨人网络）上市时，林海啸的名字虽然出现在招股说明书上，显示他拥有征途网络5%的股份，但身为公司副董事长的他并没有出现在主要股东名单上。巨人网络副总裁汤敏当时接受媒体采访时说，早在2006年7月林海啸就“不再负责公司具体事务”。

对林海啸来说，可谓“成也《征途》，败也《征途》”。2005年年中，林海啸团队研发的《征途》的第一个版本问世了。此时，九城的《魔兽世界》已经开始在中国内地运营，史玉柱要求《征途》吸收其优点，同时要求把《征途》做成完全的道具收费模式。然而，林海啸团队做出来的成果没能让史玉柱满意。史玉柱亲自上阵主抓《征途》的研发，从此林海啸变得“不那么重要了”。

2007年11月1日，史玉柱在美国纽交所敲响了上市钟声，巨人网络正式挂牌上市，交易代码为“GA”，开盘价高达每股18.25美元，超过发行价17.7%。巨人网络IPO大获成功，融资总额高达10.45亿美元。巨人网络上市后，史玉柱身价暴涨。除此之外，巨人的上市还直接造就了21个亿万富翁、186个百万和千万富翁。

巨人网络上市后，林海啸套现了手中的股份，获得了超过10亿元的现金。如今的林海啸已告别网游行业，转身投资酒店，他宣称要换一种活法。

一夜金身，腾讯香港上市

对大多数中国互联网公司来说，最大的愿望就是上市。腾讯也不例外，2004年，长大了的企鹅开始考虑上市问题。与国内其他互联网公司的“纳斯达克情结”不同，腾讯选择了在香港上市。

纳斯达克当然有其优势，那里的资本市场更为繁荣，能够获得更多的融资。而香港也有香港的优势，虽然香港上市公司的平均市盈率要比纳斯达克低，但是毕竟香港离深圳只有一步之遥，处理很多问题会更方便。对此，腾讯内部争议很大。在承销顾问中，6家建议在香港上市，4家建议在纳斯达克上市，3家建议两边同时上市，马化腾一时间也拿不定主意。

最终，腾讯大股东MIH（米拉德国际控股集团公司）的建议让马化腾下定决心在香港上市。MIH之所以建议腾讯在香港上市，除了地理优势外，主要是因为其本身已在纳斯达克上市，担心腾讯进入纳斯达克可能会对其产生不利影响。

2004年6月16日，腾讯IPO在香港联交所正式登场。上市公司简称为腾讯控股，著名的投资银行高盛是腾讯上市的全球协调人及保荐人。腾讯因此成为中国内地第一家在香港上市的互联网公司。腾讯以每股3.70港元的价格发售了4.202亿股，募集资金15.5亿港元。

此次上市，腾讯造就了5个亿万富翁，7个千万富翁。作为腾讯最大的股东，MIH更是大获其利。MIH先后从电讯盈科、腾讯创业团队以及IDG手中获得46.5%的股份，总投资将近5 000万美元。但只用了3年时间，就获得了7倍的升值。

腾讯终于修成正果，其他的即时通信成为垫路石。1999年，新浪也推出了一款即时通信工具——SinaPager。但因为早期国内网站缺乏明晰的赢利模式，对即时通信的理解也没有今天这样深刻，所以随着时间的流逝，SinaPager无疾而终。2003年下半年，新浪又推出了另一款即时通信产品——了了吧，希望可以在已经风生水起的即时通信市场占得一席之地。但在QQ、MSN、网易泡泡的围追堵截下，了了吧也销声匿迹了。不过新浪仍未死心，2004年7月，再次斥资3 600万美元收购了朗玛UC，欲与腾讯QQ再决高下，但结果仍是败北。

在腾讯上市之前，战略上曾犯过一个错误，那就是始于2001年的QQ注册收费。在2001年的互联网寒冬中，马化腾想尽了一切办法赚钱，QQ注册收费便是赚钱门道之一。而随着移动QQ让腾讯实现了盈利，又加上MSN、UC、网易泡泡等即时通信软件的来势汹汹，马化腾不得不放弃QQ注册收费的“蝇头小利”，于2003年8月底开放了普通QQ号码免费注册。在注册收费的两年里，QQ失去了小部分市场，幸亏及时调整策略，才没有造成太大的损失。

周鸿祎和雅虎中国

1998年10月，周鸿祎创立了3721公司，开创中文上网服务。对于不熟悉英文的早期网民来说，在浏览器的导航条上输入中文就可以直接进入相关网站，这绝对是一大喜讯。时值创业初期，资金短缺，没钱培育市场，所以周鸿祎想到了用浏览器地址栏插件这种方式推广3721。

此后，3721的发展进入快车道。据媒体报道，截至2003年年底，3721的市场占有率已达到80%，形成了绝对垄断。3721的成功很快会吸引无数追随者，追随者们都在用户不知情的情况下，将插件安装进用户电脑，而且难以卸载。这样一来，用户怨声载道，而周鸿祎的3721作为“流氓软件”的始作俑者，自然成了舆论口诛笔伐的焦点。

2003年年底，3721以1.2亿美元的价格卖给了雅虎，周鸿祎出任雅虎中国总裁。之所以选择卖掉3721，周鸿祎主要是从两方面考虑：一方面，周鸿祎想要摆脱3721在中国网民中的负面形象，而依托雅虎这个国际巨头的品牌美誉度来“洗白”是一种很好的方法；另一方面，周鸿祎想背靠雅虎的大树在搜索领域与百度一较高下。当时，无论是流量还是收入，3721都堪称国内最大的网络营销渠道，但在搜索上与百度仍有明显的差距，所以周鸿祎希望借助雅虎的技术和品牌，不仅能够把3721这个中文网址做大做强，还可以借机在搜索市场大展拳脚。

创立仅4年，3721便卖了1.2亿美元。然而，周鸿祎要想拿到1.2亿美元，必须满足雅虎的条件：根据收购协议规定，此项收购计划将在两年内完成，雅虎先行支付总收购金额的50%，余下的部分要依据周鸿祎带领雅虎中国取得的利润情况给付。具体来说，第一年和第二年雅虎中国分别要创造1 000万美元和2 500万美元的利润，余下的50%才会分期付给。

将 1.2 亿美元中的一半与业绩挂钩，雅虎总部这样的做法让周鸿祎背负了极大的压力。周鸿祎认为要实现雅虎中国的跨越式发展，总部必须持续投入大笔资金，但由于雅虎总部对雅虎中国的战略方向（长远发展还是立刻盈利）一直未能确定，所以投还是不投成了一个悬而未决的问题。

雅虎总部不投入资金，周鸿祎只好对雅虎中国进行了大刀阔斧的改革。他相继抛出了三大计划：推动中文上网国际化、实现雅虎搜索技术本地化、推动雅虎电邮在中国取得与之相匹配的优势地位。随后，他开始出击电子商务、即时通信、搜索、邮箱等领域。2004 年 6 月 8 日，雅虎中国推出新版即时通信软件雅虎通 6.0 中文版；2004 年 6 月 21 日，雅虎中国独立的搜索网站一搜网上线；2004 年 7 月 26 日，雅虎中国率先把免费邮箱扩容至 1G 容量。另外，周鸿祎砍去了一些雅虎中国在内容上不擅长的频道，只留下面向都市白领主推房产、汽车、娱乐、体育等内容的频道。

周鸿祎将有限的资源聚焦在邮件和搜索上，与雅虎总部坚持做门户的想法出现背离，二者之间的嫌隙因此越来越深。但在周鸿祎掌管雅虎中国的第一年，雅虎总部对他还是比较认可的，因为在他的带领下，2004 年雅虎中国扭亏为盈，实现了 1 000 万美元的利润。同时，截至 2004 年年底，雅虎中国在华业务也达到了历史最高水平：搜索业务超过当时的谷歌中国，如果加上一搜网甚至可以与百度平起平坐；邮箱业务超过新浪做到了第二；雅虎通的活跃用户量也超千万，且上升势头极猛。

在认可这些成绩的同时，雅虎总部对雅虎中国在 2005 年提出了更高的要求：搜索要超过百度成为市场第一，邮箱的用户也要实现大规模增长，而且要完成这些既定目标必须用雅虎中国自身的盈利来支撑，雅虎总部不会提供任何资金支持。周鸿祎自然对此提出了异议，他强烈要求雅虎总部大幅度增加投资预算。而对中国发展战略一直犹豫不决的杨致远没有同意，双方的矛盾开始升级并公开化。

僵持到 2005 年年初，双方开始进行多轮谈判。周鸿祎提出了两个方案：一是收购金额不变，长线的邮箱和搜索业务再拨一笔额外的费用；二是双方都退一步，协议提前结束，最后支付的金额不按照当初设定的利润收入目标来确定，而是直接确定一个比原定收购价格低的金额。但这两个方案都未能得到雅虎总部的同意。雅虎总部方面也提出了一个方案：周鸿神和他的团队留下，以收购金额原价为标准支付周鸿祎所属股权应得，但周鸿祎不得干预雅虎收购其他股东股权的应付款。这个方案同样未能得到周鸿祎的认可。

雅虎总部迟迟不愿意追加投入的做法，让周鸿祎很失望。而当杨致远等雅虎高层经过激烈争论后决定还是应该将长远发展作为雅虎中国的发展目标并追加 500 万美元投资的时候，已经是 2005 年 5 月了。那时的中国网络市场发生了不小变化：盛大成为新浪的大股东，网易也在悄悄地加强内容建设……对雅虎中国来说，这种局面是不大不小的外部威胁。

最终，周鸿祎宣布离职，收购协议提前结束。雅虎前后共支付给 3721 股东 9 000 万美元，3721 归属雅虎中国。周鸿祎于 2005 年 8 月 31 日正式离职，而就在 20 天前，雅虎中国转投了阿里巴巴门下。雅虎以 10 亿美元现金外加雅虎中国的全部资产，换得了阿里巴巴 40% 的股份。

年度风云人物——打不死的“巨人”史玉柱

在中国改革开放30多年的浪潮中，史玉柱无疑是最具有传奇色彩的标志性人物。他集最著名的成功者、最著名的失败者、最著名的东山再起者于一身，大起大落的创业人生让人眼花缭乱。

在巨人公司成立前，史玉柱通过中文电脑软件M-6401和M-6402赚到了第一桶金。1991年，巨人公司成立。1992年，公司实现利润3 500万元。1993年，史玉柱开始“二次创业”，斥资5亿元转战保健品行业，其中1亿元用于广告投放。广告的狂轰滥炸加之营销团队的四面出击，让史玉柱的财富急剧增大。1995年，他被列入《福布斯》中国内地富豪榜，排名第8位。

然而，迅速的成功也带来了巨大的负面反应，急剧的外延式扩张暴露了巨人集团的弊端：缺乏整体协调能力造成产品供应和营销脱节；原有队伍动力不足，新的骨干队伍难以补充，无法形成新的机制，导致管理失控。1995年下半年，巨人集团的发展形势急转直下，从辉煌的顶峰走向了大溃败。始建于1992年的72层高的巨人大厦也于1997年因资金链断裂而成为烂尾楼。史玉柱为此负债2.5亿元，成为名副其实的中国“首负”。

就在所有人认为史玉柱从此将销声匿迹的时候，经过几年的蛰伏，2000年，他杀将回来，借助脑白金在保健品行业再次掀起波澜。

在脑白金的营销上，史玉柱了采取“步步为营，建立根据地，集中优势兵力重点突破”的策略。他带着50万元率领部下主攻江苏江阴市场。他走街串巷，亲自做市场调查，发现宣传并没有让潜在客户清楚了解脑白金的功效。于是，脑白金的营销策略转为以新闻软文为主。这一策略迅速取得成效，脑白金很快热销全国。

紧接着，史玉柱又把脑白金的广告投进了大部分城市电视台的黄金时段。“今年过节不收礼，收礼就收脑白金”，在这句广告宣传语下，史玉柱把脑白金的服用功能彻底“抽离”，为其穿上了“礼品”的外衣。

如今，脑白金的广告早已家喻户晓。尽管无数次被人诟病为功利和俗气，甚至连续多年被有关广告测评机构和媒体评为“中国十大恶俗广告”之首，但它被播放的10多年里，脑白金一直是一台印钞机。史玉柱对贬损这则广告的各方意见很是不屑：“评选广告的专家们唯美，讲创意，讲社会责任感，就是不讲能不能卖货，但是厂商只认销售额。”

脑白金一炮走红之后，史玉柱又开始琢磨做点儿其他产品，最后决定推出维生素类保健产品——黄金搭档。在史玉柱娴熟的广告策略和成熟的销售网络推动下，黄金搭档再次大获成功。

2001年2月3日，史玉柱在报纸上刊登广告，宣布向当年巨人大厦的债主们还款。到2001年年底，所有债务基本还清。这一举动引起的轰动效应绝不亚于当年巨人大厦的“倒塌”。最后，史玉柱用1亿多元为巨人公司买回了价值不止10亿的广告效应，也为曾经的失败画上了一个句号。是年，他被中央电视台选为2001年“CCTV中国经济年度人物”。

依靠脑白金，史玉柱还清了巨债，东山再起。在保健品行业摸爬滚打多年，史玉柱早已洞悉了这个行业存在的种种风险，所以他开始另辟蹊径。2002年8月，他收购了青岛国货的法人股，成为其第一大股东，并将上市公司名称改为青岛健特生物。2003年12月，他又以11.7亿港元的价格把饱受争议的脑白金卖给了北京四通的段永基。由此，史玉柱开始了从企业家向投资家的转变。2003年前后，他分别投资了华夏和民生两家银行，分别获得1.68亿股和1.43亿股股权。随着资本市场的狂热和泡沫化，他从中获利丰厚。

2004年，史玉柱再次创业，剑指中国互联网产业最赚钱的网游。按他的说法，他原本就是IT人，现在是“回归本业”。他开发了一款不被人看好的、几乎没有任何技术优势的2D游戏《征途》。这一次，各类脑白金式的软文再显“神威”，以铺天盖地之势横扫国内各大报刊，并成功登陆央视。

推出《征途》时，史玉柱在许多地方都没有按行业规则去做，他更多的是考虑玩家的感受。《征途》上线后，史玉柱经常化身为一个普通玩家，花很多时间在游戏里和别的玩家聊天，问他们对游戏的看法和建议。然后将玩家们的想法、意见汇总，不断地对产品的内容进行修改和补充，使产品最大限度地符合大众玩家的需求。这种以客户为主导的理念贯穿了巨人网络发展的整个过程。

除此之外，史玉柱的创新还表现在颠覆了网游行业的许多规则：第一个提出网游免费；第一个在游戏里售卖虚拟道具；彻底打破了“练级、打怪、练级”的单循环模式；把游戏者分为“时间型”和“金钱型”，有时间的用时间获取金钱，有钱的用钱换取时间，成就了火热的“价值交换”市场；把游戏人群划到不同国家，杀其他国家的人给予奖励，鼓励了游戏内的竞争，想杀人就要买装备，想买装备就必须用人民币换虚拟货币……种种创新模式的推出，使史玉柱在其中大获其利。这些模式日后被整个行业广泛接受与应用。

说到游戏免费，我们前文说过是陈天桥最先推出的，为何在此又说是史玉柱第一个提出来的？据说，在2005年8月《征途》研发完成之初，史玉柱就定下了免费策略。不过他没有正式宣布，而是把这个消息透露给了盛大的陈天桥。陈天桥向来不甘人后，他一下子就察觉到了这种玩法中的巨大利润，于是抢先推出了免费模式。按照这样说法，虽然陈天桥最先推出了免费模式，但第一个提出来的是史玉柱。

《征途》模式虽然为史玉柱带来了巨额利润，但与脑白金恶俗的营销策略一样饱受诟病和质疑。学者许知远评论说，《征途》贩卖的是希望，那种对滥杀的权力欲、对金钱所带来的随心所欲的“希望”，它像是现实社会推崇的赤裸裸的“社会达尔文主义”情绪的扩大，每个游戏者都钟情于那种放纵的快感，并对此规则确信无疑。

史玉柱就是一个标准的达尔文主义信徒，始终信奉“成功至上、生存第一”，所以他用一句堪称“经典”的说辞堵上了所有人的嘴：“商业是什么？商业的本质就是在法律、法规许可范围内获取最大利益。我是一个商人，做的事情就是在不危害社会的前提下为企业赚取更多利润。让一个商人又要赚钱又要宣扬道德，那不是商人，而是慈善家。”

史玉柱无疑是中国商业史上最具争议性的人物之一：英雄、魔鬼，天才、鬼才，有情有义……史玉柱跌宕起伏的创业轨迹，不仅透射出这个商业年代所有的矛盾，同时也为中国改革开放30多年的发展历程添加了最佳注脚。

2005年

草根崛起的互联网江湖

这一年，全中国的男女老少都记住了一个川妹子的名字——李宇春。这个在湖南卫视举办的"超级女声"中获得冠军的女孩，几乎席卷了人们能想到的可能与她沾边的诸多奖项，甚至还当选了改革开放30年的代表人物。

李宇春是中国草根运动的代表性人物，她的出现对中国互联网产生了巨大的影响。百度贴吧，数字音乐，SP业务……无不因此赚得盆满钵满。

伴随着以李宇春为代表的草根力量的兴起，也是在这一年，方兴东用博客这个同样草根的平台向门户发起挑战。他提出的口号是：每天5分钟，给思想加油。虽然方兴东最终被证实并不是一个合格的商人，但他在中国互联网界的草根运动中功不可没。

同样是在这一年，与博客一同冲击中国互联网产业的还有播客。土豆网、我乐网、酷6网以及优酷网等一批代表着草根阶层的视频网站，搅动了整个互联网江湖。

纵观2005年，越来越多的人开始为草根搭建表现自我的舞台，而这些平台的缔造者和创建者又几乎都是社会精英。因此，在2005年的中国互联网产业内，一股力量在精英和草根之间徘徊，越来越接地气、亲民的互联网呈现出越来越大的影响力。

数字音乐：互联网中的变奏曲

一路走来，中国音乐市场的成长之路十分坎坷。首先是正版 CD 被盗版逼得苦不堪言，盗版 CD 抢走了 90% 以上的市场，而盗版下载的出现，又彻底消灭了盗版 CD。后来人们连下载都懒得下了，都喜欢直接在线听。此时，音乐市场总算找到了新的商业模式——数字音乐。

所谓数字音乐，即用数字格式存储的，可以用互联网和无线网络传输，可以很方便地拷贝、播放的音乐。我们经常看到的 MP3 和 WMA 的格式就是数字音乐。

在音乐市场发展过程中，每一种新媒介的出现都会引发产业的急速洗牌。

从早期的蜡盘唱片、黑胶唱片到后来的磁带、CD，传统音乐总是附着在某种实物介质上供人们消费和欣赏。这些音乐载体对应着不同的技术时代，共同的特点是都具有可触摸的外在形态。

数字音乐的出现打破了这一传统。它以数字信号的方式被储存在数据库里，在网络空间中流动传输，根据人们的需要被下载或删除，它的传播不再依仗某种实物载体。

数字音乐在中国的兴起，要从 2005 年湖南卫视举办的第二届“超级女声”说起。那一年各种选秀节目在全国遍地开花，“超级女声”开创性地通过与观众互动来评选出最终结果。这种全新模式被称为三网融合，即四大电信运营商、电视网络以及计算机网络之间进行的一次空前深入的合作。

“超级女声”以恢弘的气势宣告了一个多媒体时代的到来。观众通过各种媒介为自己喜欢的选手投票，对中国互联网产业发展产生了巨大的影响。承揽“超级女声”投票的掌上灵通因为节目超高的收视率，成为年度 SP 的最大赢家。

当然，“超级女声”的影响力并不限于此，音乐中的变奏曲——数字音乐登场。在这一届“超级女声”歌唱比赛中，李宇春夺得了冠军，并于2005年10月签约北京太合麦田，归于中国内地唱片业顶尖操盘手宋柯的麾下。

以往一张唱片从制作、推广到销售要几个月甚至几年，但在宋柯充满想象力的运作下，李宇春的单曲《冬天快乐》从词曲创作到网上首发只用了一个月。这种单曲销售模式不仅迅捷，而且成本低廉、成效甚快。30万次的下载量，每次3元，再加上8万多张50元钱左右的限量版单曲CD，《冬天快乐》这首歌的收入远比一张有十多首歌曲的传统唱片要多、要快。不仅如此，在太乐网上下载《冬天快乐》的30多万人中，有1万多人通过太乐网的太乐唱录机翻唱，花费10多元钱得到与太合麦田专业录音棚效果接近的音乐享受。这又是太合麦田的又一笔收入。

宋柯第一次意识到可以通过网络赚钱，是在2003年。当时，新浪网找到宋柯，要求以每首1 000元的价格买断他手中一些影视歌曲的版权。这笔钱微乎其微，很多公司都看不上眼，宋柯却从中嗅到了商机。“在看得到的收入背后，一个看不到的平台在形成。”宋柯说，“今天，唱片公司从中赚1 000元，明天，平台搭建完善，就会有更多的人追着他要给钱买歌，这样就可以摆脱唱片业身受盗版CD之苦的困局。”于是，他以麦田音乐的名义与新浪签下授权合同。

2004年3月，宋柯从华纳唱片离辞，与太和传媒合资组建了“太合麦田”。2005年，宋柯用彩铃等无线技术让太合麦田在数字音乐上掘到了第一桶金。年底，他开创的“数字音乐发行联盟”又让太合麦田在互联网上扎扎实实地赚到了钱。太合麦田获得软银1 000万美元的投资，这是风险投资在中国娱乐领域的第一个动作。

当数字音乐这个互联网产业的新大陆被宋柯发现后，吸引了一大批拓荒者的加入。2005~2008年，数字音乐市场进入发展期。在此阶段，随着政府监管力度加大以及各大唱片公司的严厉打击，数字音乐产业中存在的问题，尤其是盗版问题得到了很好的控制，数字音乐市场渐渐有了起色，市场发展逐步规模化。

新浪用“毒丸”计划击退盛大

2005年2月9日，盛大突然单方面宣布：已经从二级市场收购了新浪19.5%的股份，成为新浪最大的股东。当时，新浪股票的发行数量为5 047. 8万股，按19.5%来计算，就意味着盛大手中已经持有新浪股票983.3万股，每股收购价大约23.43美元，总计耗资2.034亿美元，收购规模创下了中国互联网业界的新纪录。

从陈天桥的战略构架看，如果能成功收购新浪，盛大将以最快的速度、最直接的方式迅速完成其网络帝国的建设。陈天桥看中的是新浪的影响力、在业界的领先能力，而不单纯是新浪暂时的赢利能力。所以，此次入股新浪可以说是准备周全、蓄谋已久并志在必得。

然而，新浪岂甘束手就擒？2月22日，新浪学习搜狐击退北大青鸟的招数，宣布启动“毒丸”计划（亦称股东权益计划）。

就本案而言，盛大及其关联方的持股已超过新浪普通股的10%，而购股权计划允许其再购买少于0.5%的新浪普通股，其他股东不能因盛大及其关联方少于0.5%的增持而行使其购股权。一旦新浪20%或20%以上的普通股被收购，购股权的持有人（收购人除外）将有权以半价购买新浪公司的普通股。如新浪其后被收购，购股权的持有人将有权以半价购买收购方的股票。

局势开始错综复杂，任何一家公司的毒丸计划虽然有增加对手收购难度、伤害收购方的功效，但也会在很大程度上的伤害自身。新浪此举意味着对盛大的“恶意收购”采取决绝的抵抗，客观上也阻止了其他竞争者进入的可能。双方旋即就新浪董事会席位展开争夺。

直到2005年9月27日新浪召开股东大会时，这场争夺才有了一个结果。在整个股东大会期间，新浪除了新董事提名、投票、通过以及聘任新的年度审计机构等程序外，并没有任何决定或事项与盛大有丝毫瓜葛。陈天桥并没有如他所预想的那样进入新浪董事会。

早在2001年10月，新浪就曾试图入股盛大。新浪负责与盛大谈判的是当时的CEO茅道林。谈判最终没有达成一致，据称是新浪放弃了收购，新浪有董事担心收购会影响自身即将达到的收支平衡，况且对盛大的商业模式也看不甚清。双方的第一次“合作”就此搁浅。

不过，缘分并未因此远逝。2002年以后，盛大和它的《传奇》风靡全国。那是网络游戏财源滚滚的时代，也是中国网络股在纳斯达克飙升的岁月。经软银亚洲信息基础投资基金总裁阎焱牵线，新浪开始与盛大频繁接洽，再议姻缘。那是一次实质性的谈判，谈判很大程度上由新浪董事段永基负责。段永基于2003年7月8日写了一封信给陈天桥，阐述了盛大与新浪当前所面临的发展瓶颈，接下来描绘了盛大与新浪合作之后的美好未来，最后以激励的语气向陈天桥发出合作邀请。这封信直接促成了双方的谈判，双方初步确定：新浪以现金加股票收购盛大100%的股份，收购价折为6.7亿美元。然而，此次收购还是未能成功。至于原因，众说纷纭：一种说法是当时新浪股价持续上升，股票定价出现重大分歧，导致谈判破裂；另一种说法则是当时盛大与韩国Wemade公司的知识产权官司胜负未决，新浪董事会深感担忧，最终否决了交易。

盛大与新浪在商业上的你来我往，无非都是为了扩张地盘，稳固自己在互联网界的地位。新浪因为商业上的谨慎，致使与盛大“联姻”的计划胎死腹中；而盛大的强势入侵，又因遭到了新浪的“毒丸”抵抗没能成功。

2007年5月23日，盛大公布了2007年第一季度财报。报告中披露，公司在抛售了总价值约为7 650万美元的200多万股新浪普通股后，已不再持有新浪的股份。此前，盛大已先后两次抛售新浪股票，分别赚了1 130万美元和3 480万美元。在持有新浪19.5%股权的两年时间里，扣除成本，盛大大约获取净利7 239万美元。

虽然收获颇丰，但这并不是陈天桥最初想要的结果。陈天桥一直想打造网络帝国，只不过在2001年碰到互联网冬天才转向网络游戏，并通过

《传奇》成就了盛大。

10年后的2015年年底，万科遭遇宝能系的恶意收购，新浪的“毒丸”计划”被媒体作为本土经典案例重新翻了出来。不过，王石明确表示不会使用“毒丸”计划。是王石心有顾忌，还是虚晃一枪？一切均有待观察。

博客：草根阶层的狂欢

博客一词来自英文 blog 的音译，blog 全名为 web log，直译为“网络日志”。简单地说，博客就是以网络作为载体，简易、迅速、便捷地发布自己的心得，及时、有效、轻松地与他人交流，并集丰富的个性化展示于一体的综合性平台。博客是继 E-mail、BBS、IM 之后出现的第四种网络交流方式。

欧美人认为博客是一种自助式网络出版工具，是一种草根媒体。美国博客的兴起是由于给了个人参与便利且免费的“出版”机会，给普通人提供了一个向全世界表达自己的渠道。在东方，博客则多用作交流工具——借助互联网实现更便捷、更有深度的人际沟通。

在博客的发展史上，“克林顿性丑闻”事件起到了推波助澜的作用。1998 年 1 月 17 日，美国个人博客网站“德拉吉报道”中发布了一条震惊世人的的消息：“在最后一分钟，晚上 6 点，《新闻周刊》杂志‘枪毙’了一条重大新闻。这条新闻将动摇华盛顿的地基：一个白宫实习生与美国总统有染。”虽然当时没有人知道德拉吉的消息来自哪里以及是否真实，但是当这一消息被证实之后，没有人不惊叹博客的力量。此后博客便进入到大众的视野，并流行开来。

2001 年“9·11”恐怖袭击事件发生后，美国的各个新闻网站因为访问量过大，网页几乎都打不开。这时，很多亲历者把自己在“9·11”事件中遇到的每个细节用文字和照片的形式传到自己的博客上供人浏览，这种碎片化的信息第一次盖过了主流媒体的风头。伊拉克战争中，美国民众根本不相信主流媒体的报道，而巴格达的一个工程师把自己每天的遭遇、感想全都贴到自己的博客上，用一个巴格达平民的视角观察这场战争，这个叫 Salam Pax 的博客的影响力胜过了西方的知名媒体。博客这种平等、民主的平民文化在这些国际大事件中体现得淋漓尽致，任何人都可以在博客上不在乎个人的身份、地位，挑战世俗、权威，发表对问题的看法，袒露自己的心声。

2004年，博客在印度洋海啸中再立奇功。它在收集关于救济信息和失踪人口信息的过程中发挥出色。在2005年伦敦地铁爆炸案中，伦敦市民获取最新动态的渠道依然是博客。西方的博客已经开始以独立报道的姿态挑战传统媒体，在一些重大事件中，博客的影响力甚至大于主流媒体。人们拥护这种革命性的在线媒介平台，相信将促成主流媒体权力的改变。因此，博客研究者认为“博客代表新闻业的一种新类别”。

博客在中国的流行，方兴东可谓居功至伟，被称为“中国博客旗手”“中国博客教父”。方兴东是“中国数字论坛”的成员，是博客中国和互联网实验室的创始人。从2002年起，方兴东便开始全力投入推动博客文化在中国的普及和发展。他的博文观点鲜明、文字尖刻，因此也曾遭到不少骂声，但这并不能阻挡他的脚步。

网民们似乎普遍对八卦新闻更感兴趣。与美国相似，博客在中国的流行也是因为八卦事件。2003年，中国网民通过木子美事件开始关注博客。此后，博客在中国的用户量骤增，写博客的人越来越多。一时间，博客成为网民思想交流的圣地。

博客在中国发展到2005年，原来国内对其并不看好的新浪、搜狐等各大门户网站也纷纷介入，博客开始进入“军阀割据”时代。

我们知道，博客是一种“零门槛”的网上个人出版形式：零编辑、零技术、零成本、零形式。申请博客只需要填个人基本资料，后面的工作就是将你的思想转化为文字。只要懂得最简单的文字处理，就可以在博客世界任意驰骋，充分表达自己的思想。它不像个人网站或网页，需要一定的计算机技术，如网页制作与设计、网页管理、网站申请。这种低门槛的方式使更多的潜在思想者加入了博客大军，让那些因技术原因而被阻隔在互联网之外的思想者欣喜不已。

近年来，伴随着移动互联网的兴起，博客逐渐淡出了人们的视野，取而代之的是微博和微信朋友圈。

播客：彻底成就“大众传媒”

有人说，如果说博客是新一代的报纸，那么播客就是新一代的广播。

“播客”是英文podcast的中文直译，又被称作“有声博客”。播客起源于2004年下半年，从流行伊始，播客便受到亿万网民的欢迎。

2005年，作为国内最早提供播客服务的网站，“播客天下”和“土豆网”点燃了播客在中国的火种。截至2005年年底，这两个网站的注册用户总和超过20万。

一些国内外主流媒体开始关注中国的播客现象，对播客网站和创始人进行了重点报道。首先是《纽约时报》对土豆网进行了报道，将土豆网创始人王微称为中国播客第一人。东方网也在2005年12月对菠萝网的创始人顾少丰进行了报道，媒体的关注大大促进了播客在中国的推广。

此后播客便进入了蓬勃发展阶段。2005年第四季度，是播客在中国传播最火爆的时期，其制作市场和用户群体都以井喷的速度增加。

正如博客在很大程度上变革了传统意义上的报纸杂志，被称为音频或视频博客的播客也变革了广播和电视，为人们揭开一个崭新的视听多媒体传播时代。《商业周刊》、《福布斯》、加拿大广播公司、英国广播公司和数家美国公众电台，以及ABC、NBC、ESPN、迪士尼等电视台纷纷推出了播客服务。

在中国，一些专门的播客网站迅速崛起，如悠视网、爆米花网和土豆网。传统媒体和通信行业纷纷涉足播客领域，如中央电视台积极推广央视网络电视，上海文广新闻集团推出了东方宽频等互联网视频服务平台，中国网通、中国电信分别开办了天天在线、互联星空。播客网站的崛起改变了媒介格局，也对传统媒体文化形成了巨大冲击。全球最大播客网站YouTube，仅用一年多时间就超越了著名的传统媒体《纽约时报》和BBC，市值攀升到16.5亿美元。播客推动了草根文化的崛起，西单女孩、芙蓉姐姐、郭德纲、胡戈等成为新兴网络文化的代表。从博客到播客，不仅仅是网络传播内容和技术的升级，还实现了整个社会、文化、经济领域的传播变革。

播客发展到今天，已经进入一个如火如荼的时代。每天在互联网上人们都能看到五花八门的播客内容。从明星走光到电影的“穿帮”，从流行音乐的“另类演绎”到自娱自乐的搞怪作秀，满足了网民们形形色色的需求。

与传统电台、电视台相比，播客最大的优点是平等性。多数国家的广播频道是被严格控制着的，个人很难或者根本无法获得广播许可证。播客让每个人都有机会在世界范围内传播信息。只要你有一台能上网的电脑和一个麦克风，你就可以掌握话语权，以自己特有的风格向全世界播音。能够让普通网民成为独立广播制作人或者节目主持人，这就是播客的魅力。而相比网络电台，播客又加上了RSS、Enclosures、P2P等技术，更方便听众（观众）索引和判断内容是否适合自己。

过去，我们经历的是“精英时代”，几乎所有聚光灯都打照在少数精英身上。但播客改变了这一切，普通人不再只是内容的消费者，他们也可以是创造者。

播客的盛行，仿佛在互联网领域一个黑暗的角落点亮了一盏灯。视频网站这个还未被涉足的处女地，引发了一波互联网创业大潮，中国视频网站江湖一时间风起云涌，各种明争暗斗愈演愈烈。

2004年之前，虽然互联网上已出现视频类服务，但并未出现专门的视频网站。直到2004年11月，乐视网的成立才打破这种局面，拉开了中国视频网站成长的序幕。2005年上半年，土豆网、56网、激动网、PPTV、PPS等相继上线，构成了中国视频网站发展初期的主要成员。中国视频网站经历了从无到有、从小到大、从弱到强的发展历程，逐渐成为改变人们生活娱乐方式的重要力量。

这几大视频网站成立之初便确立了各自不同的侧重。乐视网定位为以影视剧发行为主的长视频网站，土豆网、56网和激动网均定位为以用户上传内容为主的视频分享网站，PPS、PPTV则专心做网络电视客户端。这种不同的定位，也为各自未来的发展模式奠定了基调。

百度上市：韬光养晦，逆转乾坤

2005年8月5日是李彦宏和所有百度人终生难忘的一天。这一天，百度成功登陆纳斯达克。

上市前，百度找到两家知名投行协助他们做上市工作，一家是高盛投行，曾帮腾讯、盛大做海外上市，另一家是瑞士信贷，曾经协助Google做上市工作。之所以选择这两家，李彦宏说："为了突显一个概念，这两家投行带出去的公司都是赚钱的。"

这两家投行果然没让李彦宏失望，在美国他们动用了最优秀的人才，所做的路演也是级别最高的。在纽约的午餐会上，李彦宏的演讲预订人数是94位，实际到了140位，许多掌管数十亿美元的基金经理只能靠着墙、饿着肚子听演讲。路演还没结束，百度对成功上市已经信心十足。

2005年8月5日，百度在纳斯达克上市，发行价为每股27美元，结果一开盘就直接蹿升至66美元，在盘中最高达到150美元，最后收于122.54美元。百度此次融资109亿美元，刷新了当时中国互联网公司海外IPO融资的最高纪录。

任何一家成功的公司在上市时，最大的赢家无疑都是先期投资者、初创人员及上市服务商，百度也不例外。一夜之间，百度为投资商们带来了丰厚的回报，同时也在百度内部直接成就了数位亿万富翁、数十位千万富翁和数百位百万富翁。

中国互联网市场潜力巨大，很多国际网络巨头在千禧年过后纷纷杀入，注资或收购一家中国本土互联网公司成了他们的登陆捷径。2003年12月，当雅虎收购了3721之后，中国的搜索市场一下子变得微妙起来。并购后的3721拥有雅虎的品牌和技术，以及一支由周鸿祎领导的精英团队，显示出了从未有过的强大。

在这种形势之下，投靠谷歌似乎是百度最好的选择。百度在此时也接受了谷歌的注资，业内人士坚信谷歌即将全面收购百度。但李彦宏在接受谷歌注资时表示百度会保持独立，这并不是一种略带“政治性”的表态，在百度后来发展的道路上，李彦宏牢牢地把握着百度的控制权，没有给谷歌一丝机会。

从2004年到2005年这一年里，谷歌由于筹备登录纳斯达克，对中国市场的局势并没有足够的认识和重视，这为百度的发展提供了宝贵的时间。而雅虎并购3721之后的整合不利，也为百度留下了难得的机遇。截至2005年第一季度，百度所占市场份额已经达到45%，领先排名第二的谷歌15个百分点。在这一季度，百度的收入也达到了520万美元，同比增长147%。

百度从一家提供搜索引擎的服务商转型成独立搜索网站之后，又在不断地摆脱着网页搜索的单调身份。2003年底，百度贴吧上线，正式拉开了“搜索社区化”的大幕。时至今日，百度贴吧已经成为中国互联网界最具影响力的论坛。此后，包括贴吧、知道、百科、空间等产品在内的“搜索社区”不断发展壮大起来。与此同时，百度还开始提供mp3、图片、视频、地图等服务。此时的百度已经脱胎换骨，变成一个独立自主的创新者。百度在2005年的成功上市，可以看做是2003年12月起中国互联网上市热潮的高潮和阶段性收尾，在之后的两年里，中国互联网公司再也没有IPO的大动作。

作为BAT的一员，百度的兴起不是一夜之间，从创立到上市整个过程非常艰难。现在，尽管早已成了巨无霸公司，但百度仍然不敢有半点儿放松。在移动互联网时代，更加快速的变化，让所有人都不敢有一丝大意。

抛出“牛卡”计划，拒绝谷歌

早在2000年9月，谷歌就推出了中文搜索服务，并在中国网民中拥有了很高知名度。那时，成立不到一年的百度还没有搜索服务网站，当Beta版baidu.com在2001年8月上线时，谷歌公司当年运营净利润已达699万美元。

谷歌最初的计划是通过收购百度扩大在中国市场的业务规模，因此在2004年完成了对百度的注资之后，并没有全面进军中国市场。谷歌不仅没有把服务器搬到中国、推出针对中国网民的网址，也没有在中国建立正式的办事处。谷歌坚信，虽然自己只拥有2.6%的百度股权，但全资收购百度只不过是时间问题。所以，既然百度迟早是自己的，就不需要多此一举将谷歌中国本土化了。正是由于谷歌在2004年的这个过于自信的疏忽，导致了其之后在中国市场的所有补救措施都成了亡羊补牢。

在谷歌注资百度之前，谷歌的CEO施密特曾向李彦宏提出购买百度10%股份的建议，但遭到了百度的拒绝。不过，这并没有打消谷歌控股百度的念头。2005年6月，也就是百度上市的前两个月，施密特再次来到百度找李彦宏商谈和沟通，希望进一步与百度在资本层面合作。但李彦宏明确表示百度不准备被任何人收购，百度要自己上市。

为了彻底堵死谷歌控股的道路，在百度向美国证券交易委员会提交的招股说明书中首度披露了“牛卡”计划。“牛卡”计划是一种反恶意收购计划，百度将在公开市场发行的股票称作A类股票，每股拥有1票表决权，而把拥有原始股份称为B类股票，每股拥有10票表决权。一旦有B类股票发生外部转让，其股份将立即转为同等数量的A类股票。如此一来，原始股东在董事会表决公司重大事务时将具有极大的表决权和影响力。这些重大事务包括董事选举、公司重大交易、兼并投资、出售公司资产、聘用CEO等。

通过“牛卡”计划，只要百度公司创始人团队所持股份在11.3%以上，即可获得对公司的绝对控制权。而实际情况是仅李彦宏一个人的股份就超过25%。在这种情况之下，除非李彦宏想卖掉百度，否则任何收购都不会得逞。

在赴美上市的中国公司中，采用这一股权设置的，百度是第一家。这充分反映了百度创始人团队对于牢牢把握公司控股权的决心。

为了配合实施“牛卡”计划，百度上市首日公开发行的股票不到5%，这也是百度股票高开的重要原因之一。百度上市之后，谷歌彻底打消了收购百度的念头，随后便将手里2.6%的百度股票悉数售出，并招兵买马、磨刀霍霍。

2005年，微软全球副总裁李开复加盟谷歌，出任谷歌中国区总裁。自此，谷歌与百度的鏖战正式上演。

2006年1月，谷歌推出针对中国用户的中文搜索网站（www.google.cn）。但此时，百度已经在中文网络搜索服务市场占据绝对领导地位。痛失先手的谷歌虽然奋起直追，在2006~2009年，谷歌中国的流量和收入稳定增长。2010年3月，因为一些难以调和的矛盾，谷歌关闭了中国版网页搜索服务，转用香港域名及服务器为内地用户提供中文服务。等于说，谷歌撤出了中国内地的搜索市场。

竞争是市场经济的基本特性，市场竞争所形成的优胜劣汰，是推动市场经济运行的强制力量。在百度与谷歌的竞争中，李彦宏凭借“牛卡”计划把百度牢牢控制在自己手中，显示了中国互联网公司对赢利能力的自信。谷歌撤离后，虽然百度可以独享市场大餐，但没有强劲对手的磨砺，对百度来说也是某种意义上的损失。

在2015年下半年，谷歌重回中国大陆的传言此起彼伏。也许，在不久的将来，谷歌与百度之间又会爆发一场大战。

谁会笑到最后？

年度风云人物——“网络愤青”方兴东

博客作为Web 2.0时代的产品，引领互联网进入了自媒体时代，无疑是互联网发展过程中的一大跨越。但是对方兴东来说，他含辛茹苦创立的博客中国从引领Web 2.0的弄潮儿到无人问津的弃儿，让投资人的大把美元化为乌有，可谓一场惨败。

中国互联网创业风云人物一般分三类：第一类是像丁磊、周鸿祎这样受兴趣驱动，技术背景深厚的极客；第二类是像张朝阳、李彦宏这样有国际资源又脚踏实地的海归；第三类就是像马云、陈天桥这样熟谙管理和战略的商业奇才。而方兴东很难被归入哪一类，如果非要给他贴上一个标签，“网络愤青”似乎更合适。

鲁迅说：“强者愤怒，抽刀向更强的人；弱者愤怒，抽刀向更弱的人。”眼看着身边与自己年龄、资历相仿的人都在互联网圈子里折腾几年后功成名就，方兴东激进的思想开始涌动。显然，他“抽刀向更强的人”，他高喊着“半年超新浪，一年上市”的口号，一头扎进了竞争残酷的互联网战场。

方兴东起初是以“传道者”的姿态进入互联网行业。1999年，方兴东对微软进行了有力批判，这使他名声大噪，也给他提供了创立互联网实验室的资本。但随着被批判者显示出的强势，方兴东的文章遭到各路媒体的封杀。2002年，当方兴东得知美国正兴起一个名为blog、每个人都能自由发展言论的平台时，他意识到其互联网批判的事业可以继续了。方兴东花几百块钱找了一个学生写程序，又请几个朋友帮忙细化了界面，不到一个月，博客中国的雏形就搭建好了。著名口号“每天五分钟，为思想加油”和“独立思想的栖息地”彰显出其创立博客中国的初衷。

博客中国从一开始就打上了方兴东的深深烙印。那时候，台湾把blog

翻译为网志或部落格，但方兴东和王俊秀（后担任博客中国总裁）觉得这两个翻译并没有把blog所承载的互联网精神呈现出来，因此决定重新命名。灵光乍现之下，“博客”两字闪亮登场，这个名字与blog有闻必录的原意相去甚远。

利用自己的人脉，方兴东一下子请了上百个专栏作家，此外他还每天从美联社、《商业周刊》等国外领先媒体的网站上精选十篇新闻转发。方兴东坚持不做公关稿，不受商业力量左右。在他看来，网络即历史，任何污点都得不到洗刷的机会。因此，尽管看起来仍不具备2.0的特点，但其内容已经区别于当时同质化严重的门户网站，因此黏聚了大量用户。

据博客中国第一位正式员工周永德介绍，那时很多网友的回复比原文还要长，有些人只跟特定的专栏作家辩驳，还有些人只要有更新就发言，异常活跃。那时候的方兴东正处在自己所谓的最纯粹的创业阶段：做一件自己喜欢、也能让那些和自己有共同爱好的人快乐的事。这种理想主义激情也感染了很多人投奔博客中国。

2004年，随着带宽和服务器已无法承载快速增长的浏览量，一直以个人价值观驾驭博客中国的方兴东开始考虑将其纳入商业化轨道。从整个投资市场的大环境看，方兴东遇上了最好的时机：一方面互联网的商业投资已经压抑了三年多时间，在互联网春天到来的日子早就跃跃欲试；另一方面，已上市的第一波互联网公司已经找到赢利模式，例如新浪、搜狐与网易在2002年都相继实现盈利，博客中国虽然没有清晰的赢利模式，但其前景和三大门户网站一样，具有很大的想象空间——三大门户在成立之初的几年里也没有清晰的赢利模式。

2002~2005年，博客中国始终保持每月超过30%的增长，全球排名曾一度冲到60多位。2004年，方兴东首先获得了盛大创始人陈天桥个人和软银塞富合伙人羊东的50万美元的投资。这仅仅是开始，2005年方兴东本来只打算再融500万美元，但当时意图分一杯羹的资本起码超过了10倍。以至于方兴东回忆起那段经历不禁感叹：“每天都有人请我喝茶吃饭！”

商业化前的博客中国还不是一个注册公司，它挂靠在互联网实验室下，以“非营利性机构”自诩。博客中国的30多个员工中，只有一个是全职，其他的都是为方兴东“帮忙”，服务器也是朋友友情提供。很长一段时间内，方兴东本人扮演着唯一的编辑角色，他每天上传数百篇文章，乐于亲自确定网页文字的颜色和大小。即使到今天，方兴东仍认为他一个人的博客中国比几百个员工时还要好。

这样一个未经任何商业磨砺的“公司”，在2005年9月8日获得包括软银塞富、GGV在内的四家VC共1 000万美元投资。

伴随巨额投资而来的是方兴东的雄心勃勃。此前两月，“博客中国”更名为“博客网”，方兴东宣称要做博客式门户。在博客网长达11页的首页上，各种导航和栏目划分，使其看起来比新浪更像门户。对于其首页导航栏上日益增多的子栏目，很多该网站的忠实用户都表示越来越看不懂了。在资本的鼓惑下，方兴东与自己亲自扯起的Web 2.0大旗彻底告别。

在内容上失去了独特性和革命性的博客网，通过多融资、快融资的商业模式迈入了资金和管理层面的竞争格局当中，而它还在这个并不擅长的领域内主动为自己选择了新浪网这个强大的竞争对手。

2005年9月8日，新浪高调推出blog 2.0公测版，成为国内首家正式推出blog频道的门户网站。新浪博客上线后，随即被定为网站的重点发展项目。为了推广博客，新浪动用了所能调动的全部媒体资源。每个频道都设立博客栏目，每个频道都设立博客专员，每一次新闻事件都成为新浪博客展现的机会，每一个新浪网友登录都能看到新浪博客的展现。

而真正让新浪博客名声大震的是名人博客。新浪的名人博客聚集了一大批名人、明星，徐静蕾、韩寒等还成为中国第一批“博霸”。用媒体资源和影响力换取名人博客的支持，再用名人博客积累更大的媒体实力，新浪博客就这样走上了一条良性增长的道路。随后，新浪博客每月入驻超过百万，这是博客网所不能比拟的数字。到2006年年末，以新浪为代表的门户网站博客已完全超越了博客网，国内博客前五名里已很难再见到博客网的身影。

后来，博客几乎成为任何一个门户网站的标配。这也应了网易创始人丁磊在方兴东意气风发时的警告：三大门户可以随时复制“他们摸索出的那点儿东西”。回头来看，方兴东建立的是一个几乎没有门槛的商业模式，博客网不仅被新浪远远甩在身后，还被一些专业博客网站不断分流高端博主。

显然，仅仅凭借“博客”这个新兴的概念和1 000万美元的融资，想要实现方兴东的远大理想，只能说是“理想很丰满，现实很骨感”。

一位业内人士在总结博客网的失败教训说：“博客网自始至终没有花太大的力气去完善它的用户体验，更多的是高调的炒作和宣传。一方面，名声越来越响；另一方面，用户流失的速度越来越快。方兴东以博士的学识，高屋建瓴地画出了战略蓝图，但失之具体执行。最后，一个越来越不牢固的基石需要去支撑表面越来越光鲜的形象，结局只能是轰然倒塌。他急躁、浪漫、过于理想化、粗枝大叶、只关心形象的行为作风，为博客网带来了灭顶之灾。同样，也为他自己带来了永久的污点。”

无论是方兴东自己还是熟悉他的人，都一致认为究其本质，他是一个文人或学者，绝非熟谙管理与战略的商业领袖。他可以敏锐地发现、判断新事物，但在团队达到上百人或更大规模时无力控制。

从博客网一系列的运营来看，也确实印证了这一点。距博客网高调融资不过半年，千万美元就被挥霍一空。融资后的方兴东四处招兵买马，博客网的员工很快就扩张至 400 多人，致使 60%~70% 的资金都用在了工资上。另外，其涉及的视频、游戏、购物、社交等每一个项目都需大把烧钱，仓促的立项和对资金运用缺乏计划，更加速了资金的流失。

博客网持续 3 年的人事变动也让方兴东很难掌控局面，高层几乎整体流失，而方兴东本人的 CEO 职务也被一个 5 人决策小组取代。到 2006 年年底，博客网的员工已经锐减到 40 多人。2013 年 3 月 31 日，博客网清除了所有免费用户的数据，从此在互联网上销声匿迹。

商场上对于一个创业者的评判，始终都是以成败来论英雄的。但无论如何，商业上的失败并不能磨灭方兴东为中国互联网所做的贡献。拂去商业层面上的悲剧色彩，方兴东是一位互联网前沿的先行者，带着“网络愤青”的激情，推动着互联网产业向前发展。

2006年

巅峰对决

企业想要发展壮大除自身要具备一定的资本和能量外，离不开对手的刺激。“高手的寂寞”并不是一件令人高兴的事，往往是在高度竞争的态势下，企业才有机会实现变大、变强的梦想。

2006年的中国互联网处于刀光剑影之中：淘宝与易趣，奇虎与雅虎，百度与谷歌，迅雷与反迅雷联盟……一场场没有硝烟的战争纷纷打响。

短兵相接之后，胜负初见分晓。

淘宝对阵易趣

商界双龙戏珠的故事多得数不胜数。如同谈可口可乐时躲不开百事可乐，谈麦当劳避不开肯德基，在中国谈淘宝网时也绕不开eBay易趣。

根据CNNIC发布的《第十四次中国互联网络发展状况统计报告》显示：截止到2004年6月30日，中国网民数量已经达到8 700万，其中16.7%的网民经常访问购物网站，32.5%的网民有时访问购物网站，37.8%的网民在最近一年中有过网上购物的经历；网民选择网上购物的主要原因是节省时间、节约费用以及操作方便。由此可以看出，中国网民网上购物已经成为一种趋势。

当时，中国的C2C电子商务市场是eBay易趣的天下。据时任eBay易趣董事长兼CEO的邵亦波介绍，每天有300万人在eBay易趣上购物，有35 000个商品成交。根据eBay易趣发布的2004年第二季度业绩显示，其总成交额已达到5亿元，相比第一季度增长了28%。如果照此增长率计算，eBay易趣2004年全年的交易额将达到20亿元，相当于10家中国国内沃尔玛门店2003年全年的营业额总和。

然而，正当eBay女掌门惠特曼踌躇满志，意欲征服中国C2C市场时，半路杀出个淘宝网。最初，淘宝网与eBay易趣并不在一个级别，所以惠特曼根本没把马云当成对手来看，甚至还曾预言淘宝网的生存期不会超过“18个月”。然而，就是这个当初她没放在眼里的对手，最终让她遭受了最沉重的打击。

2006年5月，根据CNNIC发布最新个人在线交易市场调查报告显示：淘宝网以67.3%的市场份额一举超越eBay易趣的29.1%。2006年9月8日，淘宝网总经理孙彤宇透露，其用户数量已达2 700万，超过eBay易趣用户数量。从此，淘宝网完胜 eBay 易趣。

淘宝网是依靠什么取胜的呢？说起来有点儿玄妙，马云说依靠的是“倒立”。所谓“倒立”，是淘宝网特有的一种文化，更是一种被具体化了的价值观。马云曾这样说：“在平时，我们很少会意识到，那些看起来强大的事物，如果倒过来看的话，就并非那么强大了。所以淘宝的理念是：首先要健康，其次要换一种角度来看 eBay，它看起来很强大，但是如果倒过来看，eBay 一点儿也不可怕。我们可以这样做，也可以那样做。所以这就是我们用不同的方式，用我们的方式看世界的结果。这是‘倒立’的意义。”

2003 年 7 月，淘宝网刚刚成立不久，马云便高调宣布：向淘宝网投资 1 亿元，专门用来打广告。可是，当淘宝网想找网站做广告时，却发现所有的门户网站上都挂着 eBay 易趣的广告，他们有钱也进不去。新浪、搜狐、网易、TOM 在线等门户网站，都与 eBay 易趣达成了对淘宝的封杀协议。当然，eBay 易趣要为此付出不菲的代价，那就是支付双倍广告费。

新生的婴儿会被扼杀在摇篮中吗？当所有的人心怀悲观时，马云却一副胸有成竹的样子。面对封杀，淘宝网采取了曲线救国策略：一夜之间，数以万计的个人网站上都出现了淘宝网投放的广告。不仅如此，淘宝网还把广告做到了线下的地铁、公共汽车上。到了 2004 年 9 月，虽然 eBay 易趣仍以 690 万用户处于领先地位，但淘宝网也积累了最初的 220 万用户。对于仅仅成立一年的淘宝来说，这是一个不错的成绩。

eBay 易趣当然不会坐视淘宝网做大，于是在 2004 年 10 月追加 1 亿美元投资。eBay 易趣和淘宝网拼命砸钱，很快激发了市场的热情。从 2004 年 9 月至年底的短短几个月，双方的用户数量都有了大幅度增加：eBay 易趣宣布用户量超过 1 000 万，而淘宝网也达到了 400 万。然而很明显的是，eBay 易趣并未形成对淘宝网的强势压制。

2005 年 10 月 20 日，马云宣布向淘宝网增资 10 亿元。此时的 eBay 易趣还会继续跟进以维持其封杀策略吗？如果跟进，eBay 易趣就要拿出数倍于淘宝的资金，保守估算一下，至少要 30 亿~50 亿元，这已经占到了 eBay 一年净利润的 50%~85%。eBay 已无力跟进，这意味着之前 eBay 易趣实行的广告封杀策略彻底失败。

至于双方广告大战之惨烈，从一个小细节可以窥见一二。当年，在马云办公室前面的大楼上，就竖着一幅巨大的eBay易趣的广告，每天马云都要面对它。在这种郁闷中，马云想出一条破敌之计，他买下了eBay易趣办公楼前的地铁入口广告位，让每天乘地铁上下班的eBay员工也“享受”一下淘宝网的广告。

广告战场上的获胜，是马云“倒立”策略的第一步。随后，淘宝网通过“倒立”赢得了更多机会。

一直以来，eBay在北美市场都是依靠向卖家收费而盈利。所以在并购易趣之后，eBay易趣很自然地延用了收费政策直奔盈利主题。而马云却明确表示：准备了5年的资金支持淘宝网的免费政策。

免费与收费之间的竞争，其结果自然是收费一败涂地。当eBay易趣意识到自身错误，在2005年12月开始在中国推出“免费开店”时，两者无论是用户数量还是所占的市场份额都已经发生逆转。eBay易趣的反击发起得太晚，已失去翻身的机会。

另外，eBay易趣还禁止买卖双方在交易前联系，以免失去控制收不到佣金。而淘宝网则用“淘宝旺旺”让买卖双方讨价还价以及商量交货方式，网站还提供搜索商品所在地服务以便实现同城交易，乃至允许私下进行交易……这些符合中国人胃口的方式迅速提升了淘宝网的人气与成交率。

就这样，凭借广告策略上的胜利、免费经营以及对中国用户的深入了解，淘宝网在几年之内后来居上，一举超越一度形成垄断之势的eBay易趣。

当然，客观来说，淘宝网的取胜还有一些客观因素在支撑。其一，在资本层面上，软银总裁孙正义的战略是：不惜投入大笔资金也要获得压倒性胜利。最初的C2C市场说白了就是一个烧钱的行当，与惠特曼比起来，孙正义的腰包要厚实得多。所以，在资本层面比拼，淘宝网占有明显优势。其二，在操作策略上淘宝网更接地气，知道如何取悦用户，因此聚集了更多的人气和更好的口碑。其三，eBay易趣自身存在的问题也是其兵败如山倒的因素。从本土的易趣变成跨国的eBay易趣之后，eBay易趣奉行的还是eBay在全球的那一套策略，想要做点儿什么先要打报告。报告一来一回，短则两三个月，长则半年。这种反应速度，面对快速反应、持续改进且不断创新的淘宝网，显然只有被动挨打的份儿。

阿雅联姻：到底谁收购了谁

国际互联网巨头们进入本土市场的方式基本上都是一个套路，即借力一家中国本土互联网公司。借力的方式有两种：一是整体收购，如雅虎收购3721、亚马逊收购卓越网、eBay收购易趣；二是先注资试探，不行就撤，如谷歌注资百度。

不过在2005年，这个规则被马云打破了。这一年的8月11日，雅虎和阿里巴巴共同召开发布会，会上宣布：阿里巴巴全面收购雅虎中国，包括雅虎的门户、雅虎的一搜、雅虎的雅虎通、3721以及雅虎在一拍网上的所有资产；同时，雅虎向阿里巴巴注资10亿美元，成为阿里巴巴重要的战略投资者。具体内容如下：首先，雅虎用6.4亿美元现金、雅虎中国业务以及从软银购得的淘宝股份，交换阿里巴巴40%的普通股。其中雅虎首次支付现金2.5亿美元收购阿里巴巴2.016亿股普通股，另外3.9亿美元将在交易完成末期有条件支付。此外，雅虎还将斥资3.6亿美元从软银手中收购其持有的淘宝股份，并将其全部转让给阿里巴巴管理层，从而使淘宝成为阿里巴巴的全资子公司。而雅虎付出10亿美元所获得的是阿里巴巴集团40%的经济利益以及35%的投票权。另外，雅虎中国的董事会成员分别为：雅虎美国创始人杨致远，雅虎日本创始人孙正义，阿里巴巴CEO马云，阿里巴巴CFO蔡崇信。

大多数人看了这份协议的第一印象就是：不懂。的确，当时能看懂的人不多。之所以看不懂，不外乎以下几点：

第一，按照惯例，在收购者和被收购者之间，出钱的应该是收购者。但是在这份协议中，出钱的居然是“被收购者”雅虎，收购者阿里巴巴一分钱没花（反而获得了一大笔现金）。其实这可以理解为：雅虎通过现金与公司资产（雅虎中国）注资阿里巴巴，成为阿里巴巴的大股东，并将雅虎中国交给马云管理。

第二，雅虎获得40%经济利益和35%投票权。40%和35%，同股不同权，这又是什么么意思？

第三，四个董事会成员，两个投资方代表，两个管理层代表。到底谁控制谁？或者是谁都不控制？无论怎样，都难以理解。

这样一份合作协议，在互联网历史上堪称“前无古人，后无来者”。显然，这份有悖常理的协议是双方经过激烈的讨价还价之后相互妥协的结果。雅虎在全球互联网界的地位自然不必多说，前三名必有其位；阿里巴巴当时在中国互联网的地位也可以说是无出其右。强者遇到强者，自然都不会轻易向对方服软。而相互妥协是因为双方各自都有软肋，也都握有筹码。

第一，在与阿里巴巴合并之前的几年，雅虎在中国一直处于颓势。2003年前是自己单干，没成功。后来收购3721，也没成功。最终，雅虎决定从烦琐的管理中抽身出去，只享受利益，所以选择了注资。可注资给谁呢？有孙正义做推手，马云自然是不二人选。但是，资本的原始欲望是控制，不控制不放心。

第二，阿里巴巴的日子也不好过，那段时间淘宝网正跟eBay易趣打得血肉横飞。烧钱的速度仅靠阿里巴巴的B2B业务根本支撑不起。管理团队的股份已经稀释到不足50%，再稀释就会失去控制权。一旦失去控制权，即使淘宝网赢了也是为他人做嫁衣。所以，马云要以股份换现金，但又担心失去控制权，于是便出现了雅虎的投票权低于经济利益。具体到雅虎中国的董事会结构，估计也是“谁也不服谁”之下的一种折中。

雅虎与阿里巴巴牵手，双方各有各的算盘。雅虎希望依托阿里巴巴的本土平台和马云的经营能力使雅虎中国重整旗鼓，而马云则希望获得一大笔现金，并将雅虎中国打造成一个强势的搜索平台，借此优化阿里巴巴在产业链条上的布局。

愿望是美好的，现实却很残酷。在中国互联网产业界，超过90%的收购或兼并都没能逃脱失败的命运，雅虎和阿里巴巴自然不愿成为其中一员，但事实证明他们落在90%之中。

赞助央视二套经济频道主办的《赢在中国》，是马云走的第一步棋。马云是该栏目首季的三位评委之一，同时也是最出彩的一个。但雅虎中国的知名度并没能和马云的知名度同步提升，所有人都记住了阿里巴巴和马云，对雅虎中国的印象不深。

娱乐营销是马云常用的战术，在雅虎中国他同样用到了这一招。他以8 000万元的价格买下了中央电视台《新闻联播》后5秒广告的播放权，随后又斥资3 000万元请来冯小刚、陈凯歌、张纪中三位当红导演为雅虎中国拍摄广告片。接下来又在全国范围内为寻找广告片主角开展“雅虎搜星”活动。但这些做法都没能换来雅虎中国用户数量的提升。

雅虎中国的这两步棋之所以没能复制淘宝网的成功，是因为雅虎中国与淘宝网的业态存在很大差异。当时搜索网站的主要用户是白领，他们使用搜索更多的是一种工作应用。与购物应用和娱乐应用不同，尽管他们对马云个人很欣赏，但不会轻易改变自己的工作应用。

而最根本的问题在于，雅虎中国并不像淘宝一样可以由马云大胆发挥，它必须接受雅虎总部的管理。马云一心想把雅虎中国变成一个纯搜索公司，在接手雅虎中国后不久，他便大张旗鼓地对雅虎中国进行改革：雅虎中国的首页变成与谷歌相似的搜索栏；由周鸿祎一手创立的“3721”更名为“雅虎助手”；3721网络实名更名为“阿里巴巴网络实名”，www. 3721.com也直接指向www.alibaba.com. cn; 而周鸿祎于两年前顶着巨大压力做成的“一搜”被雪藏，用户登录“一搜”，页面会直接跳转到雅虎中国新首页；另外，为一心打造搜索业务，马云将雅虎中国原本盈利的无线及广告业务叫停，此举不仅使雅虎中国失去了每月几百万美元的收入，也直接导致原负责无线业务的团队全部转投周鸿祎门下。

马云的这一系列举措很明显与雅虎总部的“门户战略”背道而驰。2006年3月31日，雅虎中国首页重新改成了门户页面，此前已被冰封的3721网络实名也于不久之后重新开放。之所以有这样的改变，是因为一个月前马云刚刚去了一趟硅谷，想必是马云接受了杨致远的“建议”。没办法，资本永远是老大。

事实上，雅虎中国在搜索引擎上一直做着投入和积累，但因其商业模式一直是媒体（门户）定位，并非纯搜索引擎公司，所以一直未能在这方面有所建树。换句话说，如果雅虎的门户情结没有这么深，而是聚焦搜索引擎并建立壁垒，那么在国内与百度平起平坐或许都不是什么难事。但这只是一种假设。

2006年8月15日，雅虎中国宣布改版，此次提出的概念是“搜索”加“编辑”。当时有媒体戏称雅虎中国的页面几乎创造了国内网站首页大调整的纪录：从最初的门户变成搜索，又从搜索变回门户，这一次又提出“搜索”加“编辑”，越来越复杂，也越来越让人难以看懂。

首页的一改再改，定位的游移不定，加之用在淘宝网上的那些战术与雅虎中国无法合拍，最终导致马云付出的诸多努力都付之东流，他始终也没能把雅虎中国的人气做起来。

谷歌错过最佳战机

由于意欲以控股或并购百度的方式进入中国被拒，谷歌只得靠自己打拼中国市场。不过，找一个什么样的人担当谷歌中国区的负责人呢？谷歌早就物色好了一个人选，他是时任微软全球副总裁的李开复。

李开复毕业于美国卡内基梅隆大学计算机系，曾获得博士学位，学术背景超强。毕业后他先后任职于SGI、苹果、微软等大公司，其职业生涯最大的亮点是帮助微软在中国建立起规模浩大、影响深远的中国研究院，并借此展开政府公关以及提升在中国大学生中的影响力，成功地修复了微软在中国的形象。另外，谷歌之所以选择李开复还有一个重要原因，是李开复在微软的研究方向与互联网高度契合。有美国求学就业的背景，英语好，通晓国际化规则，精通互联网，再加上华人的身份，李开复所具备的条件对于崇尚研发、提倡创新的谷歌来说，是再合适不过了。

但这只是谷歌单方面的意愿，想成功策反李开复绝非易事。一来，李开复在1998年加入微软时就曾许诺将在微软退休，食言对于他这样知名的职业经理人来说是件很困难的事；二来，即使能够说服李开复，微软也一定不会善罢甘休，如果因此惹上官司，应对起来会很麻烦。但谷歌对李开复志在必得，再大的困难也决心迎难而上。最终，2005年7月，李开复加盟谷歌，担任谷歌全球副总裁兼大中华区总裁，负责谷歌中国公共关系事务以及谷歌中国工程研究院的运营工作。

那么谷歌是靠什么争取到了李开复呢？一方面，谷歌在技术、产品和市场发展等方面展现出的活力打动了李开复；另一方面，谷歌平等、互敬、创新、实干的企业文化也是李开复所向往的。

李开复的跳槽果然让谷歌惹上了官司，谷歌被微软诉至法庭。这场官司直到2005年12月23日才以双方达成不公开协议而平息，两大巨头之间的和解内幕至今仍是个谜。事前，对谷歌来说，并没有胜诉的把握，因此他们为谷歌中国区负责人找好了预备人选：如果官司败诉，这个位置将由周韶宁补上。此前，周韶宁任UT斯达康COO，是UT斯达康管理层“梦之队”的三位成员之一（其他两位是陆弘亮和吴鹰）。2005年10月25日，周韶宁以中国区联席总裁的身份加入谷歌，负责谷歌在中国的销售和渠道业务，并扩展谷歌在该地区战略合作伙伴关系。

随着周韶宁的加入，李开复的头衔变成了谷歌中国研究院院长和中国区联席总裁，负责谷歌中国的人才招聘和公关工作。

周韶宁负责销售和渠道业务，李开复负责招聘和公关，那么关于市场方面的业务由谁负责呢？谷歌把这项任务交给了王怀南。此前，王怀南曾先后任职美国麦肯锡咨询公司、美国宝洁公司、Quicken.com网等知名公司。2002年，王怀南加入雅虎美国公司，担任搜索与市场业务部高级营销总监。由于业绩突出，于2005年5月接任雅虎中国一拍网总经理一职，后因雅虎中国转投阿里巴巴门下而辞职。2005年11月，王怀南加盟谷歌，出任谷歌亚太区市场总监，全面负责谷歌中国市场业务。

“三巨头”齐齐到任。随即，谷歌于2006年1月正式推出www.google.cn，大举进军中国内地市场。然而，进入中国之后，谷歌并没能继续以往的神话，反而是波折不断。

首先，www.google.cn上线不久，谷歌中国就被媒体披露与中文网站赶集网合用ICP牌照，最终引来信息产业部的调查，甚至遭遇断网。2006年4月，谷歌发布了中文名“谷歌”，但是由于种种原因，直到2006年6月，www.google.cn再次遭遇了长时间的断网。

牌照的问题让谷歌刚刚起步便陷入困境。为了扭转不利局面，加速组建团队、推出本土化产品成为当务之急。但在这个问题上，谷歌也遇到了难题。

理论上，谷歌三巨头的组合是十分恰当的。周韶宁善于在本土市场与对手竞争与搏战，李开复的研究背景深厚，王怀南长于市场和品牌的提升，三人的互补在理论上被认为是黄金组合。但实际的情况是，这个黄金组合最终只停留在理论层面，这与谷歌2006年所采取的主要发展战略有关，这一年，李开复全面负责的招聘战略是谷歌的重中之重。

从2005年下半年开始，李开复凭借在微软时建立的高校网络，为谷歌的工程师团队相继招揽了近百名优秀高校毕业生。公司资源重度倾斜在招聘之上，导致谷歌适应中国用户的新产品推出缓慢，这不仅直接导致新增用户缓慢，还制约了广告渠道拓展和市场推广，让周韶宁的价值没有得到最大体现。而作为谷歌三巨头组合中周韶宁的搭档，王怀南的角色就更为尴尬。至此，谷歌的整个局势陷入被动。

那么，谷歌为什么在2006年选择了“校园招聘”战略呢？大家都知道，李开复是“背弃”了当初要在微软做到退休的诺言来到谷歌的，那么他该如何向微软以及公众交待呢？回归中国，这就是李开复的理由。李开复向微软强调，他回归中国的原因是想为中国的大学生以及教育事业做点儿贡献，这个理由让微软挑不出什么刺。但无论如何，李开复都要遵守他和微软签订的竞业协议，在离职之后的一定时间内（后来被证实为18个月）不得触及市场和渠道这些可能导致与微软发生正面竞争的工作。这使得李开复加入谷歌之后，一定时间内只能承担招聘这项工作。

因为招聘是李开复的优势，同时也符合谷歌的工程师文化，所以尽管谷歌短期内会失去一定的市场份额，但从长远来看，建立一个“自下而上”管理模式的工程师团队，对谷歌长远的发展大有益处的。不过，对2006年的谷歌来说，招聘显然不是最紧要的。全力招募与训练新兵显然会错过最佳战机，谷歌在和百度的竞争中失去了先发制人的机会，此次失利，让谷歌在中国大陆市场超越百度的可能性变得微乎其微。

2006年年底，郁闷的周韶宁和王怀南相继离职，为谷歌中国的2006年画上了一个更为糟糕的句号。

反迅雷联盟来势汹汹

2006年6月1日，迅雷推出了资源下载引擎门户xunlei.com，即自身不存储下载资源，而是通过技术聚合其他下载站点资源。第二天，网上便出现了一个“反迅雷联盟”，带头者是两个极具影响力的站长：华军软件园的华军和天空软件站的张鹤。

迅雷推出下载引擎门户之后，同样身为下载网站的华军软件园随即做出反应，宣布正式停止提供迅雷软件下载，并号召所有下载网站停止提供迅雷软件的下载。华军软件发表声明指出：服务器的直接下载地址被别的网站或者下载程序所引用，并没有经过真正资源提供方的同意或授权，在业界叫作盗链。紧接着，天空软件站也发表同样的声明。

对邹胜龙和程浩这两位迅雷的创办人来说，这一幕是他们没有想到的。

2002年10月，海归邹胜龙与程浩联合创办了深圳三代技术有限责任公司，此前程浩刚刚从百度企业事业部离开。

邹胜龙和程浩之所以给公司取名“三代”，意在隐喻自己是回国创业的互联网第三代。对中国互联网产业来说，海归是一个重要的群体。如果把1995年前后回来的田溯宁、张朝阳算作第一代，把1999年回国的李彦宏、周云帆算作第二代的话，那么2002年回国创业的邹胜龙、程浩自称为第三代，在时间上也算是吻合的。

其实在决定做下载服务之前，邹胜龙和程浩还尝试过做邮箱服务，但因为网易邮箱的强势地位以及新浪等门户网站都想做而放弃了。最终，二人选择了做下载服务。但这个市场也早已有人涉足，他们的起步晚了5年。

早在1998年，洪以容和侯延堂便已经开发出了中国互联网界第一批下载软件。洪以容的“网络蚂蚁”因具有“断点续传”（可以弥补下载中断后要重新开始的弊病）和“多点连接”（可以提高网速）的优点，被《电脑报》评为1998年国内十大共享软件之一。而侯延堂的“网际快车”在业内也很有影响力，它是第一款在国际范围内被广播传播的国产软件，牢牢占据着国内80%的市场份额。

作为一个后来者，迅雷想要在这个市场上分一杯羹绝非易事。当时的迅雷与网际快车相比，除了速度稍快一些之外，几乎所有条件都不如对方。但《魔兽世界》的火爆在无意中帮了他们的忙。那段时间正是《魔兽世界》横行的初期，无数网民为之着迷。而《魔兽世界》一次小更新就可能达到几百兆，整个客户端文件则更大，所以网民们对下载速度要求越快越好，而速度快正是迅雷的优点。更有趣的是，网际快车的侯延堂也是百万“魔兽迷”中的一员，对游戏的痴迷直接影响了对网际快车的更新速度，这也给了迅雷一个难得的好机会。2004年年中，邹胜龙找到了时任金山软件公司总裁的雷军，向他推荐迅雷。经过测试，迅雷的速度比另一款下载软件快了整整20倍。随即，迅雷与金山达成了合作协议。至此，迅雷在行业内站稳了脚跟。

到了2006年，在中国互联网界的下载市场中，迅雷已经后来居上。这一年，迅雷急速发展，员工从40名增长到200多名，同时邹胜龙还运用“快速推出，迅速修正”的互联网软件开发思维，仅仅在2006年里，迅雷5就发布了14个改进版本，令产品品质不断提升。也就是在这期间，蓬勃发展的迅雷遭遇了反迅雷联盟。

作为中国互联网界个人站长的标杆式人物，华军在业界的影响力非常之大。从1997年起，华军就开始做软件下载站，期间也有不少人相继介入这个市场，但最终都放弃了，只有他一直在坚持，而且越做越大。和华军相比，张鹤算小字辈，但2006年前后他的天空软件站在业内也有着很强的号召力和影响力（2006年5月，天空软件被百度以3 000万元收购）。一个具有影响力的行业前辈，加上一个行业新锐，以华军和张鹤为首的反迅雷联盟可谓来势汹汹。

山雨欲来，大敌当前。如果盗链的名声真的扣在迅雷头上，后果将不堪设想。邹胜龙和程浩在经过短暂的恐慌和混乱之后，开始镇定下来研究对策。经过反复研究，他们发现，造成这种局面的原因主要有两个。

首先，是迅雷与华军软件等下载站之间的上下游关系发生了变化。以往，华军软件作为软件下载站的上游，是既得利益者，然而此时双方的位置发生了互换，蛋糕的切分让华军软件产生了想法。迅雷此时的做法，与百度当年绕到门户推出自己的搜索引擎是一个道理，即希望更贴近用户。这不仅是公司价值的体现，也是利益获得的最佳方式。对此，迅雷当然不能退缩，但考虑到对方的心理感受，也需要想办法做一些平衡。

其次，就是盗链的问题。原本服务资源是属于对方的，迅雷却用其服务器来做中转，对方在这一点上提出质疑，迅雷也能够理解。实际上，迅雷和下载站之间是存在共通点的，P2SP 技术能够缓解下载站服务器本身的压力，同时，迅雷带来的流量会产生一些经济效益。所以说，迅雷此时要考虑的也是怎样与对方进行利益分成。

找到了原因，邹胜龙和程浩开始积极朝着和解的方向努力。2006 年 6 月 6 日，华军软件率先和迅雷达成和解并发表联合声明，表示双方将会加深合作，实现下载站和下载软件的共赢。对于此次和解，双方都做出了让步：一方面，华军向迅雷提供下载资源；另一方面，迅雷会在自己的相关资源搜索中，将目标指向华军。而此时，作为反迅雷联盟中另一股主要力量的天空软件正忙着跟百度磋商并购事宜，也没有再出头。就这样，由于华军和天空的先后撤离，反迅雷联盟随之解散。

2007 年 1 月 5 日，谷歌与迅雷共同宣布，双方将建立广泛的战略合作伙伴关系，双方的战略合作将在产品、市场拓展等领域展开。除了投入 500 万美元外，谷歌还将为迅雷的庞大用户群提供搜索技术支持服务。迅雷用户将可以在迅雷的网站以及下载工具上，通过搜索框或搜索链方便地使用谷歌的内容搜索服务，特别是多媒体内容。

之所以选择投资迅雷，李开复称有四个方面原因。第一，迅雷是中国最大的下载服务提供商。由于采用 P2P 和 P2SP 技术，迅雷能帮助用户实现快速下载。第二，在对中国用户需求的理解方面，迅雷和谷歌达成了一致。第三，迅雷是技术公司，有优秀的团队，重视创新。第四，迅雷有很好的品牌，“迅雷”就是“迅速下载”的代名词。这些优势都是谷歌欣赏和需要的。

从 2007 年开始，迅雷进入了高速发展阶段。虽然期间经历了这样那样的困难和波折，但一直引领国内下载服务市场潮流。

2011年，迅雷曾向纳斯达克提交过一次上市申请，拟最多募资2亿美元，然而此后三度推迟上市进程。迅雷将推迟原因归结为“美股行情不佳”。2014年6月24日，迅雷成功登陆纳斯达克，股票代码为“XNET”，发行价为每股美国存托股份12美元，融资8 778万美元。按照开盘价，迅雷的市值约为9.86亿美元。

分众与聚众两虎相争

在中国楼宇视频广告市场，分众和聚众作为领导者双双位于金字塔的顶端，深圳边界商场广告公司和框架媒介处于中间位置，其他分散在地区市场的十几家二三线公司处于行业的基层。这样的格局分布，加剧了分众与聚众的“肉搏”。分众的江南春和聚众的虞峰是一对出色的对手，使得这场搏斗极为精彩。

聚众的创始人虞峰1991年取得复旦大学哲学硕士学位，2002年取得中欧国际工商学院EMBA学位。在进入广告业之前，其个人履历十分丰富，教书、从政、经商样样都做过，因此有着广泛的社会资源。2003年，虞锋模仿分众，创办上海聚众目标传媒有限公司，任董事长兼首席执行官。

当虞锋把第一块液晶电视屏幕挂在北京京广大厦的电梯旁时，原本想在上海市场稳步发展的江南春开始躁动不安。江南春端着上海的碗，远眺着北京的那口锅。与此同时，虞锋徘徊在北京，思忖着上海那块蛋糕。就这样，分众与聚众的圈楼运动拉开了序幕。

2003年开始，分众与聚众在上海与北京激烈地拼抢地盘，导致写字楼的广告位租金被不断抬高，价位甚至一度飙升几十倍。那是一场烧钱大战，聚众账户上余额最低时只有6万元。

这时候，双方的竞争进入了资本阶段。2003年5月，分众获得软银4 000万美元投资，聚众则吸引了全球最大的私募投资基金凯雷1 500万美元的风险投资，2005年，凯雷又追加投资2 000万美元。受到了资本的鼓动，虞锋南征北战，马不停蹄地拿下沈阳、武汉、长沙、厦门、福州等地的楼宇视频市场资源。江南春则更胜一筹，拿下的网点多出聚众30 000个。

除了拼抢地盘外，双方还口水大战不断。2005年年初，分众率先发起攻势，拿出央视市场研究CTR的报告。CTR发布的报告指出，在全国13个城市覆盖楼宇数量上，分众以70%的份额稳居第一，聚众的份额为28%。2005年10月31日，又一组数据出现。受聚众委托的AC尼尔森调查显示，在12个国内主要城市，聚众传媒和分众传媒两大行业巨头共占有96.5%的市场份额，其中聚众传媒的楼宇占有率为46.7%，分众传媒的占有率为49.8%。

但是明眼人都知道，仅从数据上并不能判断孰胜孰败，因为双方都是选取对自己有利的角度进行调查：分众选择以写字楼为主的商业楼宇，而聚众则聚焦于公寓楼、便利店。

2005年7月，分众在纳斯达克的捷足先登，让其在这场竞争中取得了明显优势。但是聚众还有一个赶超的机会，那就是收编电梯平面媒体运营商框架媒介。不过，框架媒介选择了投靠实力更强的分众：2005年10月，分众以总值接近1.83亿美元的价格收购框架媒介100%股权。

一山难容二虎，自然界的法则在商业界同样适用。虽然聚众递交了上市计划表，但是为了利益的最大化，聚众的第二大股东凯雷资本希望聚众与分众合并。就这样，双方坐到一起浅谈合并事宜。聚众和分众原本是死对头，两家公司的创始人在两三年的竞争中甚至都没有见过面，但是双方用了不到三周的时间就谈妥了合并的框架。

2006年1月8日，分众宣布与聚众达成协议，将收购聚众100%的资产。收购完成之后，聚众CEO虞峰将加入分众董事会，出任联合董事长一职。为此，分众支付了9 400万美元的现金，并支付价值2.31亿美元的7 700万股分众传媒原始股票，交易总价值为3.25亿美元。

实际上，双方的合并是一个双赢选择。行业里两个最大的竞争对手选择合作，除了双方股东获取了更高的回报外，合并后的公司在行业内有着不可撼动的地位，利润率可以迅速提升。而如果聚众上市成功，获得了资本市场的支持，那么在同一个市场内针对楼宇视频广告这个有限资源，竞争将会更加激烈，双方都将面临利润率下降的挑战。

合并聚众之后的分众，垄断了国内楼宇广告98%的市场份额。对聚众来说，他们获得了比上市更高的回报；对分众来说，合并使其确立了在楼宇视频广告里的垄断地位和定价话语权。

年度风云人物——“红衣教主”周鸿祎

自1998年出道起，围绕在周鸿祎身上的“战事”就很少断过。他自诩为战士，“像巴顿将军，喜欢打仗，闲不下来。”没有自夸，也没有自贬，这是他对自己很客观的评价。

周鸿祎鲜明的个性和所引发的争议，在互联网界无人能出其右。他最广为人知的外号是“红衣教主”，一方面因为红色T恤是他的“标配”，更重要的原因是他的创业史就是一部“斗争史”。但表面上“好斗”的老周也有着自己的底线，那就是“做任何事都要看它是否对用户有价值”。为用户创造价值，成为他坚守的初心。

2005年7月6日晚7点整，北京。黑T恤，灰短裤，一身休闲打扮的雅虎中国区总裁周鸿祎发表了自己的离职宣言，他将于8月31日辞去雅虎中国区总裁的职务。他告诉记者，离职后最想干的事情就是“陪陪家人”，“我还没有孩子，我需要加倍努力”。

2006年3月，周鸿祎出任奇虎董事长。这一年是他的本命年，但他并不认为本命年就应该谨慎行事。对他来说，激进与好斗依然是2006年的主旋律。

客观地说，周鸿祎是强制安装插件的始作俑者，导致了一大批模仿者用流氓软件祸害用户。在2014年出版的《周鸿祎自述：我的互联网方法论》中，周鸿祎为自己作了轻微的辩解：“这些互联网公司用流氓软件祸害用户，却号称是我的学生，败坏我的名声。虽然我发明了插件这种软件安装方式，但我的插件并没有那么过分，没那么流氓。”大意是：我虽然“流氓”，但没有你们那么流氓！

在书中，周鸿祎这样写道：“既然你们通过败坏我的名声来挣钱，那咱们都别挣钱，我做出一款软件把你们的那些插件全给废了。”

2006年7月，奇虎推出免费的360安全卫士，专门用于扫描被安装在用户电脑上的一切“恶评”软件，并在用户同意下将软件卸载。这次反戈一击，不仅仅是为名誉而战，其中也蕴含着极为精妙的商业考量。

周鸿祎宣称：“我做360的目的很单纯，就是要直接把那些流氓软件都干掉，不管它的干爹是谁，七大姑八大姨来说情也不行。”那时，除了网易，几乎所有互联网公司都做插件，不经用户同意强制性地在电脑上安装，然后劫持流量，乱弹广告。在用户受到数以千计的“恶评软件”严重骚扰、不堪忍受的时候，360安全卫士的推出赢得了用户的拥护。360安全卫士刚发布仅两个月，就有超过600万网民下载。每天卸载的恶评软件达100多万，其中每天卸载的雅虎助手就达60万次以上。就这样，360安全卫士火了。

其实，查杀流氓软件的技术含量并不高，像金山、瑞星这些公司都可以做出来。但他们都不愿意做，也不敢做。不愿意做是因为不挣钱，不敢做是因为不愿意得罪人。而周鸿祎棋高一着，借“为了摘掉给我扣上的大帽子”，无所畏惧地冲上了前线。

为了提升360安全卫士的装机量以及美誉度，周鸿祎想通过联手杀毒软件推广产品。在2006年的杀毒行业里，领先者有瑞星、卡巴斯基、金山、江民、诺顿这几家知名公司。但是周鸿祎当时可谓“臭名昭著”，不管是瑞星还是金山、江民都不待见他，只有当时刚进入中国市场水土不服的卡巴斯基愿意与之合作。

这一年，卡巴斯基推出向下载360安全卫士的用户免费赠送卡巴斯基产品激活码的服务，让用户可免费使用半年。通过此举，360安全卫士获得了大量的装机量。很显然，360安全卫士能有后来的用户规模，与当年可以独家赠送卡巴斯基激活码有很大关系。

和卡巴斯基的合作到期后，360甩开了卡巴斯基，转而与卡巴斯基竞争对手诺顿的合作。利用诺顿这个更强的合作伙伴，360进一步提升自己的装机量以及美誉度。无论是合纵连横，还是相互剿灭，一切都是基于商业利益的实际考量。

360安全卫士推出之后，众多“恶意插件”全部被卸载。这一次，周鸿祎打着“替天行道”的旗号，新仇旧恨连带着一起报了。其中损失最来重的是周鸿祎的老东家雅虎中国。网络实名收入占雅虎中国收入的绝大部分，3721被卸载了，雅虎中国就几乎成了“空壳子”。

周鸿祎的杀戮绝不会就此止步。之后，曾宣称绝不做杀毒软件的360进军杀毒软件市场。这还不算，还祭出免费的大招。接下来，又开始做软件下载。再后来，又推出360浏览器……一个360安全卫士变幻出这么多“身份”，而且每一次都打倒了一批重量级对手，周鸿祎的好战与善战由此可见一斑。

2004年，周鸿祎曾对媒体说：“我期望天下大乱，期望所有的小公司都来挑战大公司；大公司是产业规则的制定者，当然不期望乱，乱对小公司有好处，因为乱世会打破既有的规则和平衡，乱世出英雄。大乱之后会大治，我期望那时争取到应得的位置。”

说这番话时，周鸿祎还算不上中国互联网江湖的教父。不过，人随势变，江湖地位奠定之后，策略就要有所改变了。不要再乱，要让小公司追随自己，建立和谐共赢的生态。所以，到了2008年，周鸿祎开始倡导“合作共赢”，希望把360做成开放平台，甚至还主动向“旧敌”发出邀请：“欢迎包括瑞星在内的任何安全厂商来合作。”

所以说，作为“红衣教主”，周鸿祎虽然狂，但随着时局的变化，也会调整战略：由极端变为周全。至此，周鸿祎的境界又高了一层。

2007年

纷繁乱局下的竞合与回归

2007年，在一片大国崛起的呼声里，中国互联网的商业价值被各种想象力所充斥着。这一年相继发生了好几起重大并购案：分众传媒公司收购好耶广告网络公司，光线传媒公司和华友世纪公司“联姻”。无论结果如何，在这种大开大合的局势之下，追逐利益的脚步谁也不甘落后。

这一年，随着盛大光荣回归网游王者宝座，中国互联网网游企业上市的第三波浪潮正式拉开序幕。短短半年时间，完美时空、金山软件、巨人网络、网龙相继登陆资本市场。受此刺激，大大小小的网游企业在2007年集体发力，为网游领域在未来几年的井喷埋下了伏笔。

分众与好耶携手前行

两家公司为了各自的利益选择合并，取长补短、合作双赢，是企业大佬们的惯用手法。然而并非所有的合并都能圆满的成功，有些合并会以遗憾收场。

2007年，中国互联网业内最大的一宗收购案来自分众传媒控股有限公司（以下简称分众）对好耶广告网络公司（以下简称好耶）的收购。

2月28日，分众宣布：该公司已与好耶达成最终协议，以7 000万美元现金和价值1.55亿美元的普通股收购后者的全部股份。协议中还规定，如果在2007年4月1日至2008年3月31日的12个月里，好耶能够达到特定的收益目标，分众将再次支付价值7 500万美元的普通股。由此算下来，分众收购好耶，最多将出资3.05亿美元。收购好耶，使得分众一脚踏入了此前的业务空白地带——互联网广告市场。

虽然分众收购好耶的时间是2007年，但早在2000年他们的“缘分”便开始了。好耶初创于上海复旦大学附近一栋大楼里的一间小屋子，那是1998年，毕业于上海大学通信系的王建岗刚满21岁，基于对网络技术的狂热，他与三位好友创立了好耶。在那间只有9平方米的屋子里，只有两张桌子和三台电脑，连厕所都没有。就这样，好耶开始了在国内互联网广告领域的征程。

没有资金支持，也欠缺人脉资源，四个几乎一无所有的年轻人，不得不到处找一些活勉强维持公司活下去。

2000年，互联网泡沫破灭，就在王建岗犹豫要不要解散好耶的时候，他遇到了IDG资本合伙人章苏阳。王建岗很幸运，眼前这位贵人是当时中国少数能看懂他们在干什么的人之一。

IDG投了240万元，占好耶90%的股份。这样高的占股比例显然不合常理，但对于四个年轻人来说，有人出钱支持自己热爱的事情，这就足够了。

由于四个人都缺乏公司管理经验，章苏阳决定找一位职业经理人来为他们负责公司日常运营。他想到了时任戴尔公司华东区营销总经理的王定标。几番接触下来，王定标心动“入伙”。一进好耶，王定标便招贤纳士，约见了章苏阳介绍的杨炯纬。在王定标的一番说辞下，杨炯纬签下了工作合同。

好耶开发的是网络广告管理系统，由于好多网站的广告卖不出去，便拿广告位给好耶以充抵广告管理系统的应付款。为了把这些用来抵债的广告位变成现金，在王定标不断地劝说下，麦肯公司的客户总监朱海龙也加入了进来。通过朱海龙的一番运作，死的广告位开始变成源源不断的现金流，好耶终于度过难关。2001年8月，好耶实现单月盈利。

伴随着各方人才的加盟，好耶的团队结构变得更加合理，也充满了战斗力。王建岗是创始人，是好耶的技术灵魂；王定标为CEO，管理日常公司运营；杨炯纬和朱海龙负责销售业务。

从2002年开始，好耶的业务逐步回暖，公司也搬到了上海江苏路上的兆丰世贸大楼，与分众传媒成为邻居。分众传媒CEO江南春是好耶的种子投资人，在好耶创业初期曾以20万元买了一点股份。因此，他对好耶团队非常熟悉，也充满了好感。两家公司成为邻居后，他甚至要求王建岗把两边办公室打通，成为一个通透的大办公室。

在好耶和分众“同居”的蜜月里，两家公司高层可以相互交换演讲、培训，共用一个会议室、一台商务车，还可以相互到对方的食堂蹭饭。朱海龙在一次采访中还透露好耶与分众曾经计划以换股的方式合并。

此时的好耶已经连续几年在网络广告市场中排名第一，盈利以每年120%的速度增长。2004年，好耶的营业收入达到2亿元，利润则超过了2 000万元，几乎占到了互联网广告的半边天。

收入不断增加，业界地位不断攀升，加之几番获得VC投资，好耶于2005年年底着手准备上市。2006年9月，好耶正式启动了上市程序，计划于2007年下半年登录纳斯达克。后来因市值鸿沟（中国互联网公司与同类型的美国互联网公司之间的市值差）以及中国网络广告市场的成熟度等问题，好耶发现登录纳斯达克若想实现原定的融资 1 亿美元、市值 4 亿美元的目标绝非易事。在这种状况下，好耶觉得卖给上市公司比上市更划算。于是，好耶频繁地接触国际、国内许多大型广告以及媒体公司。经过比较之后，好耶最终选择了出价虽然不是很高但市盈率较高的分众。

反过来，再来了解一下分众为什么要收购好耶。2005 年 7 月 13 日，分众成功登陆纳斯达克，融资 1.717 亿美元，创下了纳斯达克中国概念股 IPO 融资额之最。2006 年前，分众收购框架传媒、聚众传媒及北京凯威点告网络技术有限公司，此时分众的“生活圈媒体群”战略中还有两片未能涉及的区域：互联网广告市场和电视广告市场。而分众收购好耶的战略价值就在于：借助好耶可以直接进入此前没有涉猎的互联网广告市场。

分众与好耶携手前行的道路走得并不顺利。分众在收购好耶之后，与好耶的整合度不高，而且好耶代理的业务利润率偏低，对分众的整体收益贡献不大。此外，由于 2008 年金融危机席卷而来，好耶的上市计划也成为了一个遥不可及的梦，分众对其已经失去了信心。恰在此时，进入中国不久的银湖基金看中了好耶。2010 年 8 月 3 日，分众以 1.24 亿美元的价格将手中 62%的好耶股份卖给了银湖，另外 38%的股份已于 2010 年 3 月被好耶部分员工、管理层与董事以及分众部分管理层和董事共同斥资 1 330 万美元收购。至此，好耶与分众在企业股权结构上已经完全脱离关系。

分众与好耶这段失败的“联姻”，使江南春在广告领域急速扩张的野心收敛了不少。卖掉好耶后，分众逐渐缩减了业务范围，回归到商业楼宇 LED 联播网、卖场网络及海报框架这三大主营业务。

天不亮就分手

发生于2007年的分众与好耶的携手，维持了3年半。同样发生在2007的光线传媒和华友世纪的合并，只维持了短短四个月。真是应了那句“相爱总是简单，相处太难”这句歌词。

1999年，以王秦岱为首的5人创业团队通过买壳华友斯达康（UT斯达康旗下公司）而进入无线增值业务领域，并获得中国电信运营商早期发放的SP牌照。同年9月，华友斯达康从UT斯达康分拆出来成立华友世纪。

从2002年开始，伴随着网易等互联网门户的大举进入，中国的无线增值产业一片欣欣向荣。从2003年开始，空中网、TOM在线、掌上灵通等比较纯粹的无线增值服务商和腾讯等主要依靠无线增值业务盈利的综合门户相继登陆海外资本市场。其中，华友世纪于2005年2月成功登陆纳斯达克。

虽然华友世纪在无线增值领域的发展势头良好，但王秦岱对SP公司的未来充满了担忧。这种担忧主要来自两个方面：第一，SP公司在产业链上天生处于弱势，永远也无法摆脱对电信运营商的“人身依附”，一旦时局发生变化，SP公司就会受到影响，如中国移动在2004年的SP整顿，就使中国网络股“蒸发”了几十亿美元的市值；第二，SP公司还要谨防来自产业链上游的内容供应商的“威胁”，比如，如果有一天，这些内容供应商（唱片公司）抛开SP、直接和移动运营商合作，那么对SP公司的打击将是致命的。

2005年10月，华友世纪开始实施数字娱乐战略转型，试图向产业链上游迈进，通过收购内容提供商进行突围。在接下来的一年时间里，华友世纪先后通过收购或资本参股的方式与飞乐唱片、华谊音乐、鸟人艺术、金信子等音乐公司进行合作，掌握了本土流行音乐60%的市场份额。

不幸的是，就在华友世纪还没来得及彻底消化掉收购内容公司的成本时，SP公司的群发手机内置等有效收入渠道被运营商封死了。好在，电视媒体广告的兴起，又让华友世纪找到了新方向。2007年8月，华友世纪与北京电视台合资成立了京视传媒，目的在于充分利用北京电视台的播出资源和节目资源，独家运营北京电视台的电信增值业务，从而探寻新的业务模式和盈利模式。

华友世纪为寻求更大的发展而努力，但资本市场对其未来充满了悲观。2007年8月，华友世纪的股票价格跌倒了历史低点。

花开两朵，各表一枝。光线传媒是国内知名的民营电视内容制作公司，于1998年由知名电视人王长田创建，主要业务是为电视台提供娱乐节目。光线传媒先后制作了《娱乐现场》、《音乐风云榜》等一批经典娱乐节目，然后将其卖给电视台换取广告时长再通过销售贴片广告和节目冠名来盈利。光线传媒的内容做得相当出色，自创办以来其营收一直保持着150%的年增长率，2003年达到了2.5亿元，旗下的当红娱乐节目占据了国内娱乐节目80%以上的市场份额。但从2005年开始，光线传媒的市场份额出现滑坡，主要的原因是内容发行渠道上出了问题。虽然从2004年开始，光线传媒就与国内多家电视台分别成立了合资公司以巩固自己的渠道，并拥有了在300多家电视台的620个频道播出节目的发行网，但在一些主要的电视台却相继失手。其中最典型的个案是，2004年年底因北京第二套节目与北京第四套节目合并，原本在北京第四套节目播出的《娱乐现场》与北京第二套节目自制的《每日文化播报》定位重合，《娱乐现场》被迫从北京第四套节目撤播。

除了上述原因外，广电也在加速市场化并形成地方电视媒体的势力割据，光线传媒进入地方电视台频道联播网的困难越来越大。同时，互联网视频、P2P、手机等新媒体又分流了大批年轻用户，这让光线传媒越来越强烈地感受到渠道限制对其发展的影响。

在这种情况之下，华友世纪和光线传媒合作的契机出现了。从业务与能力匹配程度上看，华友世纪和光线传媒的合作是一种双赢。一方面，光线传媒一直都在谋划登录纳斯达克，但由于中国概念股在彼时的疲弱表现使得其预期募集资金额很难超过1亿美元，而此时华友世纪账面上还躺着7 000万美元（不包括1 200万美元的应收款）的现金。另一方面，就内容来说，双方在各自所擅长的影视和音乐领域都是强者。在渠道方面，两家公司则可以通过“电视+电信”的形式扩展内容传播渠道。

于是，在2007年11月19日，华友世纪与光线传媒宣布合并，成立新公司“光线华友”。协议规定，光线传媒占有新公司42%的股份，不过这一数字将随着业绩的增长而不断增加，如果股价达到8.5美元以上，光线传媒最多可拥有65%的股份。

一方是登录纳斯达克的国内系统集成商，另一方是业内颇具名气的影视节目制作公司，这种“SP+CP”的模式一度使得华友世纪和光线传媒的合作被业界寄予了厚望。然而，这场“姻缘”在天还没亮时便宣告结束。根据双方的合并时间表，股权交割应该在2008年1月底之前完成，交易的最终截止日期是3月31日，然而事实是：双方并没有按照这个进度来执行。

一时间各种传言满天飞，其中被众多媒体共同引用的一条是：华友世纪发现光线传媒的业绩存在虚报成分，实际业绩仅为原来公布的十分之一。但这一消息随后被光线传媒予以否认。爱到尽头，覆水难收，无论谁对谁错，分手已是必然。

2008年3月7日，华友世纪宣布：由于双方在企业战略方面存在重大分歧，所以最新达成的一致意见，终止此前达成的合并协议。当日华友世纪股价下跌5.34%，报收2.81美元，创下52周以来新低。

光线传媒财务报表上的数字真的是拆散这场“姻缘”的主凶吗？这充其量只能算是导致这一结果的诱因。有关双方的“分手”的实质性的原因，应该还是与新公司产业链上的位置有关。

对于双方的合并，光线传媒的预想是由自己做内容和传统媒体业务，华友世纪做新媒体业务，然后再把节目内容放在新媒体渠道上运营。但是，无论是光线传媒的内容还是华友世纪的新媒体渠道，都没有强大到让唱片公司或电视台的垄断渠道为之让步的地位，所以原本以为合并后可以优势互补的局面并没有出现。

从短期来看，“分手”对双方的冲击都不小，但从长远发展的角度来看并非是一件坏事。通过这次失败的教训，双方对当前的市场形势有了进一步的认识，即要想有所突破就必须尽早确立自己的主营业务，打造核心竞争力，从而不再受制于渠道，这样才有可能成为真正的市场霸主。

盛大王者归来

陈天桥曾说过这样一段话：2001年之前，盛大每天都可能会死掉；2002年，盛大每个月都有可能会死掉；2003年之后，盛大差不多每个季度都可能会死掉。“生于忧患，死于安乐”，陈天桥的“危机论”并非空穴来风。

首先，网络游戏的社会形象一直不佳。2004年，因未成年人沉迷网络游戏而发生的恶性事件对陈天桥的触动非常大。社会舆论的压力以及政府“防沉迷系统”的推出，使陈天桥感觉到了来自政策方面的风险。

其次，网游竞争越来越激烈。经过几年的发展，网络游戏的门槛已降低了许多，盛大的成功引来了一批实力不俗的跟随者，诸如九城引进暴雪公司的《魔兽世界》，腾讯的《QQ堂》叫板盛大的《泡泡堂》……自2005年第四季度开始，到2006年年底，网易连续5个季度的营收都超越了盛大，成为中国网游的老大。

同时，盛大在收入增长上也遭遇了瓶颈。一方面，游戏新用户群体的增长即将到达上限，另一方面，参与分蛋糕的在猛增。盛大2005年第三季度财报中显示，《传奇》三季度收入为1.55亿元，比上一季度下滑33.5%。三季度平均同时在线用户数为23.3万，低于上一季度的38.1万。

除了政策的风险、竞争加剧以及收入瓶颈等危机，还有一种游戏漏洞也让陈天桥大伤脑筋，那就是“私服”（私服是指私设服务器，网络游戏都是付费登录，而私服却是免费登录的，相当于盗版）。从2002年到2004年期间，盛大先后因几起重大的“私服”事件而损失惨重，收入被影响还是其次，最大的问题是信誉直线下降。

盛大的脚步越来越蹒跚，危机四伏之下，陈天桥决定实施战略转型。

2005年年底，盛大的商业模式从CPS模式转变为CSP模式（CPS模式：用户要先付费，才能继续玩下去；CSP模式：用户可以免费随便玩，然后再根据需求进行消费）。伴随着商业模式的转变，盛大对外宣布旗下所运营的《热血传奇》、《梦幻国度》以及《传奇世界》三款大型游戏将永久免费。这种转型引起了业界的一片质疑，在转型初期盛大的利润也出现了下跌，但是从后来的发展来看，这是一次成功的战略转型。

除了网络游戏向免费模式转型，为突破过于单一的网游业务，盛大着手向家庭互联网娱乐转型。2005年3月，借助着盛大突袭新浪的新闻效应，陈天桥在接受媒体采访时表示，自己在过去两年间真正的工作只有一个：为大转型做准备，这个大转型的核心就是盛大的盒子计划。

上市之后的盛大，现金储备充裕、盈利水平高、市场份额长期占据第一位置。在陈天桥的强势主导下，盒子计划很快就被提上了日程。所谓盒子计划，就是把网上的所有内容和应用整合到一起，通过与一台庞杂的硬件装置相结合，然后进入到每个家庭的互动娱乐空间。如果这一计划得以完成，那么人们便可以拿着遥控器在电视机上玩游戏、看电视、听音乐，实现家庭娱乐的全方位需求。为了实现这一战略，盛大整合了英特尔、微软、阿尔卡特等全球几十家顶级IT和电信企业的资源。

2005年10月18日，盛大在国际通信展上正式发布盛大盒子EZ Station和“盛大易宝”EZPod。盛大盒子在本质上是一个采用Windows操作系统的PC，上面安装了盛大的EZ Center宽带互动娱乐门户软件，配备了EZ Center的遥控器，售价高达6 000元。而盛大易宝包括了一个EZ Center遥控器、一个遥控器红外传感器、一张EZ Center宽带互动娱乐门户软件光盘，用户可以自己安装在家庭已有的PC上，售价为458元。

盛大盒子与盛大易宝上市之后，反响并不好，销量极差，盛大随后开展了声势浩大的市场推广。战斗刚打响，2006年4月11日，广电总局就发文《广电总局关于叫停IPTV的通知》，点名盛大盒子违规，这让盛大挨了一闷棍。进入2007年，盛大盒子慢慢销声匿迹，盛大耗资近十亿美元的战略转型也寿终正寝了。

由于盒子计划耗费了盛大大量的财力和人力，盛大在中国网游界的地位也开始动摇。网易、九城、金山、征途等对手开始集体发力，其中网易在2006年取代盛大成为中国网络游戏的新霸主。

大转型的失败以及网游霸主的旁落，让陈天桥冷静了下来，开始重新确立以网络游戏为核心的发展战略。2007年伊始，盛大相继推出“风云计划”、“18计划”和“20计划”三大发展战略，此举旨在解决游戏产业人才竞争激烈、后续新游戏供应不足的问题。

“18计划”是指将每月18日作为陈天桥和盛大高层接待外部创业团队的指定日期，如果创业团队的理念被盛大认可，可拿到百万至千万量级的投资。“风云计划”是指盛大投资成熟的公司和游戏，额度一般在万元到亿元级别。“20计划”旨在鼓励人才到盛大“内部创业，盛大除了全额投资，授予创业者自主经营与独立核算之权力之外，项目骨干可参加游戏收益分成，分成比例高达20%”。

这三大战略成效显著，2007年第一季度财报上的6 880万美元营收让陈天桥一扫前两年的阴霾，这个数字创造了盛大单季度收入新高。其中来自网络游戏的收入为6 530万美元，同比增长63.1%；净利润为5 800万美元，同比增长40倍。而2008年第一季度的净利润达到1.111亿美元。2007年，盛大通过回归网游战略，再度坐上了国内网游界的第一把交椅。

从遭遇危机到商业模式转型，从盒子计划到回归网络游戏业务，盛大几经动荡，最终“王者归来”。不可否认的是，构建家庭互联娱乐的发展方向是正确的，从现在的小米盒子与乐视TV即可验证。但奈何生不逢时，广电总局的一纸通知，外加本身产品一些瑕疵，让盛大“出师未捷身先死”。好在“失之东隅，收之桑榆”，只要不放弃、不抛弃，总有出头的日子。这就是创业令人痴迷的原因之一。

网络游戏上市第二浪

2005年，盛大与九城的成功上市，掀起了国内网游企业上市的第一波浪潮，网游的吸金能力让所有人都心生向往。短暂的平静之后，国内网游企业上市的第二波浪潮再次兴起。2007年7月27日，完美时空率先登录纳斯达克；随后，10月9日，金山软件公司凭借网络游戏在香港联交所主板上市；接下来，11月1日，巨人网络登录纽交所；在巨人网络上市第二天，网龙在中国香港创业板正式挂牌上市……

与盛大、九城等网游公司不同的是，这些第二波上市的企业大多是半路出家。由于之前在自己的领域内没有大的作为，这些企业纷纷转向网游领域并得以上市。其中的典型代表有完美时空、金山、网龙。

完美时空是一家3D网游开发和运营公司，由池宇峰在2004年创建，2011年改名为完美世界，旗下拥有《完美世界》、《武林外传》、《诛仙》等大型网络游戏。

在进入网游领域之前，池宇峰一直在教育软件领域打拼，是北京洪恩在线电脑有限公司的创始人和董事长。虽然洪恩在线一直在国内教育软件中排名第一，但因长期遭受盗版软件的困扰，公司的效益并不理想。2003年，在一次赴韩考察游戏开发公司之后，池宇峰和他的团队决定进军网游。2004年3月，北京完美时空网络技术有限公司成立。

其实早在1997年，池宇峰和他的团队就开发出了中国第一款单机版3D游戏——《抗日：血战上海滩》。因为有一定的技术积累，完美时空非常顺利地切入了网游，其自主研发的3D引擎技术让制作网络游戏像流水线作业一样简单、快捷。

之所以在研发上有着高起点且保持活力，除了团队原始技术积累之外，还与这个团队的庞大和稳定有着密切关系。完美时空当时有800人，研发团队占到三分之一。其中，公司20%的人都与池宇峰一样来自清华，核心员工与池宇峰的共事时间都将近或超过10年。

有良好的技术和稳定的团队，完美时空在2004年进入网游领域之后一马平川，盈利能力不断提升、放大。同时，“清华系”的海归背景也是投资机构所青睐的。完美时空的管理层按照设计好的40个月上市之路，一步一步推进，直至上市成功。

金山与完美时空有着相似的发展轨迹。作为国内软件公司的佼佼者，金山也在2007年通过网络游戏获得了资本市场的认可。而此前金山在软件领域内的处境比洪恩在线还要艰难，在国内通用软件领域一直承受着微软与盗版的前后夹击。

当雷军意识到突破这双重阻碍已无希望之后，金山于2003年进入了网游市场。其实早在1996年，金山就发布过单机游戏——国内第一款自主开发的商业游戏《中关村启示录》。1997年，金山又发布了国内第一款RPG游戏（角色扮演游戏）《剑侠情缘》，而同年发布的另一款游戏《月影传说》更成为首款走出国门的本土游戏。

2003年，雷军说服董事会取消了原定的上市计划，同时准备了8 000万元进入网游市场，由自己亲任游戏业务总经理。2004年6月，《剑侠情缘网络版》开放。2005年，《剑侠情缘网络版》为金山创收0.58亿元，超过了应用软件的收入。到了2006年，这一数字上升到2.15亿元。2007年10月9日，凭借在网游市场的表现，金山终于在香港联交所实现了多年以来的上市夙愿。

就在金山上市之后不到一个月的11月1日，网龙（中国）公司也随即在香港联交所正式挂牌上市。网龙的招股价为13.18港元，当日报收16.52港元，融资额超过16亿港元。

如果不是出于对新鲜概念的追逐，2007年的刘德建应该是一家生物医药公司的董事长，而不是掌管着一家互联网公司。刘德建的家族一直深耕生物医药领域，再加上他的化学、生物化学专业背景，以及在国外知名生物科技公司任职的经历，他回国重操旧业是顺理成章的事。可是在1999年5月回国后，刘德建在福州创建了网龙，涉足互联网。

网游并不是网龙介入的第一个领域，覆盖国内中型城市的资讯平台

86114、全国抗癌网站、福建省政府部门电子政务网站等，都是网龙最初布下的棋子。这些棋子要成大器都需要大量的资金投入，而网龙已经到了入不敷出的地步。

网龙之所以进入网游领域，与刘德建的堂弟刘路远有很大的关系。作为当年知名网游《石器时代》的忠实玩家，刘路远发现这个游戏收费后还有很多人愿意花钱玩，便鼓动刘德建进军网游。

2001 年 3 月，网龙旗下专注于网游自主研发的天晴数码成立。在《幻灵游侠》还未推出之前，网龙创建了一个资讯门户网站 17173。原本，网龙推出 17173 是为了日后方便对产品做系统化推荐，但令网龙没想到的是：一些新上市的游戏纷纷选择 17173 作为发布平台。就这样，创建仅仅几个月之后，17173 就成为中国游戏资讯第一门户。2003 年 11 月，搜狐以2 050 万美元的价格收购了 17173。

之所以卖掉 17173，是因为刘德建需要一笔钱招兵买马。2004 年，天晴数码的员工突破了 1 000 人，同时有 7 个游戏在并行研发。2006 年，网龙收入为 1.221 亿港元；2007 年上半年收入达 2.617 亿元，毛利率为 94.4%，净利率为 58.9%。截至 2007 年 11 月上市之前，网龙已成功上线运营了三款游戏，分别是《魔域》、《征服》和《机战》。

2007 年的网游领域可谓是形势一片大好，一批网游的生力军纷纷崛起，成为产业内的主要力量。网游企业上市潮的再度涌起，与其行业特点密不可分。纵观整个中国互联网产业，网游产生的利润是最可观的。根据 2007 年 1 月互联网协会发布的调查报告显示，2006 年中国网络游戏收入为 59.6 亿元，比 2005 年增长了 61.96%。同时，盛大、网易等上市网游公司财报显示，网络游戏行业毛利率将近 90%。在巨大利益的诱惑之下，创业者与资本不断涌入，孕育出一家又一家的上市公司。

阿里巴巴高调上市

2007年，一家中国电子商务公司的上市在资本市场卷起了一场风暴，它就是阿里巴巴，一家成立仅8年的年轻公司。

2007年11月6日，阿里巴巴B2B公司成功登陆港交所，一举刷新了中国互联网上市公司的各项记录。先来看看阿里巴巴为准备上市所引入的豪华投资机构（人）和独立董事名单：投资机构（人）为AIG（美国国际集团）、中国工商银行、嘉里控股有限公司的控股股东郭鹤年和新鸿基地产郭氏家族，独立董事为蒙牛集团董事长牛根生与前外经贸部副部长龙永图。

阿里巴巴B2B的发行价为每股13.5港元，以每股30港元高开，尾盘收于39.5港元，首日涨幅达1.92倍，打破了此前新鑫矿业（内地第二大电解镍生产商）首日劲升1.2倍的纪录，问鼎当年港股新股王。计入13.2%的超额配股后，阿里巴巴此次总融资额达16.9亿美元。上市所带来的财富效应使得阿里巴巴的市值连升三倍，相当于三大门户、盛大和携程的市值总和，一举成为中国第一家市值超过200亿美元的互联网公司。同时，阿里巴巴还刷新了港股的另一项记录——冻结的资金最多。另外，在国际配售部分，阿里巴巴获得了1 800亿美元的认购。扣除战略投资者部分，认购超过186倍；公开发售部分接获56.62万份申请，超购约256倍，一手中签率仅6%，为当时中签率最低的新股。

成功登陆港交所是阿里巴巴的一个里程碑，说明了B2B已成为公认的、发展潜力巨大的、可持续性的商业模式。阿里巴巴将此次集资金额的60%用于战略性收购及业务发展，余下资金将用在发展内地及国际现有业务、购买设备及日常营运。

国际化战略是阿里巴巴在创建的第一天就定下的目标，在上市之前的2007年4月，阿里巴巴在香港成立了客户服务中心和消费中心，并宣布将很快进入中国台湾地区。此外，阿里巴巴还在瑞士的日内瓦设立了欧洲总部，将之前以商品出口为主提升为真正的国际双边贸易。因此，上市对于阿里巴巴来说，不仅意味着完成了第三次战略融资——即加满了资本的“油”，也意味着其国际化的进程将进一步得到提升。

但是事情并没有按照大家所预期的那样发展，高调上市之后阿里巴巴B2B股价一度表现不佳，并且引发了国内外媒体关于“阿里上市是否代表中国互联网泡沫”的争论。随着2008年全球经济的放缓和全球股市的不景气，阿里巴巴股价连续下挫，市值不断缩水。上市不到一年，只剩下了当年的零头。

虽然阿里巴巴采取了一系列的紧急措施，如将雅虎中国合并到口碑网以缩短战线、整合资源，但是阿里的股价并没有得到好转。2012年2月9日，阿里巴巴B2B在港交会宣布停牌。同月21日，阿里巴巴集团宣布私有化B2B业务，从香港退市，回购价格为每股13.5港元，为此阿里巴巴集团付出了近190亿港元的资金。从2月21日宣布私有化计划至成功退市，前后仅用了4个月时间。

尽管上市机会难得，马云仍然选择阿里巴巴B2B退市。在以上市为目标的创业界，马云为什么反其道而行？马云主要有两方面考虑：一方面，他认为公司市值被低估；另一方面，他考虑到阿里巴巴集团战略在调整，不排除未来几年内整体上市。

进是勇气，退则是智慧。果然，在2014年9月，阿里巴巴在美国纽交所隆重登场，创造了美股史上最大的IPO。其具体过程与细节将会在后文详述，在此不再赘言。

年度风云人物——“拿破仑”一样的马云

纵观全球互联网界，那些伟大的互联网公司创始人几乎都有一个共同点：专注于技术或产品。比如雅虎的杨致远、亚马逊的贝佐斯、谷歌的布林和佩奇、苹果的乔布斯，以及新一代中YouTube的陈士骏、Facebook的扎克伯格等。在中国互联网界也不例外，丁磊、李彦宏、马化腾、周鸿祎、梁建章、张朝阳、雷军皆在此列。然而还是有两个另类：一个是陈天桥，一个是马云。说他们另类，是因为他们不懂技术，也不具体搞产品。

英国杂志《经济学人》曾在2007年10月底的一则报道中对马云作过这样一番评价：“阿里巴巴最大的财富也许就是创始人马云，马云在公众中是个有魅力、善言辞并懂得利用媒体的人。他拥有大胆的想法、怀有巨大的市场目标，以及对商业的敏感，这都使他吸引了人们众多的眼球。”这番评价可以总结为：马云是一位出色的领袖。

出色的领袖大致分为两种性格：一种是孔雀型的，以个人魅力取胜；另一种是老虎型的，以发号施令树威。马云是典型的孔雀型性格，在塑造品牌、自我宣传、鼓舞人心方面有天生的本领。马云创业的时候，起始资金50万元是由18名员工一起凑出来的，直到阿里巴巴B2B在香港上市，这18个人中有做到总裁级的孙彤宇，也有还是经理的麻长炜，但是没有一个人离开阿里巴巴。正是马云的这种超强的凝聚能力，使得阿里巴巴的创业团队一直团结一心、众志成城。

马云不仅能够说服创业时期的“十八罗汉”与自己共同熬过寒冬，甚至还能在寒冬时吸引外部优秀人才加盟阿里巴巴。台湾的蔡崇信是一家全球著名的风险投资公司驻亚洲的代表，他赴杭州洽谈投资，与马云一番推心置腹的交谈之后，竟然放弃上百万美元的年薪，加入了阿里巴巴，成为阿里巴巴的 CFO（首席财务官）。后来蔡崇信的妻子告诉马云：“如果我不同意他加入，他一辈子都不会原谅我。”马云若没有非凡的人格魅力，能够吸引这样的人才简直是天方夜谭。蔡崇信后来对阿里巴巴所做的贡献，如果一定要比较的话，可以说仅次于马云。

没有哪一家大公司的成长是一帆风顺的，阿里巴巴在最艰难的时期，马云也不曾有过卖掉公司的想法，因为他对阿里充满了自信。所谓成大事者，就是认定了一个目标便会义无反顾地走下去，即使途中遭遇再大的困难和挫折，在走到终点之前也绝不会退缩或回头，这就是“天生领袖”的魅力所在。

自信而不自负的孔雀型领导者，社交能力极强，并且喜欢交朋友，这一点在马云身上体现得淋漓尽致。马云小时候经常与别人打架，但是没有一次是因为自己，都是为了朋友，义气在马云心中非常重要。在商业上，他通过“朋友遍天下”来促进事业发展，“西湖论剑”和“网商大会”就是这种思想的体现。2000 年，马云请金庸广发英雄帖，中国互联网的风云人物——新浪的王志东、网易的丁磊、搜狐的张朝阳等纷纷赴约，在如诗如画的西湖边共商互联网发展大计，这就是日后互联网界一年一度的“西湖论剑”。除了顶级人物聚会以外，马云还发起了“网商大会”，将各路江湖英雄每年聚拢在阿里巴巴的周围。

这样的性格成就了马云“世界级”的知名度。作为中国企业家，他上过《福布斯》和《财富》两本世界顶级商业杂志的英文版封面。与盖茨对话、被布莱尔会见、跟杰克·韦尔奇成为朋友、拜会沃伦·巴菲特、结交盛稻和夫……与全球商界名人的往来，可谓“有朋自远方来，不亦说乎”。

对于马云，网上有人这样调侃：三流的长相，二流的英语，一流的口才。听过马云演讲的人对此应该是非常认同。到哈佛演讲、去达沃斯参加经济论坛、成为 APEC 中小企业峰会的轮值主席……大到国际间的论坛，小到公司内部的会议，马云都可以“玩”得风生水起。马云也从这些活动中得到了好处，如帮阿里巴巴建立了品牌，赢得了更多的合作机会，带来了更大的商业价值等。

美国《福布斯》杂志曾这样写马云：“深凹的颧骨，扭曲的头发，淘气的露齿笑，5 英尺高，100 磅的顽童模样。这个长相怪异的人有拿破仑一般的身材，同时也有拿破仑一样的伟大志向！”

拿破仑征服了欧洲各国，而马云征服了电子商务。

2008年

中文社区大发展

2003年，SNS（Social Networking Services，社会性网络服务）在全球开始浮出水面。中国的互联网创业者敏锐地察觉到了这一动向，迅速抓住了这个机会。

从2003年开始，SNS的中国本土化一共经历了三波浪潮：第一波的引领者是模仿Friendster的亿友和友友觅，第二波的引领者是MySpace的中国版本聚友，第三波的引领者是以Facebook为榜样的校内网和开心网。经过几年的努力，中国SNS市场在2008年已经初具规模。

中文社区的发展和流行，是2008年中国互联网的主流。其中，以盛大文学为首的网络文学蓬勃发展、欣欣向荣。

作为2008年中国最热的流行词，“山寨”在互联网创业里也找到了充分施展的舞台，不仅是国内热衷“山寨”国外知名网站，国内“山寨”国内的风气也盛行。业界老大腾讯QQ招致“山寨”袭击，依靠几款小游戏迅速蹿红的开心网也遭到了同名网站的“山寨”。这两幕“山寨”大戏的结局，都是“山寨版”败下阵来。

SNS本土化生存第一波

2008年年底，中国网络社区业务月度覆盖用户规模从年初的1.1亿增加到1.6亿人次，仅次于搜索引擎和电子邮箱所覆盖的用户规模。同时，网络社区业务对用户的吸引度和粘度也越来越高。

经过了几年的摸索与试错，中国SNS市场的服务模式和商业模式已经基本形成，用户定位也出现了明显的差异化。主流的SNS可以分为三大类：以开心网、51.com为代表的休闲娱乐SNS，以校内网、占座网为代表的校园学生SNS，以联络家、XING网为代表的商务沟通SNS。

SNS模式的可行性得到了验证，参与进来的公司越来越多。根据CNZZ的数据显示，2008年市场上的SNS中文站点约有480家。与其他类别的网站类似，SNS也面临着僧多粥少的境况，大部分用户都集中在少数几个SNS站点，前10家主流SNS的市场占有率超过8成。

主流SNS所提供的服务类型有如下三类：

一是传统社区业务，提供博客、相册等传统社区功能，并在原来的基础上做了一些优化。比如用户只要对好友的博客或相册进行过操作，好友的首页上就会更新最近来访，加强了好友间的互动。

二是新型互动业务，增加了很多贴近用户生活的小功能，比如投票、足迹、记账本、音乐分享和读书分享等，颇受用户喜爱。

三是娱乐插件业务，增加了很多娱乐性游戏插件，比如争车位、买房子、农夫果园等。游戏插件的推出，让用户登陆SNS站点的目的从最初的沟通联系变为参与娱乐。数据显示：在单个用户登陆SNS站点时，有85%的操作次数和91%的有效操作时间花费在游戏上。

SNS的风靡很快引起了其他互联网企业的兴趣。2008年，不少互联网企业纷纷上线社交业务以增强用户粘性，网络游戏公司也开辟出了一条与SNS业务相融合的新方向。

2008年7月1日，巨人网络和51.com联合宣布：巨人网络将斥资5 100万美元收购51.com25%的股权。这是巨人网络登录纽交所后的第一项重大战略投资，巨人网络希望通过此举与社区类网站深度合作，探索网络游戏社区化的全新商业模式。

巨人的此番收购，可以说是史玉柱横刀夺爱，硬生生地从马云的手里抢走了51.com。马云对51.com非常看好，先于巨人接触51.com的CEO庞升东。当时，51.com是中国仅次于腾讯的第二大网络社区。根据2008年6月的统计，51.com注册用户数为1.2亿，活跃度非常高，日页面浏览量约为3.5亿次。

之所以选择巨人网络，庞升东的回答是："51.com拥有行业领先的社交网络服务业务，保持着10个季度的增长记录，注册用户数超过1亿，十分适合巨人高利润率的网游业务，并通过巨人创新的游戏产品来促进我们营收模式的多元化发展，实现双赢。"

此外，电信运营商、通信设备制造商也通过合作或自行开发的方式纷纷涉足SNS领域。

2008年年初，中国联通开始打造"联通新乐园"社区网站，中国电信计划推出虚拟3D时尚社区ChinaQ。中国移动的动作更快，其"139社区"已经悄然上线。国内三大电信运营商如同神兵天降，剑指SNS这片新大陆。

中国移动"139社区"测试版本，页面上效仿Facebook，功能上倾向于移动互联网的运用，在普通的SNS中植入了短信、彩信、飞信、手机邮箱等具有中国移动特色的功能。中国移动欲以手机用户为基础，把固有的4.2亿电话用户导入其SNS平台，以手机号码作为个人用户身份账号并建立一个真实的社会网络。

随着电信运营商的入局，SNS朝着多元化方向发展，逐渐涉及到交友、日常生活服务、电子商务等领域。如果说之前SNS只是一个被不断被炒热的概念，那么电信运营商的加入让这个概念有了实现盈利的清晰途径。

作为老牌互联网企业的新浪、搜狐、雅虎和腾讯，也开始关注SNS领域并有所动作。

2008年6月，腾讯的SNS平台QQ校友开始内测。同年10月，QQ校友上线了首个游戏应用“抢摊大战”。2009年1月6日，QQ校友正式发布，不再限制注册，为用户提供行业、公司、学校、班级、熟人等真实的社交场景。QQ校友于2011年更名为朋友网。

2008年10月13日，雅虎中国推出了雅虎关系。雅虎关系一个真实的熟人交互平台，完全采取实名制，从诚信和安全的角度入手，给了用户更大的信心和保障。

中国SNS网站数量在2008年大幅增加，参与者数量的增加不但加速了SNS市场竞争格局的变化，也刺激着SNS不断创新求变。

2007年5月，Facebook推出应用编程接口（API），宣布了开放平台策略，第三方软件开发者可以为Facebook开发应用。这一策略让Facebook的第三方应用数和用户注册数都大幅增加。

在Facebook开放平台的启发下，2008年5月，51.com也启动了开放平台计划，并于6月30日正式接受第三方开发者的内测申请，这是国内首家社交网站宣布开放平台。据了解，第一期申请的第三方开发者就有数百个。

2008年10月，51.com在开放平台的基础上，率先推出虚拟货币——51币，允许所有通过审查的应用开发者接入51币进行盈利。此举开全球SNS界之先河，很快就为数十位应用开发者带来了丰厚回报。

随后，国内各大SNS网站纷纷推出开放平台计划。截至2009年4月，中国已有14家SNS服务提供商开放或加入开放平台组织。开放平台已经成为SNS网站能否立足市场的关键。

人是一种群居动物，对社交有着天然的、强烈的依赖。从这个角度看，SNS市场有着巨大的潜力。事实也证明，美国的Facebook在后来发展成为一家市值数千亿美元的巨无霸公司。相比之下，中国的SNS领域略显惨淡，2008年的蓬勃发展并没有为未来孕育一家超级大公司。

MySpace战车陷入泥淖

在社交网站的跑道上，Facebook一路高歌猛进，规模在扩大，用户数在增长，市值在增加。相比之下，另一家社交网站MySpace的表现要逊色很多。如果以时间为横坐标，以公司规模为纵坐标，Facebook与MySpace两家社交网站的走势刚好形成了一个“×”，Facebook向上，MySpace向下，相交点在2008年。

MySpace比Facebook还要早推出5个月。MySpace的两位创始人克里斯·德沃尔夫和汤姆·安德森，曾经都是供职于一家互联网公司的营销经理。创建MySpace之前，德沃尔夫的工作是发送垃圾邮件，安德森则负责网站的运营。

2003年9月，德沃尔夫和安德森创立的MySpace一炮走红，之后越做越火。2005年，默多克的新闻集团以5.8亿美元现金收购MySpace的母公司。

被收购之后，虽然德沃尔夫和安德森两位创始人被边缘化，但倚靠新闻集团这棵大树，MySpace蓬勃壮大了起来。2008年7月，MySpace用户浏览网页总量达到414亿，荣升为全美访问网页次数最多的网站，连雅虎、Google都望尘莫及。值得一提的是，排名第二的雅虎比MySpace少了整整100亿的访问次数。尽管雅虎和Google每月吸引的访客数量要高于MySpace，但访客在其网站上停留的时间以及浏览的网页数量均不及MySpace。

2008年7月，MySpace共吸引访客7 500万人，是Facebook的两倍。在取得骄人业绩的同时，MySpace加快了全球扩张的步伐。实际上，自2006年起，MySpace就启动了全球化战略。当时的MySpace是全美第一大社交网站，其业务拓展在美国本土市场遭遇了天花板，期望通过海外扩张进一步推动流量增长。

在新闻集团董事长默多克“全球化视野，本地化运作”的名言指引下，MySpace先后开通了加拿大、澳大利亚、新西兰、法国、英国、德国、意大利、西班牙、日本、印度等20个国家或地区的分站点。2007年4月27日，MySpace中国分站高调上线，标志着MySpace正式进入中国互联网市场。

MySpace的中国本土化做得相当彻底，不仅网站本土化，连高管也全盘本土化。默多克任命他当时的华裔妻子邓文迪为MySpace中国公司董事和首席策略官，这是邓文迪和默多克自1999年结婚后首次担任企业职务，可见默多克对中国市场的重视程度之大。当时有人形容邓文迪是“站在两个巨人肩上”的女人，一个巨人是媒体大亨默多克，一个是拥有全球最大市场的中国。

另一个对MySpace中国本土化起到重要作用的人物是罗川。在出任MySpace中国的CEO之前，罗川是微软中国MSN中国总经理，期间他偶然与田溯宁有过短暂的交流。在MySpace进入中国时，作为投资人之一的田溯宁想到了罗川。受田溯宁邀请，罗川离开微软中国加入了MySpace中国。

罗川踌躇满志地上任之后，并没有做出太大的动作，既没有并购收购，也没有发展新的业务。2008年，51.com与开心网收购、运营游戏动作频频，而罗川坚持不运营游戏、不收购SNS网站，始终将盈利点锁定在广告收入上面。罗川说：“基于社区的复杂性，如果能有一套更精准的广告系统，精准度能从5%提高到8%，那么对广告主的吸引力会非常大。”

罗川不厌其烦地强调，MySpace中国的用户是最高端的、付费能力最强的，远远超过校内网等竞争对手。但是罗川并不能具体列出他们的用户到底有多高端、支付能力有多大。而经验表明，一个网站专注一些、平民化一些会更好，比如51.com走的二三级城市路线，比如校内网走的学生路线。

2008年北京奥运会前夕，默多克来到北京，MySpace中国召开了董事会，罗川在向董事会汇报工作时依然信心满满。罗川根本没有意识到，默多克已经下决心要换掉他了。

在罗川的管理下，MySpace中国的发展缓慢，新闻集团认为MySpace中国的本土化不够，用户也认为MySpace中国不够中国化。

其实罗川也有说不出的苦衷。虽然宽带基金田溯宁对MySpace中国的干预很少，但另一个投资方IDG的干预过多，包括MySpace中国的市场合作项目乃至人事安排，IDG都施加了影响，而罗川基本上都只能言听计从。另外，默多克对于MySpace中国的资金支持也略显吝啬，与51.com从巨人网络得到的资金以及校内网获得的融资相比微不足道，这也是罗川难以大展拳脚的重要原因。

2008年9月5日，罗川辞去聚友网CEO一职，加盟北京网尚文化传播有限公司。此时距MySpace中国更名为聚友网不到6个月时间，距罗川宣布MySpace中国的本地化计划不到一年时间。顺便说一句，MySpace中国在成立初期一直都没有一个合适的中文名字，直到后来才启用了聚友网这个中文名。

接替罗川的是乐视网前副总裁魏来。魏来毕业于西安外国语学院英语语言文化专业，持有哈佛大学肯尼迪政府学院公共事务管理（MPA）硕士学位。2009年6月19日，魏来被正式任命为聚友网CEO，全面掌管聚友网的日常运作，并负责制定聚友网的策略和业务发展方向。在罗川与魏来中间的9个多月真空期，聚友网的发展步伐放缓了许多。

尽管MySpace拒不承认他们在中国遭遇到了挫折，但事实是明摆的，MySpace的中国之旅极不顺畅。就像远渡重洋的雅虎、eBay、AOL乃至Google一样，中国这片神奇的土地又让一艘美国驶来的重型战车驶入了泥淖。

Facebook的神话与校内网传奇

根据Comscore咨询公司的数据显示：2008年5月，Facebook全球独立访问用户首次超过了竞争对手MySpace，前者在该月的独立访问用户数量为1.239亿，后者为1.146亿。仅从数据上看，Facebook与MySpace不相上下，但是前者野蛮生长、冲高向上，后者却增长乏力、败像显现。

同一年，在中国SNS领域内也在上演着一段传奇。2008年1月28日，《中国空间社区（博客）研究报告》显示，校内网的流量和访问用户量超过了新浪博客、搜狐博客，排名国内第三。

校内网的创始人是王兴、王慧文、赖斌强和唐阳等年轻人，网站于2005年12月推出。实际上，校内网并不是他们第一个创业项目，王兴在2004年就从美国退学回国创业，创办过社交网站“多多友”和服务型电子商务网站“游子图”，但均以失败告终。

在校内网成立时，国内校园SNS网站还有5Q、世外桃源以及很多已经被遗忘了名字的网站。校内网在推广上并没有特别的招数，无非就是在校园招募学生联系员，找几个大学生穿穿统一的T恤，摆摊设点放个易拉宝横幅，注册现场送小礼品，甚至在厕所里也贴上了校内网的小广告。不过，这些手段简单却有效。2006年，校内网扩张到了100所高校。至于盈利模式，王兴一直也没有想好。

迫于网站生计，王兴开始寻找融资。融资的过程并不顺利，红杉资本有意在SNS领域投一家，但最终选择了占座网。还有一家美国投资机构对校内网有投资意向，但调查之后又撤消了计划。

融资上处处碰壁，让王兴感觉很受伤：“就像谈恋爱被人拒绝一样，对方总说你很好，但我们只适合做朋友。”另一位合伙人王慧文也表示，投资者问自己商业模式是什么，自己只能回答我们有很多用户，赚钱只是时间问题，对方若是再追问下去，就只能凑合着回答，连自己都感觉在胡说八道，投资人肯定也不会满意。

在四处寻找融资的时候，王兴认识了千橡集团董事长兼CEO陈一舟。陈一舟想要收购校内网，并且给出的价码一次比一次高。对于卖掉校内网，几个创始人之间出现了分歧，赖斌强同意卖，王慧文反对卖，两人争执不下，最后交给王兴决定。

如果不卖，大家只有背一屁股债去苦战；如果卖掉的话，有了一笔不小的现金支持自己再次创业。左右权衡之后，王兴选择了将校内网卖给陈一舟。2006年10月23日，千橡集团正式宣布收购校内网，被收购的校内网将与旗下SNS网站5Q校园网合并。由于买卖双方签订了保密协议，外界无从知晓校内网究竟卖了多少钱，只是坊间传闻为500万美元。

校内网归入千橡集团旗下后，千橡迎来了新的发展。2008年4月，日本软银集团斥资100亿日元（约6.75亿元）收购千橡集团14%的股份，成为其第一大股东。根据公开的数据显示，软银还将进一步收购千橡集团的股权，两者总计为40%的股份，总金额约为400亿日元（约27亿元）。而软银之所以入股千橡，看中的正是千橡集团旗下的校内网。

拿到软银的巨额投资后，陈一舟紧随Facebook的脚步发布了校内网开放平台计划。面对国内运营商纷纷杀入SNS领域，陈一舟坦言“守摊压力很大”。

压力无处不在，除了同行正面的竞争，阴暗角落里的冷箭也让陈一舟头痛欲裂。2008年5月，一篇题为《校内网被日本收购，泄露大学生资料》的帖子在网上疯转。发帖人高举爱国主义旗帜，呼吁网友抵制校内网。其理由是：校内网里的大学生与高中生注册资料大多是真实的，日本软银拥有千橡40%的股份并直接参与千橡集团的经营决策，中国高等学历人才资料很容易被日本所掌握。

千橡集团很快做出了回应，保证不会将用户资料泄漏给任何第三方的机构、团体和企业，更不会泄漏给其他国家。同时，千橡集团指出这是竞争对手发起的一场并不高明的诋毁，针对恶意捏造和散布虚假消息的人，千橡集团保留起诉权。

这场不大不小的风波只是校内网发展过程中的一个小插曲。归入千橡集团后，校内网步入了发展的高速公路。在2009年8月，校内网更名为人人网，把用户群从在校学生扩大为社会上的所有人。这一战略调整源于陈一舟发现很多离开校园的学生同时也离开了人人网，这对人人网的未来发展颇为不利。

2011年5月4日，人人网登陆美国纽交所，成为中国首家在美上市的社交网站。此时，人人网的前身——校内网的创始人王兴凭借美团在团购领域做得风生水起。从王兴、史玉柱这些人连续创业者身上可以看出，互联网创业真是遍地黄金啊！

两个开心网的江湖恩怨

就在校内网在中国SNS领域一骑绝尘时，开心网也踏上了赛道。凭借娱乐性极强的社区游戏，开心网迅速赢得了大量用户。在2008年年底，开心农场的“偷菜”游戏让无数中国网民趋之若鹜、乐此不疲。统计数据显示，这款开发成本不到10万元的小游戏，最高活跃用户数超过1 600万人。开心农场仅仅运营一年，就实现盈利300万元。

开心网的创始人程炳皓生于1972年，1991年毕业于北京核工业学校（中专）。没有国内名校背书，也没有海外留学背景，所学专业为核化学化工，与互联网、计算机没有什么关系，程炳皓之所以进入互联网行业，与他在北京核工业学校接触过BASIC语言这门课有关。

因为在大学时期钻研过编程，程炳皓毕业后做了一名程序员。历练几年后，1998年，程炳皓进入新浪。在新浪这样的大公司里，员工不是博士也是硕士，中专学历的程炳皓只有用勤奋和努力来证明自己。他做到了，一年之后，程炳皓被委以重任，负责开发新浪搜索引擎。

还没等到程炳皓大展拳脚，互联网寒冬袭来。新浪高层决定战略收缩，停止搜索业务，这让程炳皓觉得自己有力使不出，非常难受。2003年，新浪意欲在搜索引擎市场东山再起，开发搜索引擎“爱问”。程炳皓接到任务后异常兴奋，把全部精力都投入到了这个项目上。那段时间，程炳皓每天工作12个小时以上，并对团队其他成员施以同样的要求。程炳皓的干眼症就是在那个时期患上的。

世事难料，2006年底，新浪在一次高层会议上决定终止“爱问”项目，理由是新浪的搜索业务已经很难追上百度。程炳皓的心一下子掉入了冰窖，自己几年的付出被一次会议轻松否决，不仅过不去自己心里的坎，也很难向玩命跟着自己工作的团队成员交待。

遭受这次打击之后，程炳皓决心离职创业。2007年底，程炳皓从新浪辞职，带着300万元积蓄和6个技术人员。2008年2月，北京开心人信息技术有限公司成立。紧接着，公司推出开心网，网站域名kaixin001. com。之所以加了一个“001”的后缀，是因为kaixin.com早在2000年就被一个美国人注册了，而当时的开心网无力购买kaixin.com，因此另外申请了kaixin001. com。

作为SNS网站，开心网并未像校内网一样专攻某一社群的人际关系，而是将主要精力放在社区游戏上。在开心网初期，“开心农场”、“朋友买卖”、“争车位”等社区游戏是用户每天趴在开心网上“嗨”的主要原因。

在开心网的社区游戏中有一个巧妙的设计，可以利用老用户来帮网站做推广。以“朋友买卖”为例，游戏中主动挣钱的方式只有让奴隶打工，每人每天获得的游戏币不会超过60，而成功邀请到新用户可以获得500。所以邀请邮件被用户主动地大量发出，这个模式类似于“病毒式营销”。

尽管那时校内网已经创立了近三年，在学生用户中也获得了相当的人气和良好的口碑，但是依然压不住开心网的强劲上升。值得一提的是，开心网的用户群主要面向都市白领，付费能力远远高过学生群体，因此其广告价值大于校内网。

狂奔三年却在一朝被一个新兵蛋子超了车，校内网自然不甘心，很快也推出了“抢车位”、“朋友买卖”两个游戏插件。不仅如此，凭借背后有千橡集团的雄厚财力，校内网还推出了“抢车位送真车”比赛来推广游戏。同时，校内网模仿Facebook在开放平台举办了第三方应用开发大赛，积累了大量作品。

如果说校内网的以上反击还能摆得上台面，那么下面的手段就不那么体面了。2008年10月，千橡集团高价购得kaixin.com域名，并开通同样名为“开心网”的山寨版开心网。这样，域名为kainxin001.com的开心网就极为尴尬了，不知道的人还以为有“001”后缀的开心网是山寨呢。

千橡开心网与开心网在网站名称、网络域名的主要部分、网站的服务功能、服务对象、服务内容均基本相同，而且两者首页的设计风格极其相似，在网上，真假开心网让网民难以辨认。

2009年5月，程炳皓状告千橡网旗下的开心网涉嫌不正当竞争，要求其停止使用近似网站名称，并公开赔礼道歉。2010年10月，北京市第二中级人民法院对“真假开心网不正当竞争案”进行一审宣判，千橡败诉，不得继续使用“开心网”名称，并赔偿北京开心人信息技术有限公司经济损失40万元。

闹剧结束后，陈一舟主动在博客中写下《我和程炳皓的故事》，文中回忆了自己创业的艰辛，道出了SNS行业的不易，大有“忆往昔峥嵘岁月稠”的感慨。同时，陈一舟称与程炳皓是朋友，希望能“渡尽劫波兄弟在，相逢一笑泯恩仇”。

而程炳皓否认了陈一舟所谓“曾是朋友”的说法，声称自己与陈一舟仅仅见过两次面：第一次是陈一舟就收购开心网一事找自己商谈，遭到了自己的果断拒绝；第二次是开心网在准备起诉千橡之前，自己曾专程找到陈一舟，表达希望和平解决的意愿。对于陈一舟“相逢一笑泯恩仇”的期望，程炳皓表示与陈一舟并无私人恩怨。

看来，江湖上的恩恩怨怨，用“称兄道弟”的招数并不好使。

51.com与腾讯的纷争

2008年1月，51.com注册用户突破1亿，月独立用户超过2 500万，成为中国社交网站的一颗明星。

51.com成立于2005年8月，创始人是著名互联网老兵庞升东。2005年初，庞升东用98万元从蔡文胜手中购买了域名51.com，创下了当时国内域名交易的最高纪录。之后，庞升东调查研究了全球网站流量排名，并对国内本土化SNS的发展趋势进行分析，发现博客是备受网民欢迎的一个交流模式，而网络交友仍然在SNS领域占有主导地位。因此，51.com博采众长，选择了“博客+社交”这一模式。

定下方向之后，一家交友网站引起了庞升东的注意，这是一家名为10770.com的个人站点，主要为用户提供日记、相册、音乐盒、通讯录、记事本等一站式储存功能。当时这个网站人气很旺，注册人数已突破20万。经过一系列的谈判，庞升东将10770.com成功收购，并把该站点的创始人张剑福拉拢到自己旗下。

随后，庞升东将目光瞄准了腾讯QQ。他以腾讯QQ最新推出的“QQ空间”为模仿对象，开始打造51.com的个人空间。注册成为51.com用户，不但可以快捷地发布照片、日记、音乐等，还可以很方便地将这些数据与朋友分享。

除模仿QQ空间外，51.com还模仿QQ秀、QQ商城推出了类似的“51秀”和“51商城”，并借鉴了QQ的等级模式，只是其升级速度比QQ快得多，试图以此更好地满足用户的虚荣心。此外，51.com抢先QQ推出“在线大头照拍摄”与“给网友照片打分”等一些有趣的小应用，成功地吸引到了不少用户。

到了2008年，从获得的用户量来看，51.com是非常成功的。每天新增几十万的注册用户，其风头甚至盖过了QQ空间，每天都有大量的用户从QQ空间转移到51.com。在人才的引进上，51.com从最初推荐一个人才奖励一万到奖励十万，不断吸收业界精英，其中包括不少腾讯的员工。

当在同一时期创建的网络公司还在苦苦寻找投资机构、或者因为弹尽粮绝而倒下时，51.com得到了投资圈的高度认可，红杉资本中国基金、海纳亚洲（SIG）、英特尔资本、美国红点创业投资接连对其进行投资。

2008年5月，51.com上海总部迁居至浦东新区张江高科技园区。2008年10月17号，51Game开始内测。2008年10月20号，51小应用上线，为51再添精彩。

在51.com顺风顺水的成长过程中，一直不乏批评指责之音，批评者认为51.com是盗窃者，指责其为“山寨QQ”。尝到甜头、得了实惠的庞升东及其团队对此并不反驳，反而放下姿态多次在公共场合向腾讯表示致敬，坦言腾讯是值得学习的行业标杆，言语之中透露出对腾讯的尊敬。而腾讯对51.com的“山寨”行为也颇为宽容，从未因此向51.com发难。

腾讯与51.com之间的和谐，因为彩虹QQ的出现而画上句号。2008年11月初，腾讯一纸诉状将15名集体跳槽到51.com的员工告到了深圳福田法院，指责这些员工违反竞业禁止义务，将商业机密带入了51.com。紧接着，一款神秘的QQ外挂——彩虹QQ出现，这个外挂的幕后操纵者被怀疑是51.com。51.com的负责人先是否认了彩虹QQ与自身有关，但在2008年11月25日，又公开承认51.com开发了彩虹QQ。

彩虹QQ是一款能够显示QQ好友IP功能和隐身功能的QQ辅助软件。在彩虹QQ之前，腾讯和珊瑚虫QQ的版权之战就已经闹得沸沸扬扬，最后以腾讯胜利而告终。

但是彩虹QQ与珊瑚虫QQ在本质上有着区别，彩虹QQ是独立的第三方软件，本身不修改代码，因此51.com认为其并不构成侵权。51.com发表公开声明称：“彩虹软件是51.com所属的一款合法的即时通信辅助软件，腾讯无权擅自认定彩虹软件非法。”

对此，腾讯回击称：“腾讯将尽一切努力去保障用户的隐私和信息安全，打击不法外挂。居然有合法注册的企业从事外挂的制作，我们难以置信。”

互联网上每天都有企业大打口水仗，大多数最后都不了了之，比如百度与淘宝之争。就在大家都以为腾讯与51.com也只是口舌之争时，2008年11月中旬，腾讯突然宣布将大规模强制卸载彩虹QQ，此举令互联网界一片哗然。

从出生那天起，51.com就一直在不断地模仿腾讯，二者一直相安无事，为何一个小小的外挂就掀起了如此巨大的波澜呢？对此，业内人士发表评论称，虽然此前51.com一直模仿腾讯QQ，但鉴于腾讯是基于软件客户端，51.com的发力重点是网页，51.com的模仿并不会威胁到腾讯。因此，腾讯可以无视51.com的做法。在整个腾讯大厦的布局中，QQ软件及其所承载的用户才是根本所在，是腾讯几乎所有增值业务的载体。而此次彩虹QQ的出现，志在从腾讯挖走QQ用户以充实51.com的人气，此举严重触及了腾讯的根基和命脉。如果彩虹QQ成功分流走了用户，整个腾讯大厦都有可能倾倒，所以腾讯才会有如此激烈的反应，非要将彩虹QQ置之死地而后快。

双方的争端在2008年年底以51.com宣布放弃对彩虹QQ的继续开发而告终。庞升东表示彩虹QQ事件的发展超出了他的想象，辩解说彩虹QQ只是51.com内部做的一个小尝试，并对自身法律意识淡薄做了检讨。

彩虹QQ一役的落败，虽然给51.com带来了一定的负面影响，但并未阻碍其前行的步伐。截至2008年年底，51.com的合作广告品牌客户累计超过200家，稳居于国内SNS领域第一阵营。

盛大搅动了网络文学这潭秋水

当国内的SNS在不断向前飞奔时，网络文学也开始蠢蠢欲动。

早在2001年，随着潇湘书院、起点中文网等网络文学平台的出现，文学就挤上了互联网的列车。因为一直没有找到可行的盈利模式，在2006年的网络文学寒冬中，一大批的网络文学平台被冻死。艰难活下来的文学网站积极探索新的盈利模式，收费阅读因此应运而生。

2008年7月4日，中国最大的社区驱动型网络文学平台——盛大文学正式成立。在之前，盛大集团已经收购了榕树下等数家知名文学网站，网络文学领域呈现出了“盛大独大”的局面。

盛大文学董事、CEO名叫侯小强。在加盟盛大文学后，侯小强只用了一个星期就推出了中国30个省作家协会主席作品巡展活动，这是盛大文学成立后的第一次高调亮相。从此，盛大文学在文化领域不断出镜，“盛大文学作家与矛盾文学奖评委结对子，参与举办全球写作大展”之类的新闻也一次又一次登上了媒体的版面。

为了拓展更多盈利渠道，侯小强主导的盛大文学与中国移动达成合作，成为中国移动平台最大的阅读内容提供商。这次合作，让盛大文学赶上了后来的移动互联网井喷，尽享了移动互联网之红利。随着国内手机阅读市场需求逐渐扩大，2010年度畅销榜前十作品中盛大文学占了七成。

盛大文学的盈利来源主要为两块：一是通过版权签约获得作者的作品版权，然后向读者提供付费阅读；二是将一些受欢迎的作品提供给出版商、游戏商、影视公司等进行再加工。也许侯小强并不是利用文学作品的衍生收益盈利的第一人，但在网络文学的发展过程中，他带领的盛大文学却将这种盈利模式演绎得炉火纯青，将网络文学这潭秋水搅得浪潮翻涌。

2008年，盛大文学的营收达到了5 300万元，估值从筹备阶段的千万级别上升到了亿元级别。虽然盛大文学成立时就已经进入了规模化发展阶段，但是其发展速度之快还是有些出人意料。

2008年，盛大文学荣获新闻出版总署评选的“2008年度文学网站”奖、2008福布斯中国新锐媒体奖以及《新周刊》评选的“2008中国新锐榜年度新锐企业”奖等奖项，盛大则成为清华大学经济管理学院的EMBA追踪案例。

2008年的盛大文学是一手好牌，但打了这么多年依旧没有和牌——如果上市算是和牌的话。自2011年起，盛大文学多次吹响IPO的冲锋号，但屡战屡败。2014年，陈天桥先后出售盛大文学、盛大游戏两块主体业务。2015年1月，据工商信息显示，盛大文学旗下多个核心公司已转至腾讯名下。

如何敲开文学与盈利之间的那道大门，仍是互联网大佬们需要深思的问题。

年度风云人物——互联网“宗师”陈天桥

有人这样将互联网人物归为四类：把雷军、张朝阳这种创立并兴盛一个门派、拥有独立基业和地盘的人称为互联网掌门；把周鸿祎、史玉柱这种引领一个潮流、每一步都震动江湖的人称为互联网枭雄；把李彦宏、马化腾这种垄断一个行业、主宰一片江湖的人称为互联网霸主；最后一种就是像马云、陈天桥这样的，开创一个行业，创新一个模式，让万人受益，他们能无中生有，平地起风云，被称为互联网“宗师”。

1973年5月，陈天桥出生于浙江绍兴，1994年毕业于复旦大学经济学专业，取得经济学学士学位。毕业后，他曾先后就职于上海陆家嘴集团和金信证券。1999年11月，陈天桥怀揣50万元启动资金创立了盛大网络有限责任公司。

陈天桥从骨子里就是个冒险家，他是开辟新大陆的哥伦布。2001年，盛大通过代理《传奇》找到了互联网创业的突破口，迅速在网游市场站稳脚跟。然而陈天桥的志向并没有局限于网游，在他的构想里，盛大将以网游为中心延伸到更多领域，即盛大的平台战略。无论是网络迪士尼构想，还是以盒子为核心的家庭战略，都是他的平台战略的不同变种。

关于盛大的急速扩张，其创始人之一的谭群钊认为：“可能我觉得盛大做个几十亿美元的内容公司就足够了，但陈总的梦想更大，他要的是几百亿美元的平台公司。”

陈天桥口才极好，讲话几个小时都不需要稿子，记录下来即可成文，且层次清晰、逻辑严密，语言极具鼓动性。当陈天桥开始进攻时，言辞如同呼啸而来的排炮，一切反对意见都会变成断壁残垣。

2005年，盛大突然宣布《热血传奇》永久免费，其股价旋即遭遇大滑坡。在网游收费还是个真理的年代，盛大的管理团队没有人同意陈天桥的做法，但陈天桥的专断让这个决定实施了下来。

此后，盛大开启了继代理《传奇》后的第二个辉煌时期，直接造就2009年盛大游戏融资10亿美元分拆上市。自此以后，盛大内部树立了陈天桥的绝对权威，后来推行“盒子计划”，陈天桥甚至这样解决内部争议：如果你们还有争议，或者认为这是一件没有价值的事，就马上离职！

陈天桥的强硬不仅体现在公司内部。盛大曾经发行过一次可转换债券，当时负责的投行高盛不想发，陈天桥放下狠话，说不想做就换掉它（高盛）。

霹雳手段加上菩萨心肠，方为成大事者的格局。陈天桥对于员工总是超乎常人的慷慨与宽容。在某次高管会议上，陈天桥提及某个因为过失而离职的员工，该员工泄露了公司核心产品的资料，但是陈天桥还是给了他丰厚的年终奖金，他的理由是该员工曾经为盛大做出过巨大贡献。

陈天桥还是一个热心公益的企业家。从2002年开始，他先后在西藏、青海、宁夏、安徽、甘肃等地建立了多所希望小学。2008年的“5·12汶川地震”发生后，盛大宣布停止全部游戏运营三天，以悼念地震中的死难者。盛大还率先向受灾地区捐赠1 000万元，并以各种形式给灾区送温暖。

早在2004年，31岁的陈天桥就成为了中国首富。但陈天桥的影响力不只限于财富，他对中国网络市场尤其是网络游戏市场的奠基和启蒙、他的果敢甚至独断、他对公益事业的关注，奠定了其行业宗师的地位。

从2009年开始，陈天桥开始淡出公众视线。他不再冲在一线当创业家，而是转型做投资家。“2009年游戏上市，当时盛大账面上有20多亿美元现金，旗下还有两个30亿美元以上的公司，游戏收入遥遥领先其他公司。在面临是一个个相继把游戏、文学等产业做出来、无穷无尽地重复下去，还是把自己转型成为一家投资控股公司的抉择时，最后决定应该转成一家以互联网创新为核心的投资控股公司。”陈天桥说，“我已经证明了我可以做king，我应该去不断地帮助人做事情，去做kingmaker。”

2014年5月，陈天桥罕见地出现在媒体面前。谈到盛大的转型，他一改往日的犀利作风，只是微微笑了下：“我这五年最大的动作就是忍住不做动作，这也是我最大的骄傲。”

2009年

卷土重来

2009年1月7日，工信部为中国移动、中国电信和中国联通发放了第三代移动通信（3G）牌照，此举标志着中国移动互联网即将进入3G时代。

电信运营商作为中国互联网背后的无形推手，一路伴随着中国互联网的成长。在获得3G牌照之后，三大电信运营商纷纷加快了3G化的进程，这必将给中国互联网的发展带来更多的机遇。

2009年，中国网游产业走过了整整10年的风雨，从无到有，从小到大，10年的厚积在这一年里薄发，网游产业变得精采纷呈。

也是这一年，根据CNNIC的报告显示，中国网民人数已经突破3亿，毫无争议地成为全球互联网第一人口大国。

种种迹象都在表明，2009年的中国互联网春意盎然。

互联网产业的幕后推手

2009年是中国3G网络元年。这一年的1月，国家工业和信息化部向中国移动、中国电信、中国联通三家电信运营商发放了全业务牌照，全业务牌照包括了基础电信业务牌照和第三代移动通信业务牌照（即3G牌照）。其中，中国移动获得了中国自有知识产权TD－SCDMA的3G牌照，中国电信获得了CDMA2000的3G牌照，中国联通获得了WCDMA的3G牌照。随着电信运营商获得3G牌照，移动互联网作为中国互联网发展的第三波浪潮即将兴起。

1995年，随着电信部门从邮电部拆分出来，电信资费开始下调，中国互联网进入起步阶段，瀛海威、中网、深圳讯业等第一批ISP（互联网服务提供商）纷纷亮相。两三年之后，网易、腾讯等公司纷纷成立，引领了中国互联网第一波大潮的兴起。这些公司的背景几乎都有着一个共同的特征，那就是与电信部门的关系异常密切。

2G制式与宽带的应用为中国互联网第二波浪潮提供了保障。作为中国移动通信技术的一个过渡产品，CDMA只是昙花一现，但其对于繁荣手机产业以及间接推动中国移动互联网的发展起到了一定作用。同时，SP作为电信增值业务提供商，它的出现拯救了一大批互联网公司，更将其中一部分公司引领至行业的顶端。

国内三大运营商获得3G牌照之后，移动互联网作为通信业发展的大趋势更加明显：移动互联网不仅继承固定互联网的很多技术，还在商务、娱乐以及移动性等方面满足了用户需求。三大运营商根据各自的网络技术特点以及市场、经营领域，分别制定出自己的移动互联网发展策略。

中国移动通过对移动互联网产业链的细分，从终端和业务内容双管齐下。终端方面，中国移动加大与优质终端厂商的合作力度，积极构建开放的业务开发平台，确保移动互联网应用推陈出新。此外，中国移动还加大了定制力度，与国外的NOKIA、LG等著名品牌，以及国内的华为、中兴、天语等终端厂商签署定制、合作研发等协议。业务方面，中国移动积极鼓励第三方开发者参与到移动应用业务开发，极大地丰富了移动业务产品内容。

中国电信在发展移动互联网上，借鉴了国外运营商以及国内竞争对手的经验，再根据自身的技术资源特点采取了3项措施来构建移动互联网产业体系。首先，加大固网控制力度，稳定了其互联网基础管道的掌控地位。其次，增强移动互联网业务提供能力，通过不断加大对增值应用的投入力度，在此基础上延伸出许多移动互联网产品。最后，通过打造“天翼”品牌，扩充了内容、业务提供能力。

当时，中国联通的移动网络落后于中国移动，固定网络落后于中国电信，但其3G网络技术超过了中国移动的TD－SCDMA和中国电信的CDMA2000。中国联通广泛引入丰富的第三方合作开发应用，形成运营商（拥有客户资源）、SP/CP（拥有信息、产品资源）的双中心模式。通过高品质的移动互联网业务产品及服务，联通吸引大量的高端客户。同时，联通也在努力打造自有移动互联网品牌——“Wo”，开展了“WoStore”和“Wo空间”等业务，并引入了大量的内容、服务提供商到“Wo”平台上。

无论是固定宽带时期还是移动互联网时期，电信运营商都在随着互联网的发展调整自己的姿势。3G牌照的发放是互联网发展过程中的一大转折，手机网络与电脑网络的鸿沟在此之后逐渐消失，移动互联网的价值日益显现，变革的序幕拉开了。

新浪MBO，曹国伟修成正果

2008年年底，新浪与分众传媒达成协议，将合并分众旗下的户外数字广告业务。此项协议的交易截止日为2009年9月30日。如果新浪与分众的合并能够完成，意味着中国最有实力的两大新媒体广告平台将整合到一起，届时将大大增强其媒体的覆盖率和影响力。然而，这场始于2008年底的大合并却因有关部门不予审批而搁浅。

2009年9月28日，新浪与分众同时宣布将不再延长此前双方有关合并交易的截止日，如果届时未能完成，交易将自动终止。当日，新浪还宣布了另外一项重大股权交易：以新浪CEO曹国伟为首的管理层，将以约1.8亿美元的价格购入新浪约560万股普通股，成为新浪的第一大股东。

新浪管理层1.8亿美元的购股计划，是中国互联网行业内的首例管理者收购（Management Buy-Outs，MBO）案例。所谓管理者收购，是指目标公司的管理者与经理层利用所融资本对本公司股份的购买，以实现对本公司所有权结构、控制权结构和资产结构的改变，实现管理者以所有者和经营者合一的身份主导重组公司，进而获得产权预期收益的一种收购行为。

2009年11月27日，新浪公司宣布：已向新浪投资控股公司（以下简称新浪投资控股）发售新股560万股，并收到新浪管理层1.8亿美元认购资金，双方交易已经完成。根据相关融资文件显示，新浪投资控股的普通股股东除新浪的管理团队以外，还包括中信资本、红杉中国以及方源资本，这三家私募基金有权各指派一位董事进入新浪投资控股的董事会。而新浪管理层有权指派四位董事，从而占有董事会的多数席位并对新浪投资控股拥有控制权。至此，新浪MBO完美收官。

从新浪的过往经历可以看出，掌握公司控制权对管理层而言极其重要。

新浪上市一年后，全球互联网泡沫破灭，新浪陷入危机。在应对措施上与董事会发生分歧的王志东，遭到其他投资人的驱逐而被迫“悲情离开”。

据知情人士透露，促成此次MBO的直接原因是新浪改变股权结构的希望再次落空。2008年年底，新浪增发4 700万普通股欲合并分众传媒旗下资产，江南春有机会进入新浪最高决策层。但商务部在该案设定的交易期限内未作批复，新浪担心面临价值大跌的风险，所以在2009年9月28日宣布合并中止的同时，推出了新浪MBO方案。

新浪MBO的成功让一直低调的CEO曹国伟进入公众视野。从1999年进入新浪成为职业经理人到2009年控股新浪，曹国伟可谓十年磨一剑。

曹国伟出生于上海，复旦大学新闻系毕业后出国留学，获得美国俄克拉荷马大学新闻学硕士学位及德州大学奥斯丁分校商业管理学院财务专业硕士学位。加入新浪之前，曹国伟就职于世界五大会计事务所之一的普华永道会计事务所（以下简称普华永道），担任资深经理，期间曾参与多家高科技公司在纳斯达克的上市工作，新浪正是其中之一。

1999年新浪准备上市期间，曹国伟被美国总部派到北京指导北京普华永道对新浪的审计，他与新浪的缘分就此展开。随后，应茅道临之约，曹国伟加入新浪，任主管财务的副总裁。

之前，新浪总是因为各种原因无法按计划登陆纳斯达克。曹国伟加盟之后，为新浪设计了新的上市方案（后被称为“新浪上市模式”），此方案最终被纳斯达克接受。2001年1月，曹国伟升任新浪首席财务长，后任新浪首席财务长兼联席运营长，2006年5月起担任新浪CEO兼总裁。2009年新浪MBO完成之后，曹国伟成为新浪的新任掌门。

纵观整个中国互联网业界，职业经理人做得如曹国伟一般名利双收的人很少。周鸿祎、田健都曾做过职业经理人，但结局却都不好。周鸿祎把3721的股份全部卖给了雅虎，自己成为雅虎中国的职业经理人，雅虎中国在他手中的业绩也还过得去，但最终因为与雅虎总部意见不合而离职出走。田健在周鸿祎离开雅虎中国时没选择离开，而是留下来并取代了周鸿祎原来的位置。最后，由于雅虎中国与奇虎360之间的“战争”致使雅虎中国元气大伤，田健难以自保，也黯然退场。总之，中国互联网公司的多数职业经理人的日子都不太好过，打工者永远无法与资本意志相抗衡，连大名鼎鼎的周鸿祎者也不例外。

MBO之后，曹国伟的作为没有让新浪人失望。2009年，新浪推出新浪微博取得了巨大成功，成为中国最开放的网络平台之一。

回顾曹国伟的历史，他并未经历过命运感十足的大起大落，不喜欢谈论风云，只是出色地完成学业和本职工作，这是曹国伟的独特之处。因此，业界给他打上了内敛、严谨、富有逻辑等诸多标签。他是一个将“寻常做到极致”的人，是2009年最成功的职业经理人，但是此时的他更像是一位创业者。

暴雪抛弃九城，拥抱网易

如果说《大话西游》系列和《梦幻西游》等游戏的成功，是网易立足网游界的根基，那么2009年从九城手中夺下《魔兽世界》，应该算是网易在网游界更上一层楼的标志了。

“得魔兽者得天下”是网游界的共识，九城在2005年开始，凭借代理这款游戏成为了中国网游界的一匹黑马。到了2008年，在九城就《魔兽世界》的续约事宜与暴雪娱乐谈判时，并没有得到暴雪娱乐的积极回应。

在2008年8月，网易与暴雪娱乐成立了一家合资公司——上海网之易网络科技发展有限公司（以下简称网之易），接下来网之易成功签下了暴雪公司旗下《星际争霸2》《魔兽争霸3：混乱之战》《魔兽争霸3：冰封王座》等多款游戏，双方分成比例高达5∶5。有鉴于此，暴雪娱乐当然不会轻易将《魔兽世界》的中国内地独家代理权再交给九城了。

2009年4月16日，暴雪娱乐和网易宣布，在中国大陆地区的《魔兽世界》现有运营权协议到期后，将其独家运营权授予网易旗下的关联公司，为期三年。这则消息意味着，在6月代理协议到期之后，网易将取代九城成为《魔兽世界》新的运营商。

之前，对于《魔兽世界》最终花落谁家，业内传闻最多的是盛大。但从盛大的用户结构来看，《传奇》系的玩家显然不会喜欢内容较深、系统繁琐的《魔兽世界》。其次，从盛大的布局来看，当时已经开始了《永恒之塔》的大规模推广，接手相对同质的《魔兽世界》势必造成自我竞争。

刚刚坐上网游头把交椅的腾讯，也不太愿意接手魔兽。除此之外的网游公司，如完美时空、畅游、巨人都是以自主研发为战略的厂商，发展重心不在代理游戏上。自久游网向下的厂商则普遍弱小，不具备代理《魔兽世界》的能力。网易具备代理的能力，自身又有着非常大的兴趣，加上与暴雪娱乐关系融洽，拿下《魔兽世界》也就顺理成章了。

2005年前后，以免费邮箱起家的网易在游戏业务上取得空前成功，旗下的《梦幻西游》和《大话西游2》如日中天，而网站广告业务和无线业务则开始下滑。因此丁磊做了一个决定，将网易在北京的网站部搬到广州，随后又进行了人员精简，这些举措表明网易的业务重心正从最初的网站和游戏业务并驾齐驱，转变为游戏开发和运营。在当时，《梦幻西游》和《大话西游2》日进斗金，网易还同时手握两款正在研发的原创3D作品《天下2》与《大唐》，对大型3D网游市场充满雄心。

尽管网易的产品线已逐渐丰富，但是为其贡献主要收入的依然是运营已多年的两款西游题材的旗舰产品及其衍生游戏。在两款原创3D网游中，《大唐》成绩平平，而此前在宣传中一度对标《魔兽世界》的《天下2》在内测后的成绩也是乏善可陈，在线人数根本无法与《魔兽世界》相提并论。

随着时间的推移，网易在游戏上后劲乏力。虽然《梦幻西游》和《大话西游2》依然保持着庞大的市场份额，但是也受到越来越多同类产品的冲击：《水浒Q传》《问道》《梦想世界》等大量新游戏涌入市场。如果不突破现状，继续依赖这两款游戏，网易必将会坐吃山空。于是网易将目光转向境外游戏，希望通过代理一款成熟的网络游戏以稳固自身的江湖地位。

对于《魔兽世界》的开发商暴雪娱乐来说，如果《魔兽世界》这款成熟产品能给自己带来更多的收益，那么更换一下代理公司也未尝不可。对于暴雪娱乐抛弃九城、将《魔兽世界》的后续运营权签给了网易的行为，摩根大通的分析师Michael Pachter发表评论道："暴雪每年从中国市场获得更多的分成，这是促成暴雪抛弃九城转而与网易合作的主要原因。根据当时与九城的合同，暴雪每年只能从《魔兽世界》在中国的运营收入中获得22%的分成，据估计为5 000～5 500万美元之间。而其与网易的合同分成比例高达55%，这意味着1.4亿美元的收入。"可以看出，在这场代理权之争中，最大的赢家无疑是暴雪娱乐。

网易获得《魔兽世界》的代理权，除了可以进一步提高自己的品牌价值、丰富自己的产品线，还可以通过与暴雪娱乐的合作提高研发技术。但是网易首先要解决的问题是怎样完成用户数据的过渡以及通过审批等问题，若想让这棵摇钱树开花，网易还有很长的一段路要走。

一头"魔兽"搅乱三大巨头

在"暴雪粉"的心中，"暴雪出品，必属精品"早已被奉为真理，而《魔兽世界》的出现，更加是验证了这句话。对中国玩家而言，《魔兽世界》是经典中的经典；对中国网游巨头来说，它直接或间接影响了他们的命运。

2009年6月7日网易接手魔兽后，因为审批原因一再推迟开服时间，直到9月19日才重新开始商业化运营。然而，噩梦并未结束。11月3日，新闻出版总署决定终止《魔兽世界：燃烧的远征》的审批，要求网易公司停止收费和新账号注册。而审核问题直到春节才得以解决。在此期间，网易损失惨重。据其发布的2009年三、四季度财报显示，网易2009年下半年毛利率下降明显，从79%跌至65%。

《魔兽世界》延迟开服另一恶果是玩家大量流失。据易观国际分析，《魔兽世界》在2009年运营不正常时期，玩家流失大约为15%。网易随后通过各种营销手段拉回大约5%老玩家，但较九城时代还是损失10%的玩家。进入2010年，网易再次遭遇审批问题，其在2009年报批的资料片《魔兽世界：巫妖王之怒》未获通过。几经修改后，《魔兽世界：巫妖王之怒》方才将在2010年8月底推出，但许多玩家早已失去热情。与台服相比，国服资料片因受审查限制而被迫删减，比如去掉骷髅头、精灵跳舞等内容。调查显示，56.5%的玩家对于删减版表示不满，并选择留在外服上。更让网易尴尬的是，在千辛万苦取得《魔兽世界：巫妖王之怒》后，魔兽官方又推出新资料片《魔兽世界：大灾变》，台服也迅速跟进推出。而网易不跟进的话，将处于极为不利的位置，而跟进的话，势必又会面临重重监管难题。

昂贵的版税、保证金与技术费用，逐季摊销的巨额服务器成本，为挽回流失玩家而支出的高涨营销费用，都在侵蚀这款已运行4年的《魔兽世界》的利润。在九城时代赚得盆满钵满的《魔兽世界》，在网易时代却雄风不再。财报显示，九城代理魔兽的季度最高净营收达3.8亿元，这对网易来说是一个难以达到的目标。

与网易差强人意的处境相比，九城的境况更为悲苦。九城因《魔兽世界》而名满天下，失去它后一蹶不振。虽然朱骏多次在公开场合表示九城并不是如外界传言那样收入完全依赖《魔兽世界》，但失去《魔兽世界》之后连续两个季度收入大幅下滑却是事实。

失去《魔兽世界》的九城把精力集中在自主研发上，但本土原创游戏市场竞争非常激烈，而九城缺乏自主研发经验，这条路注定不会好走。九城自主研发的以三国为历史背景的新概念版格斗MMOARPG游戏《名将三国》，在投放市场之后反响平平。除此之外，九城研发的3D奇幻MMOARPG游戏《奇迹传说MUX》刚一公布，便遇到了市场冷落。九城的遭遇给业界敲响了警钟：仅凭代理或过分依赖某一个产品，对公司的长远发展极为有害。

另外一家受到影响的是金山。2009年的金山踌躇满志，凝结着金山西山居工作室六年心血和承载着无数玩家期待的《剑网3》在8月28日开始公测。《剑网3》如果成功，金山便可以借机确立在国产网游研发领域的地位。但事实却不尽人意，在经历了公测期短暂的火爆之后，《剑网3》的在线人数骤减，人气很快就散了。

不可否认，《剑网3》的画面精美、内容宏大、文化底蕴深厚，品质在国产网游中堪称精品，按理说应该得到玩家们的力挺，但结果却是事与愿违。《剑网3》是一部典型的《魔兽世界》仿品，但与《魔兽世界》相比，游戏性差了很多，所以难免招致魔兽玩家的不屑。最终，《剑网3》以失败收场。

虽然代理《魔兽世界》让中国网游公司一度大获其利，但是从长远发展角度看，代理者始终是处于弱势，命运往往被他人所操纵。况且无论谁去代理，最大的获利者永远是研发公司。一款成功的国外网游作品搅动了中国几大网游巨头，其中的得失值得每一个从业者深思。

完美时空立足网游，多点开花

作为中国领先的网游开发商和运营商，池宇峰的完美时空始终秉承“坚持自主创新、发展民族网游”的宗旨，陆续推出了多款网络游戏产品。完美时空的游戏产品全面拓展至海外市场，旗下部分产品出口到多个国家和地区。

2009年2月6日，完美时空宣布旗下的《口袋西游》出口韩国，与韩国hiwin公司正式签约。此前，《口袋西游》已经在中国网游市场取得成功，成为2008年中国网游界一颗耀眼明星。《口袋西游》包含了一系列特色内容，如“六大职业”“腾云驾雾”“七十二变”“空中自由战斗系统”以及强大的“九系宠物系统”。这款具有浓郁中国古代神话风格的游戏，为韩国的游戏玩家们带来全新的游戏体验。

2009年3月20日，完美时空宣布邀请当年最红的魔术师刘谦代言旗下网游《神鬼传奇》，这是完美时空选定网络游戏代言人最受瞩目的一次动作。《神鬼传奇》是一款以西方神话为背景的魔幻探险网游，游戏设计风格给人一种神秘感，这一点恰巧与刘谦的魔术师身份相得益彰。完美时空凭借刘谦的火爆人气，迅速打开了《神鬼传奇》的市场。

2009年5月6日，完美时空正式发布《梦幻诛仙》。《梦幻诛仙》是完美时空在2D网游领域的代表作，也是完美时空的第一款2D回合制网游，于2009年8月正式上线。

从2006年开始研发，《梦幻诛仙》就使用了顶尖EPARCH2D引擎，突破了2D游戏技术瓶颈。《梦幻诛仙》的目标是成为2D游戏的里程碑，完全超越传统2D网游。在《梦幻诛仙》中，玩家可以体验到诸多原本只有在3D游戏中才能拥有的震撼享受。

完美时空耗巨资全新打造EPARCH2D引擎，首次在2D回合游戏中运用全粒子效果渲染画面，游戏画面表现绚丽夺目、栩栩如生，给玩家带来极强的视觉冲击力。不仅如此，《梦幻诛仙》还在2D回合游戏中首先采用1024×768的超大分辨率，为玩家展现了一个美轮美奂的仙侠世界。

《梦幻诛仙》在传统回合网游的基础上推陈出新，战场系统和城战系统的引入，为玩家提供了更多玩法。其常规系统也全面优化升级，如装备系统、宠物系统、帮派系统等。此外，还构建了生产体系和社交体系。这一系列的创新和升级，赢得了玩家们的高度认可。

就游戏内容而言，完美时空与萧鼎先生合作，获得了著名小说《诛仙》的改编权，早在2007年推出的3D网游《诛仙》就取得巨大成功。与《诛仙》同时开发的《梦幻诛仙》在时隔两年之后震撼推出，玩家可以在《梦幻诛仙》中探索小说《诛仙》中的未解之谜，感受全面的诛仙世界。

2009年，池宇峰和他的完美时空一步一个脚印地在网游市场上前行。《神鬼传奇》和《梦幻诛仙》成功扩展了完美时空的产品组合。2009年完美时空年度营业利润为10.84亿元，比上一年增涨了60%。除了网游产品带来的收入，2009年8月公映的电影《非常完美》的版权授权，也为完美时空带来了5 000万元的收入。

年度风云人物——低调的马化腾

2009年4月3日，腾讯网正式签约成为2010年上海世博会赞助商。九点整，马化腾坐在了记者面前；十点半，他赶到了世博园区；下午的发布会上，他以世博会合作伙伴的身份致辞。马化腾极少这样抛头露面，多数时间里，他如同一个程序员，宅在位于深圳高新科技园南区飞亚达大厦的腾讯总部。

马化腾的低调并非刻意为之，而是与生俱来的性格使然。早在润讯打工时，马化腾就是这样的处世风格。以至于多年后他功成名就，润讯的前同事们都为之惊讶，一致用“没想到”、“当年他很不起眼”这样的词汇来形容“小马”。

马化腾于1995年3月花了5万元，开通了国内最早的四线（即4条电话线）站台。他的站台叫Ponysoft，Pony是马化腾的英文名，Ponysoft意思为马化腾的软件站台。Ponysoft是深圳地区最受欢迎的BBS，丁磊、求伯君、雷军等当时的优秀程序员都啸聚于此，站长Pony也由此名声大噪。在Ponysoft网友聚会上，作为主角的马化腾总是一个人静静地待着。除非有人主动搭讪，他才会被动地说上几句。他的低调，导致多年后聚会的参与者们没有一个人能讲出一则有关他的趣闻逸事。

据2000年进入腾讯、员工编号为18号的阿华说，他第一次在腾讯见到马化腾的时候，以为马化腾不是自己的老板，而是一个跟自己一样刚毕业不久的打工仔。阿华将创始人之一的曾李青误认为是大老板，当然，曾李青也是老板，不过马化腾才是最大的老板。

从外表上看，曾李青比马化腾更像一个老板。首先，体格上，曾李青略胖，人也显得成熟，而马化腾略微偏瘦，又是一副娃娃脸；其次，在穿着上，曾李青更加讲究，待人接物也比马化腾圆滑老到、热情善谈。因此，每当他们俩外出谈判，曾李青总是会被人误认为是大老板，而马化腾则被认为是曾李青的助理或秘书。

有一则趣事可以应证曾李青与马化腾在派头上的差异。早年他们结伴去美国参加游戏展，在广州签证时，马化腾居然被拒签了，反而是陪同他去美国的曾李青获得了签证。获得签证后的曾李青，通过一番蛊惑，居然让签证官改变主意，重新给了马化腾去美国的签证。

在公司里，马化腾也以"低调"著称。他不怎么露面，有时候还会羞涩。据说，他和女员工说话时都会脸红。有一次公司搞文艺晚会，女主持人要求拥抱他，他没好意思拒绝，但是在拥抱时，所有的人都看到他的脸红了，一副很难为情的样子。

外表文静、性格温和并非马化腾的全部，商业上该凌厉的时候他丝毫不会含糊。在马化腾提出做腾讯网时，遭到了内部管理人员的一致反对。这时候的马化腾不再"羞涩"、不再"低调"，他越过管理人员，直接找到下面的技术人员，要求他们先做一个 PHP 版本出来，然后他再拿着这个 PHP 的版本，一个个找管理人员讨论，花了很长时间才说服了大家。2003 年 12 月，腾讯推出 qq.com。

当时，没有人相信腾讯网能够做起来，因为三大门户的地位已经十分稳固，后来的挑战者无一不饮恨沙场。但是腾讯网成功了，根据权威统计机构 Alexa 和艾瑞的流量监测显示：截至 2006 年 4 月底，腾讯网已经连续三个月流量稳居门户三甲。2007 年，腾讯网的广告收入是 4.9 亿元。

2009 年 8 月，腾讯在香港资本市场上的股价达到每股 120 港元，对应的公司的市值突破 2 000 亿港元，约 300 亿美元。在海外资本市场，100 亿美元的市值是一个高科技公司登堂入室的重要门槛。显然，腾讯已经稳稳地进入了世界一流高科技公司的行列。

没有李彦宏光鲜的海归经历，不像马云那样舌绽莲花，缺乏张朝阳的表演天分，技术"土鳖"马化腾只喜欢"静静"。他并不认为这有什么不好，因为："我们开发人员、软件人员都这样，比较内向，比较喜欢做产品。对懂的东西，我可能说得多点，其他的事，我就不太知道怎么说了。"

2010年
呼啸而至的移动互联

如果把2010年中国互联网界发生的许多事件想象成一部电影中的情节，那么这部电影为人们呈现出来的是一场精彩纷呈、震撼无比的“视听盛宴”。其中，“爆发”和“竞争”无疑是最大的两个看点。

从2009年开始流行，到2010年呈现出爆发态势的微博是这场“视听盛宴”中最引人注目的角色。微博的爆发除了带动各大传统门户业务出现新的增长点之外，更重要的是作为全民共享的一个信息传播平台，它引领了新一轮互联网传播风潮。

与微博一起爆发的还有网络团购。网络团购的火爆，宣告互联网应用成为了人们日常生活中不可或缺的一部分。而在网络团购火爆的背后，也暴露出诚信经营、不良竞争等诸多隐患，同时为用户、商家及监管部门都敲响了警钟。

互联网创业总是奇招迭出，2010年奇虎360用免费杀毒软件“屠杀”大杀毒厂商的战事尤为引人注目。这场“屠杀”在吸引眼球的同时，也给互联网公司以及广大网民带来了更多深层的思考。

在新事物不断爆发和产业内的竞争更加激烈的同时，中国互联网产业朝着更深、更广的领域挺进。一个属于互联网，也属于全体网民的未来的画卷正在徐徐展开。

微博爆发，互联网传播潮再起

2010年移动互联网百花齐放，其中最惊艳的一朵叫微博。在微博还没产生的年代里，博客一直是表达民意的最佳渠道，随着微博的兴起，博客的根基被撼动。

互联网内最早也是最著名的微博网站是美国的Twitter，由埃文·威廉姆斯创建的Obvious公司推出。在中国兴起之前，微博在国外已经发展了几年，中国的微博经过新浪等网络巨头持续加热，很快便沸腾了。

互联网的个人创作热情，以博客、网络小说作为起点，逐渐形成了深厚的创作氛围，各路知名博主、签约写手成为门户网站抢夺的资源，但是高质量博文仍然稀缺。除非博主具备文学创作、数据积累、行业背景等多方面的素质，才能写出一篇优秀的博文。这个门槛导致博客作品只是少数人的“玩具”，而“140字的限制将平民和莎士比亚拉到了同一个水平线上”。微博的快速发展，正是在这种背景下应运而生。

2009年8月，新浪网推出“新浪微博”内测版，成为中国第一个提供微博服务的门户网站。

运营微博一年之后，新浪微博用户达到5 000万，每天发布信息2 500万条。值得一提的是，新浪把以前推广博客的“名人效应”应用到了微博的推广上，同样取得了不错的效果。随着姚晨、小S等娱乐圈名人，任志强、潘石屹等产业界大佬和陈志武等著名学者的相继加入，新浪微博迅速成为新信息的发布与阅读平台。

新浪微博的成功刺激了中国其他门户网站，搜狐、腾讯、网易等也纷纷介入。2010年9月，张朝阳亲自上阵主抓搜狐微博，模仿新浪的成功模式，赵本山、小沈阳、朱军等娱乐明星在搜狐微博闪亮登场，对新浪微博形成追赶之势。网易则秉承Twitter的简约风格，摒弃了新浪微博回复提醒的繁琐功能。网易并没有打“名人”牌，而是将微博扩展到媒体、股票、IT、漫画等更大的范围，试图打造一个微博互动社区。

实力最接近新浪微博的是腾讯微博。腾讯在不断引入名人的同时，高喊着“与其在别处仰望，不如在这里并肩”的口号。2010年，经过一年的发展，单纯从用户数量级来看，新浪与腾讯跑到了前面。

用户数量的激增使微博在媒体世界成为一股新兴力量，它强劲的公共传播效果对社会的方方面面产生了极大影响。

2010年，“两会”期间的微博问政和将“两会”最新消息通过微博进行直播的形式，让公众眼前一亮。人民网的“微博报两会”成为“两会”期间的新闻亮点，其开通的微博在线讨论，则拉近了“两会”与民众之间的距离。

在发展微博业务上，各大门户网站的态度有所不同：新浪在微博上可谓倾全公司之力；腾讯奋起直追，欲借助平台优势与新浪争夺第一；搜狐发力虽晚，造势却明显；网易在营销及推广方面相对低调。而在手机客户端的争夺上，各大门户也是各显神通：新浪与中国联通携手向二、三线城市推进，同时开始积极组建团队打造新浪微博手机；搜狐选择与中国移动合作，同时进行了一系列的促销；腾讯凭借所拥有的亿万手机端QQ用户，顺利推进了手机微博业务。相比之下，网易在手机客户端的争夺中略显被动。

2010年可以被称之为微博年，从潘石屹与任志强利用微博平台互相调侃，到犀利哥风靡网络……这一系列的热点事件，都是在第一时间从微博平台爆出。

随着移动互联网的发展，微博在移动平台更是如鱼得水，各种微博功能让人看得眼花缭乱，位置分享、图片目录分享、数据管理和问答、语音微博、社交问答、图片微博、服饰分享、社会化购物、私人瞬间分享、食物分享，随时随地分享等等，已经变成了一种流行风尚……这一切的一切，都归功于微博。

SNS网站繁华过后的没落

从2010年下半年开始，中国SNS网站的流量出现了大幅度下滑。继360圈在7月1日宣布倒闭之后，蚂蚁网也于7月30日关站。一起网、占座网、亿友网、亿聚网等中小SNS网站在死亡线上苦苦挣扎，连人人网、开心网、51.com也略显颓势。毫无疑问，中国的SNS已经在走下坡路。

中国的SNS网站经历了2008年的高潮、2009年的平稳，在2010年开始逐渐走向没落。

为什么中国SNS网站没能像美国的Facebook一样持续发展？这要从运作模式上寻找答案。中国的SNS网站大都模仿Facebook，甚至盈利模式都是复制来的。

同一种模式为何境遇会如此的大相径庭？国内的SNS真的学到了Facebook的精髓了吗？事实上，从一开始，人人网和开心网在模仿Facebook上就出现了问题。在吸引用户上，开心网和人人网的路径并没有太大的不同，游戏更多成为网站黏住用户的手段。据互联网流量调查公司CNZZ的数据显示，2011年第一季度，中国社交类站点最主要的应用依然只是偷菜等游戏。

人人网和开心网实际上更像是Zynga（全球著名的社交游戏公司），过多地将注意力投放在游戏应用的开发与运营上。通过游戏短时间内聚集到大量人气，之后如何转化为有效的、持续的人际关系网，这个问题一直没有得到解决。

在国外，平台开发和应用已基本分离，比如Facebook专心负责平台建设，寄生于Facebook平台之上的Zynga则负责游戏开发，彼此分工明确，共同形成一个良性循环的生态链。Facebook创始人扎克伯格反复谈到，要把Facebook打造成一个开发平台，而非一个简单的社交网站。在扎克伯格的构想中，Facebook不仅仅是人们相互交流的一个场所，也并非互联网上的一个终点，而是一个开放透明的平台。扎克伯格通过与第三方合作，成功地渗透到其他网站，让信息通过人际关系来传播，而自己则成了这个生态系统的有效连接者。

在这个规划之下，Facebook只做平台，不做应用。根据2010年年底的统计数据，Facebook平台上的第三方应用数量已超过24 000个，每天有超过40万的开发者围绕这个平台开发应用。换而言之，Facebook已经不再是一个网站了，它更像是一个互联网生态系统的创造者。

与Facebook相比，开心网在模仿的道路上显然跑偏了。开心网成立三年来，将大量的精力用在开发偷菜等生命周期短暂的产品和组件上。当用户玩腻一个后，再被迫开发新产品，如钓鱼、餐厅，之后是农场、城市。开心网一直在不断地被动满足用户需求，而非创造需求。在没有真正的互动和社交的前提下，当游戏的新鲜感被消费殆尽时，用户自然而然就离开了。

总之，国内的SNS网站尽管模仿了Facebook等国外优秀SNS企业，但并未成功复制其核心价值，既不能通过人脉关系来维持用户群体的增长与稳定，也不能通过内容带来流量。在用户对原有的网页游戏插件失去兴趣又找不到替代产品时，SNS的没落无可避免。

2011年5月4日，人人网成功登陆纽交所，除了上市首日股价飙升30%，人人网股价此后一路下跌，不到20天的时间就跌破了发行价。

人人网糟糕的股市表现，令程炳皓看在眼里，急在心里。作为开心网的创始人，他并不希望看到人人网在股市里表现不佳，毕竟两家公司同属于SNS领域。与人人网相比，开心网的日子更难过，原来热衷偷菜、抢车位的用户，他们的兴趣被更新颖、更好玩的微博吸引走了。

2010年7月，开心网曾经计划赴美上市，但并未成功。现在，上市的目标离它越来越远。

长江后浪推前浪，前浪死在沙滩上。

“后谷歌时代”的搜索新战争

根据艾瑞咨询发布的《中国互联网市场年度总结报告 2009 年》显示，中国互联网经济整体市场规模达 743 亿元，网络广告市场规模达 206 亿元，其中搜索引擎广告市场规模 69 亿元，同比增长率达到了 38.2%。

在这 69 亿搜索引擎广告市场里，已经形成了百度、谷歌双寡头的格局，两家公司的营收之和占了市场的 96.2%。其他互联网公司，雅虎、搜狗、腾讯搜搜、微软必应、新浪爱问、网易有道、阿里巴巴等，广告营收最多的才占到 1.1%的份额。

2010 年 3 月 23 日，谷歌宣布其搜索业务退出中国内地，并将搜索服务器由中国内地转至香港。关于谷歌退出的原因众说纷纭，这令谷歌的诸多忠实用户唏嘘不已。

搜索引擎是搜狐 CEO 张朝阳的一块心病，本来搜狐便是以搜索引擎起家，后来由于转向门户而忽视了搜索引擎，结果被百度后来居上。2006 年，张朝阳痛下决心要收复搜索失地，于是推出了搜狗，扬言一年内超过百度。结果，据正望咨询发布的《2009 年搜索引擎用户调查报告》显示，搜狗在 2009 年的用户市场份额仅仅为 3.5%，虽然排名第三，但远远落后于百度和谷歌。

在谷歌退出前后这段时间，张朝阳表示，2010 年搜狐的重点是投资搜狗，全力进攻搜索市场。在人才的引进上，2009 年上半年，搜狗员工才 200 人，一年之后就超过了 400 人。另外，搜狗还加紧了对谷歌广告代理商的收编，并加强搜索引擎本地化的应用与服务。谷歌退出大陆后，作为大陆搜索引擎行业的第二名，搜狗竭尽所能地抢占谷歌留下的市场。

虽然搜狗搜索质量无法与谷歌和百度相抗衡，但其通过本地化和一些特色的搜索服务以期吸引不同需求的用户。例如搜狗搜索和输入法的整合，通过搜狗拼音输入法成功地提升了自身的品牌，为提高搜狗搜索的份额奠定了良好基础。只是这很快就遭到腾讯QQ输入法的阻击。除了输入法之外，搜狗浏览器也是搜狗的客户端战略之一，毕竟用户的大部分搜索是基于浏览器而不是输入法。遗憾的是搜狗浏览器没有取得搜狗输入法那样的成功，反而被360浏览器后来居上。

搜狗在搜索市场上野心勃勃，但激烈的竞争使其处处受挫。搜狗与百度之间的差距并没有缩小，反而与同属第二梯队的搜索引擎打得难分难解。

腾讯在搜索领域出道较晚，曾经长期采用谷歌作为内置搜索，2009年9月开始独立运作腾讯SOSO搜索引擎。与其他中国互联网公司相比，腾讯有一个强大的杀手锏：QQ客户端。拥有上亿同时在线用户的腾讯QQ是一个可怕的对手，只要腾讯简单地在客户端QQ上集成搜索引擎，就足够让其他竞争对手头疼了，QQ拼音输入法的推出也是如此。

由于腾讯的用户群以青少年为主，因此腾讯搜搜可能会慢慢蚕食百度在娱乐方面的搜索市场。同时，搜搜的广告销售体系和代理渠道体系已经初步成型，相对于其他二线搜索引擎，腾讯的机会看上去会更大。

网易对于搜索市场也开始重视起来。网易有道的实时搜索是一个颇具特色的搜索服务，可以实时搜索网易微博和新浪微博的动态，是谷歌实时搜索的中文本地化克隆产品。这也是除谷歌外第一个基于中文的本地化实时搜索服务，这种特色搜索服务在一些专业领域具有较高价值。

综合来看，未来中国的整个搜索市场竞争会更加激烈，百度和其他搜索公司都会努力抢夺谷歌退出后的市场份额。在“后谷歌时代”，中国互联网搜索市场必然会面临重新洗牌，这其中肯定有不少的机会存在。

只是，留给这些搜索公司的时间可能不会太长了。似乎有迹象表明，谷歌将会在2016年后重返中国大陆。那时，江湖又是谁的江湖？

小米横空出世

“创业就是干别人没有干过的事情，干别人干过了但没有干成的事情。一个非常优秀的创业者往往都是离经叛道的、那种很夸张的人。他有挑战一切的勇气，这是需要鼓励的品质。所以我鼓励创业者要能够挑战权威，颠覆现有规则，这才是成功的经验。”这段出自雷军语录的名言道出了他对创业的感悟。

2010年4月，小米公司注册成立，四个月之后推出了小米的第一个产品MIUI。2011年8月16日，小米手机正式发布，在外界褒贬不一的声音中，小米手机的销量飙升，2012年卖出719万部，2013年卖出1 870万部。在此过程中，小米完成了四轮融资，估值迅速突破100亿美元，成为业界当之无愧的现象级品牌。

创办小米的时候，雷军刚过40岁，他把小米作为自己的最后一次创业，是对自己20年商业经验的一次大检阅。雷军把小米的成功比喻为“站在台风口上，猪都能飞起来”。虽然站在了台风口，但雷军并不是一头懒惰的“猪”，他的勤奋是出了名的，在业界有着“劳模”之称。

早在2008年，雷军就在他的博客中写下：移动互联网是下一波创业的大机会。此时正在做天使投资的雷军在移动互联网、电商、社交等多个领域连续投出多个知名案子——拉卡拉、UCWeb、凡客诚品、YY、乐淘、多玩、多看等。多年后，拉卡拉支付交易额超过1.8万亿元，拥有近1亿个人用户和超过300万企业用户，YY成功在美国上市，市值超过40亿美元。

虽然做投资让雷军获得了丰厚的回报，但他投资的公司很难说得上是自己的事业。在雷军的内心深处，他仍想做一番真正属于自己的事业、做一家市值百亿美元的公司。

雷军在担任金山公司总经理时，李彦宏还在美国留学，马化腾、丁磊等人刚刚大学毕业参加工作，马云则背着双肩包在杭州与北京到处碰壁。到了2010年，当雷军环顾四周时，发现自己已经远远落后了。

为了创办小米，雷军组建了一支非常豪华的创业团队，这支团队包括谷歌中国工程院副院长林斌、微软中国工程院开发总监黄江吉、谷歌中国高级产品经理洪峰、摩托罗拉研发中心高级总监周光平、北京科技大学工业设计系主任刘德、金山词霸总经理黎万强。很多国际知名公司的员工，在看到这份豪华创业团队名单后纷纷加盟小米。

2010年底，小米获得晨兴创投、启明和IDG三家风险投资商总计4 100万美元的投资，公司估值2.5亿美元。一位投资人总结小米模式为：在思路上领先两年，产品上领先一年，传统手机厂商很难追上。其实，外界对于小米模式有很多误读，马云在央视年度经济人物颁奖典礼上谈到小米，说其核心是营销，雷军后来主动找马云解释说小米的核心在于产品。

雷军一直宣称“最好的产品就是最好的营销”，这并非只是一句空话。在雷军看来，如果产品本身不能让用户尖叫，那么它注定是失败的，“让用户尖叫”是雷军衡量产品的第一准则。以小米历代的产品为例，从配置到价格，无不让用户惊叹。

2013年，在互联网大会上，成立相对较晚的小米公司吸引了无数眼球，发展速度最快、市值百亿美元等金光闪闪的标签贴在了小米的身上。短短三年时间，小米从当初一鸣惊人的小米手机起步，成为了家喻户晓的电商品牌。

公司的壮大意味着市场的扩张，阿里巴巴如此，华为如此。华为从通信设备扩张到电子，正准备从电子扩张到电子商务。小米也开始涉足电视、空气净化器等品类。

迅猛发展的小米公司，在春风得意马蹄疾时从单行道走到了分叉路口。未来如何？

没人有能够回答，包括雷军自己。

年度风云人物——“天使”李开复

2009年8月，作为全球华人最杰出的科技精英和管理者之一，48岁的李开复从谷歌辞职，放弃了年薪千万的工作，转身成为了一名天使投资人。

同样在这个年龄，微软创始人比尔·盖茨选择了慈善事业；新东方的俞敏洪想要做最好的大学。在临近“知天命”的时候，李开复决定帮助更多的创业者走向成功。

在每一次面临人生选择时，李开复总是依据自己内心的声音。无论是在哥伦比亚大学从法律专业转投计算机系，还是离开卡内基梅隆大学的教职到苹果公司任职，亦或是从苹果公司到SGI公司，从SGI公司在到微软，以及后来的从微软到Google惊心动魄的“一跳”，对于李开复来说，没有什么力量能够阻挡住他选择的权利。

所谓天使投资，是风险投资的一种。天使投资人的投资额度有限，一般专注于初级种子阶段的创业公司，这种创业公司一般只有一个创业想法，并没有形成一定规模。天使投资是支持美国早期创业和创新的主要支柱，美国目前的天使投资，一般占风险投资的40%~50%。以李开复曾经任职的Google为例，创始人谢尔盖·布林和拉里·佩奇仅有企业创意，在公司还没有成立的时候，就得到了天使投资人提供的10万美元支票，随后Google成为市值超过千亿美元的互联网巨头。Google、Facebook、百度、搜狐都是从天使投资人的几十万美元起步，创造了伟大奇迹。

根据美国新罕布什尔大学下属的创业研究中心一份报告表明：2008年，美国共有26万多名活跃的天使投资人，他们为55 480个创业企业提供了总额为192亿美元的投资。这也是美国的硅谷之所以具有创新活力的一个重要原因。

李开复通过再三思考，决定打造一个服务于中国年轻创业者的、产业化规模的天使投资机构。2009年9月，创新工场成立，这是一家致力于早期阶段投资并提供全方位创业培育的投资机构。创新工场既是李开复职业经理人生涯的结束，也宣告了李开复的创业生涯开始。

2010年4月，点心网获得创新工场300万美元的天使投资。2012年，百度以3 500万美元收购了点心网。

同为4月，友盟获得创新工场300万美元的天使投资。2013年4月，阿里巴巴以8 000万美元收购友盟。

2010年8月，应用汇获得创新工场300万美元的天使投资。2012年2月，应用汇获得创新工场与其他投资机构的4 000万元A轮投资。

2010年10月，涂鸦移动获得创新工场600万元的天使投资。2011年8月，涂鸦获得创新工场与其他投资机构的1 000万美元A轮投资。

2010年12月，“布丁爱生活”获得创新工场数百万人民币的天使投资。2011年10月，布丁宣布获得清科领投的近千万美元A轮融资，用户突破500万。

以上只是创新工场投资大河里撷取的几朵浪花。截至到2015年2月，据李开复透露，创新工场累计投资了150家公司，其中近20家公司估值在1亿美元以上。

“我们很自豪，未来还会更好。创新工场的目标是成为中国最好早期投资机构之一，甚至成为世界最好早期投资机构之一。”李开复这样说。

李开复对成功的定义是，“通过帮助年轻人成功，我也间接成功了。”这样的认识或许是对“知天命”最好的诠释吧。对于李开复而言，他最珍贵的资产是在前四家跨国巨头公司担任要职时所学到的创新模式、管理方法，学习到的一个公司如何从优秀到卓越、如何理解产业的规划和战略、如何做一个跨国品牌企业。所以，他领导下的创新工场致力于打造一个全方位的创业平台，针对早期创业者需求的资金、商业、技术、市场、人力、法律、培训等提供服务，帮助创业公司顺利启动和快速成长。

在中国，在诸如李开复这样的人的带动之下，越来越多的企业家、经理人也投身天使投资，为创业原野上百花齐放贡献着自己的光和热。

2011年

战争与和平

2011年，神奇的互联网思维搅动着一颗颗不安分的心，在这个豪杰并起的时代，谁都有机会，谁都希望成为下一个强者！

创业者在加紧实践他们的理想王国，巨头们在积极拓展自己的势力范围。一场互联网时代的“战争与和平”正在上演，中国互联网产业的群体变革正在进行。

竞争的硝烟弥漫着整个2011年，竞合的信息也在不断地释放。人们一面感叹着互联网之冬的寒冷，一面又惊喜地看到一丝丝春天的绿意。“一支独放不是春，百花齐放春满园”，互联网告别了“群架时代”，建设开放平台成为大公司的公识……只有通过开放平台，才能过渡到新的商业模式，让互联网公司和创业者得到生存和发展的土壤，这是一个互利竞生的生态系统。

乔布斯已逝，“雷布斯”崛起

2011年10月5日，一颗伟大的心脏停止了跳动，他就是一手缔造了苹果公司的史蒂夫·乔布斯。苹果公司网站发布的消息说：“苹果失去了一位富有远见和创造力的天才，世界失去了一个不可思议之人。”

即使站在太阳系外来审视，乔布斯也是一颗熠熠生辉的恒星，世界各地数以亿计的用户使用着苹果的电子产品，他们不但是苹果产品的追随者，也是乔布斯的忠实信徒。

和苹果品牌一起流传的还有乔布斯的创新精神、管理手段以及产品与营销理念，这些已经成为企业管理者日夜研习的“圣经”，无数追随者为之痴迷、争相效仿。就像比尔·盖茨所说的：“很少有人对世界产生像乔布斯那样的影响，这种影响将是长期的。”

在中国，小米手机的创始人雷军堪称乔布斯的忠实追随者，无论是小米手机发布会中雷军的衣着、动作和展示所用的“大屏幕”，还是他时常抒发要做“乔布斯那样的英雄”的情怀，都表明他对乔布斯的无比崇拜。

雷军学习乔布斯的精神，但并不愿意做他的复制品，因为谁都想成就一个独特而丰满的自己。雷军说：“认真考虑产品的每一个细节，将产品的核心诉求点和根本定位于服务用户，也只有如此才能摘掉‘模仿’的帽子，才能打造出具有划时代意义的上佳产品。”

让我们把目光拉回到2010年，早已从金山软件公司辞职的雷军投资了凡客、优视科技、多玩等多家公司，这些公司都是走在时代前沿、很有成长空间的科技互联网公司。投资客的日子可谓悠哉游哉，可是乔布斯的光亮时时让他警醒。雷军曾经有过这样一句名言：“台风来了，站在风口上，猪都能飞起来。”身处创业的黄金时代，一个心怀梦想的人又怎么能安于现状呢？于是，已届不惑的雷军决定再次创业。

2010年4月6日，小米科技公司横空出世。

2011年7月12日，小米创始团队正式亮相，宣布进军手机市场。

2011年8月16日，小米手机一代正式发布。

2011年12月18日，小米手机一代第一次正式开启网络售卖模式，5分钟内告罄。

2011年的小米公司虽然是一个初出茅庐的“后生”，但已锋芒尽显。几年之后的今天，小米估值高达500亿美元。按照这个估值，小米是仅次于BAT的第四大互联网公司。从来没有一家中国互联网公司成长得如此快速，雷军“雷布斯”用了哪些策略？

价格策略：采用“高配低价”策略。在手机市场，什么是好的产品呢？雷军说，就是硬件比苹果好，软件比三星好，而售价不到对方的一半。这样质优价廉的产品，自然会受到用户的喜欢和追捧。2011年8月16日，米粉们翘首以盼的小米一代正式发布了。这在当时可谓是“全球第一”的配置：国内首款双核CPU，运行内存1.5GB，拥有4英寸屏幕，待机时间450小时，800万像素镜头。按照当时同类智能手机的市场价，少说也要四五千元，但是小米手机最后的定价是1 999元。可以说，正是小米手机的高配低价，改变了国产手机市场的格局，震撼了国产手机界，小米手机的价格成为后来不少同类产品定价的参考标准。

产品策略：小米公司的“铁人三项模式”尽人皆知，即从应用软件到系统层面再到最后的硬件，打造一个完整的生态系统。小米的软件系统MIUI从小米一代发布到2011年底，共发布了70个版本。不断完善功能，不断优化设计，让用户感受到前所未有的体验，这样做的结果就是用户越来越喜欢小米手机。在硬件方面，每一款小米手机都追求极致的配置。

管理策略：小米的轻资产商业模式一直让雷军引以为傲。小米公司没有库存，直接收集用户预约信息，然后根据需求联系设备商、供应商。这种方式的优势在于：首先可以大大降低成本；其次，可以进行高效率的团队管理，及时反馈，及时调整；第三，可以选择最优的商家进行合作，从而打造更完美的产品。

团队策略：精兵强将再加上扁平化管理。雷军深谙人才的重要性，要做一家国际一流的公司，一定要有一流的人才。因此在创业伊始，小米就组成了强大阵容的创业团队。有了优秀人才，还要有让人才充分发挥作用的管理模式。小米实行扁平化管理，同时推行员工持股。这样，没有复杂的层级关系，没有绩效考核之类的条条框框，但是每个人都能充分地表达并且发挥自己的作用，因为他们每个人都是在为自己工作。这样极简的管理方式产生了更高的效率。

营销策略：小米的营销在中国的“互联网江湖”已然成为传说，以至于马云谈起小米的第一印象就是“营销”。2011 年 8 月 16 日，小米手机一代正式发布，小米举办了“MIUI 周年粉丝庆典”，这次庆典在北京著名景点 798 艺术区举办。活动通知发出仅仅两天，报名人数就已经超过了会场的最大容纳量。12 月 31 日，小米公司举办“年度爆米花典礼”活动，这次活动更是将粉丝的热情推向了高潮。据不完全统计，截至 2011 年 12 月底，小米公司举办的同城会超过 100 场。小米是一家打着鲜明的互联网烙印的新型企业，依靠粉丝的参与感营销，一次又一次地刷新着销售记录。

在小米手机出现以前，高端手机市场被苹果、三星等国际品牌垄断，国产手机也是“皇帝女儿不愁嫁”的心态，每一款新机发布动辄数千元。而小米手机的出现，仿佛一场飓风，将整个行业的规则一扫而空。沉睡着的国产手机市场惊醒了，原来手机可以这样卖！

乔布斯已逝，“雷布斯”们会崛起吗？面对着波涛汹涌的手机市场，我们期待着下一个英雄的出现，我们相信一个无限美好的国产手机市场就在前方不远处。

挺住，意味着一切

你还记得那个夏天被网友们玩坏了的“凡客体”吗？由韩寒和王珞丹代言的凡客诚品广告，以充满个性的自我表达方式在网民中引起了强烈共鸣。随着“爱网络，爱自由，爱晚起，爱夜间大排档，爱赛车，也爱59元的帆布鞋……”的凡客体的流行，凡客诚品成为了一个家喻户晓的电商品牌。

2011年11月底，凡客副总裁吴声离职。对于外界对凡客高管离职的猜测，凡客CEO陈年回应道：“人员流动还是属于正常，不去解释是一种保护。总裁办有30多个成员，每一个人在每个阶段都做了该做的事情。有同事因为个人原因有其他选择，这又有什么异常？”

一位匿名网友发表了题为《凡客还能挺多久》系列博文，指出凡客入不敷出，烧钱度日：“估计（凡客）已撑不了多久，内忧外患，危机重重。”凡客CEO陈年的回应是：“作为一个新模式尝试者，用四年时间就成长起来，大家有怀疑、有疑问都是正常的。”

2011年9月，凡客诚品赴美IPO的传言四起。之后，11月10日，银泰网CEO廖斌爆料称凡客已于11月5日递交上市申请，但在美国证监会网站上却查不到任何公开消息。有人揣测IPO传言是因为投资方给凡客施加了压力，陈年对此辩解道：“目前凡客已经经历了6轮融资，可以看出投资者对凡客怀有信心，我也没有感受到其中的丝毫压力。”无论传言是否属实，此时的凡客并不像我们所看到的那样强大。

凡客在努力辩白的同时，也在努力地压缩成本：7月，凡客降低和网盟合作的佣金比例（将16%调低至10%）；8月，凡客裁员5%。凡客曾经宣称2011年将达到百亿销售目标，陈年制订的5年发展计划是销售规模达到 1 500 亿元。而 2010 年，凡客销售业绩为 20 亿元，2011 年销售业绩约为 35 亿元。这一切都说明，凡客的日子并不好过。到底是什么原因让凡客不复昔日荣光？

首先，来自成本的压力。做自有品牌电商，在生产线、资金链、库存上都是独立的，这必然导致巨额的运营成本。凡客上线以来一直倍受资本市场青睐，大量的融资让凡客并没有意识到资金会出问题。随着物价飞涨、广告营销支出增加，导致资金链紧张，才使得成本问题逐渐被暴露出来。凡客第六轮融资的 2.3 亿美元，主要用在了仓储及广告费用上。凡客的 SKU（单品）品类过万，却只有不多的鞋服销售旺盛。商品的订单数据应该参照销售数据，才能有效降低库存。但凡客一直没有对订单和用户信息数据进行有效整合，导致盲目进货、库存严重。2011 年年底的凡客面临着资金链紧绷与巨额库存积压的双重困境。

其次，质量缩水导致品牌影响力急速下降。凡客定位为快时尚品牌，商品的价格、品质都要符合这一定位，产品与品牌同步才是品牌得以树立的前提。但是凡客的商品质量却和其广告宣传背道而驰，难以让用户产生持续消费。凡客片面地追求低价，导致其商品质量不断缩水。

再者，管理上有漏洞。凡客副总裁吴声离职不久，财务总监以及品牌营销副总裁也相继离职。多名高管出走，说明了凡客的内部管理不到位。在 2011 年，一个刚刚成立 4 年的电子商务公司员工多达 13 000 多人，总裁级别的高层管理者就有三四十位。正应了那句话“三个和尚没水吃”，人多了并不意味着力量更大，反而有可能变成低效率的源头。

一个品牌的树立需要一点一滴的积累，需要实实在在的产品，凡客诚品的开局非常不错，后来因为盲目扩张惹了祸。为了加快上市步伐，凡客扩大经营规模，加大广告投放，希望可以大幅度增加销量，然而结果却是成本飞速增加、用户大量流失。凡客在片面追求规模的同时，忘记了最初能够立足的根本。结果 IPO 不但没有实现，反而将自己推向困境。

艰难过冬的电商并不只有凡客，乐淘网 CEO 毕胜感慨做电商是入错了行，他说：“赔本赚吆喝的电商比比皆是。”一开始电商和实体经营比起来，节约了租金成本、库存成本，但随着电商的快速发展，“僧多粥少”的现象已经呈现。历经十年的电子商务，用户规模已经发展到了一定的程度，如何吸引用户，扩大流量成为电商竞争的核心。而首要的举措就是宣传推广，可网址导航、关键字搜索及门户网站展示等投放费用都在成倍上涨，这让电商原本的价格优势消耗殆尽，盈利空间进一步缩水。

感受到寒意的绝对不止他们，拉手网与麦考林等企业也都陷入了困境。2011年，电商行业的整体增速都在放缓。“盛筵华席终散场”，以往各大电商企业铺天盖地的广告已经越来越少了，京东商城宣布对金额不足39元的订单收取5元运费，当当网向商户分摊“促销费”，乐淘网砍掉了80%的营销费用……如何降低运营成本，保证毛利率才是所有电商企业的焦点所在。

这个寒冷的冬天拂去了笼罩在电商身上的迷人光环，荡涤了漂浮在电商上空的资本泡沫，让电商回归到商业经营的本质，脚踏实地思考如何盈利。从这一点来说，这个冬天的代价是值得的。中国的电子商务就是在一次次的挫折与磨难中走向成熟，走向更加美好而光明的未来。

“挺住，意味着一切。”我们应该记住陈年的这句话。

李国庆掐架美投行

2011年的开端对于当当网的李国庆来说是五味杂陈：公司在不久前于纽交所成功挂牌上市，与京东商城的图书大战还在继续，李国庆给初恋女友分亲友股的消息甚嚣尘上……而李国庆矛头直指美投行的一场微博骂战，更是让当当“名满天下”。

当当网创建于1999年11月，李国庆是当当网联合总裁，其妻子俞渝是当当网董事长。2010年12月8日，当当网登陆纽交所，担任这次IPO的承销商是摩根士丹利（财经界俗称“大摩”）、瑞士信贷。

当日，当当网的股票收报29.91美元，较发行价上涨86.94%。当当网股票首日暴涨，成为2010年在美上市新股涨幅第三高，但李国庆并不为之开怀，反而是股票定价偏低引发了他的严重不满。

2011年1月15日的中午，李国庆在微博上把炮口对准了投行：“你们（指投行——作者注）挣得钱，升了官，就躲我远点。让我说你们好，没门。要不是有Peggy（指俞渝——作者注）扛着，我得被他们欺负死。”李国庆的微博虽然开通时间不长，但因为屡屡发表尖锐言辞而迅速“走红”。

当天下午，李国庆又发表了一首“摇滚歌词”，发泄其对投行运作当当网上市过程的极端不满。“为做俺们生意，你们丫给出估值10～60亿，一到香港写招股书，总看韩朝开火，只写七八亿……次日开盘，CFO被股价吓得尿急，我说忍了这口气。”

李国庆还声称：“很多公司职业经理人的CEO、CFO上市前后被投行算计，但不敢声张，一来怕股东骂，再来不得罪投行，今后另谋高就职业路宽些。什么是成功的上市呢？一是市盈率，与未来利润增长率挂钩，比如未来利润增长80%，估值就是利润80倍；再是上市后1个月跌涨幅度在

30%以内。”

不料李国庆微博一发，几个以美女照片为头像的微博ID，自称美国摩根士丹利的女职员（网民戏称为“大摩女”），以一种对当当网上市进程极为熟悉的姿态，站在投行立场与李国庆展开了激烈争吵。其中尤以“迷失的唯怡”和“露西娅天气”为主力，她们不断“爆料”说李国庆不懂英文、不懂资本运作、吃妻子的“软饭”……双方你来我往大战了三百回合，持续两天的掐架中频爆粗口。

当当网创始团队与投资人之间的“恩怨情仇”绵绵不绝，在中国的互联网公司中表现得最为突出，直至实现上市，这种分歧和矛盾都还没能消弭。当年李国庆与IDG等风投机构就公司控股权发生激烈争吵之时，老虎基金“乘虚而入”投资了1 100万美元，这让李国庆非常懊悔：“我不幸6年前接受了他们的投资。不但拒绝让他们进董事会，6年还从来不见他们。”李国庆还说：“按目前当当网的价值，他们的投资翻了近30倍。可在纽约的晚宴，看他们乐翻天，我生气，只好半途退场。”李国庆不断地在微博上讨伐投行，并乐此不疲地回应网民和业内人士的评论，他以斗士的姿态宣称，自己是在“让魔鬼现形，为了后来的创业者少吃苦”以及“为上市创办人群体发声”。

1月17日，大摩发表声明，称“大摩女”并非摩根士丹利的员工。当当网官方则表示：“李国庆的歌词属个人文学爱好，初衷是自揭伤疤从而对后来的创业者及即将赴美的上市公司进行警示……确有影射某个行业中存在的不良现象……并未针对某企业或某个人进行攻击。”李国庆本人也发表微博声明：“本人言论仅代表个人观点发表，与任何团队或未参与此事的个人无关。”至此，李国庆隔空掐架美投行一事算是告一段落。

该事件由当当网上市后投行开庆功宴而引起。李国庆说：“我没李彦宏的修养，百度上市定价8亿美金开盘后就40亿美金。据说至今做百度的投行人来，李还都请他们吃饭。”李国庆劝李彦宏少点“修养”：“我们后人也能分享教训了，当然李彦宏没这个义务。可我有追求正义底线的使命感。生意不就是狗咬狗，做生意也要讲道德。”

之后的一段时间内，李国庆、俞渝夫妇所受到的关注甚至超过了当当网一个月前的上市。不但众多网友强力围观，还被《华尔街日报》等美国知名媒体广泛关注，业内人士也纷纷发声。

经纬中国合伙人张颖对此发出感叹：“我看了后真是无语了！直率是好事，纠结不休，毫无大气，自以为是，井底之蛙，是坏事。做人应该直，但做到这份上是应该知道自己有多幸运，应该多有感恩之心，应该多想下自己的公司员工。”

创新工场CEO李开复由此提出6点建议，说微博是很好的公关工具，可以迅速发出半官方声音，但是企业应该尽量避免口水战，否则会落个两败俱伤，不要用粗话，失去他人的尊重不值得，等等。

俞渝也不认同李国庆与“大摩女”的论战：“我觉得李国庆表达的内容合适，但是方式不合适。我觉得国庆是CEO也是一个成年人，在他的微博中间有脏字这个是大错特错。”

京东商城CEO刘强东称佩服李国庆与“大摩女”打口水仗的勇气。他说：“很简单，商务人士契约精神第一！自己自愿签署的合同必须执行。”

中国企业家论坛理事王巍说：“李国庆一向非常直率，他所提问题是中国企业界和国外投行间长期发生的。但绝大多数讨论都被和谐掉了，只有国庆给它拉开一条伤口。”

在李国庆隔空掐架美投行的事件之后，媒体围绕创业企业家与资本、投行、资本市场的关系展开了深入的讨论，为中国企业家上了重要的一课。

百度文库惹怒了作者

历来是“外事不决问谷歌，内事不决问百度”，伴随谷歌在2010年撤出中国市场，百度俨然在国内形成了一家独大的局面。然而2011年的百度却风波不断，让掌门人李彦宏平添了无尽的烦恼。

2011年3月15日，正值国际消费者权益日，将近50位国内知名作家联合署名，声讨百度文库的侵权行为。这些署名作家既有茅盾文学奖得主，又有各省市作协主席，还有当红畅销书作者。各界文人济济一堂，共同发声，指责百度文库在没有取得授权的情况下收录了他们几乎全部的作品。

这个消息被著名出版人路金波在微博上发布，引起了一波转发狂潮。“百度文库”事件一时之间路人皆知，成为了全社会的关注事件。接着韩寒的一封“致李彦宏先生的信”将这次风波推向了高潮，将百度置身于舆论的风口浪尖。

事实上，百度文库的版权纠纷一直没有平息过。2010年底，盛大文学就曾炮轰百度。2011年3月2日，日本图书商也投诉百度。美国贸易代表署（USTR）把百度列入年度“假冒和盗版产品”恶名市场的名单中。如今，中国的作者也终于揭竿而起，依法主张自己的权益。保护知识产权的重要性毋庸置疑，一个不能保护原创作品的市场无法鼓励创新，原创文学就会陷于没落。

作家们写道：“我们蔑视这种所谓的‘免费分享’，因为它只是个卑鄙的借口，它伤害的是我们每个人，每个作者和每个读者。”百度在苍白无力的解释之后终于有所行动了，承诺在3月26日后的三天内彻底删除百度文库内未获授权的作品。

在最终期限之日，“百度文库——文档分享平台”上显示，当前文档已从21日的20 409 963份，下降至17 946 811份。百度副总裁朱光对媒体表示："未来将采取'技术'和'人工审查'双重手段来保证未经授权的作品绝缘百度文库。"百度还承诺以后将通过"用户付费阅读"和广告分成等模式获取收益，回馈给版权方。百度CEO李彦宏也作出表态："如果管不好百度文库，就关掉。"

至此，熙熙攘攘的百度文库事件算是告一段落。SOHO中国CEO潘石屹通过微博点评这一事件："这是一个好消息。"进入2011年，中国公众的版权保护意识正在进一步增强。也有人指出，中国互联网版权保护的生态环境应该进一步得到完善。

一波刚平，一波又起。2011年4月1日，百度旗下C2C业务"有啊"发布关闭公告，对于"有啊"平台上的小商户来说，多么希望这只是一个愚人节的游戏。然而事实是，百度"有啊"真的要关闭了！

自公告发布之日起一个月后，"有啊"购物平台的商品、店铺、交易相关功能予以关闭，商城业务有计划地转移给乐酷天、耀点100等合作伙伴。消息传出，业界哗然。三年前，百度"有啊"刚刚成立时要赶超淘宝的壮志言犹在耳，三年后百度"有啊"却主动关闭。百度的葫芦里究竟卖的什么药？

在大数据的基础上，谋求更宽广、更长久的利益是每一家互联网企业的追求。建立在强大搜索引擎基础上的百度一直没有停止过对其他领域的探索。2008年，百度凭借其强大的社区资源，推出了网络购物平台百度"有啊"。百度"有啊"先后完成了有啊店铺、有啊商城、有啊店铺助手、有啊消保服务等一系列的改造，还推出了自己的支付工具"百付宝"。看起来百度电子商务平台建设得相当完善，活脱脱一个"百度牌"淘宝。

但是百付宝的推广遇到了大问题。淘宝的支付宝整整比百付宝领先了五年，已经绑定了大部分用户的银行卡以及消费习惯。腾讯的拍拍网和财付通也依托QQ的社交基础占据了一席之地。因此百付宝的推广受阻，直接导致了其电子商务平台的业务量无法得到真正的扩展。

前有淘宝，后有京东，还有腾讯拍拍、当当，以及国外的eBay、亚马逊等，都是"有啊"的强劲对手。"有啊"自成立起就陷入了重重包围之中。

百度对于“有啊”关闭的解释是这样的：“有啊没有关闭，只是在进行业务优化。近来外界盛传百度‘有啊’因为经营不善而倒闭，我得澄清一下，事实并非如此。事实上，这是百度进行电子商务布局的一个阶段，是为了更加长远的战略目标布局考虑的。”

2011年4月21日，“有啊”新平台正式上线，新平台对服务种类进行了大“瘦身”，并且由C2C转型为本地生活信息服务平台。艾瑞咨询首席分析师曹军波对此表示：“百度砍掉C2C业务转向B2C，对于百度的长远发展来讲，是明智的。从这两年的发展来看，C2C的用户和销售增长率已经远远比不上B2C了，这已经得到了市场的验证。就连C2C的老大淘宝也开始将主要精力转移到了B2C方向，本来在电子商务领域就是初出茅庐的百度，放弃C2C的决定是明智的。”

2012年4月，乐天宣告“乐酷天”关闭。同年3月，百度“有啊”被整合到“爱乐活”，2013年3月转型为电商导购网站。2014年初，“爱乐活”更名为“乐货”，转型为会员制电商。至今，“乐货”的知名度仍然不如大部分垂直电商。

“入口”处的明争暗斗

“得入口者得天下”是互联网时代的一大成功宝典，因此“入口”处总是不乏刀光剑影的血雨腥风。

所谓互联网入口，是指用户在进行上网行为时，最常或较常选择的途径之始。入口决定用户的需求、上网习惯和行为模式，“占领入口就相当于占领用户”——这是巨头们抢占入口的最原始动机。

搜索引擎是互联网最大的入口，网址导航和浏览器作为用户访问互联网的重要工具也成为入口。QQ 作为一大社交工具，向自己的产品线输出了大量资源与用户，是一个成功的入口。操作系统则是整个链条中最大的入口，例如微软通过 Windows 系统获得了在办公软件与商用领域的成功。

随着移动互联网的发展，PC 时代的入口之争全新升级，一场移动互联网入口之争的大幕正在徐徐拉开，这是一个充满无限可能的新兴市场。操作系统是移动互联网生态中的重要一环。苹果的 iOS、Intel 主导的 MeeGo、Google 主导的 Android、微软主导的 Windows Phone 成为新一轮入口之争的重量级选手。其中苹果的 iOS 是独立而封闭的，Android 则是开放的，二者之间的竞争最为有趣。苹果以其强大的科技力量和创新能力创造了一个完整的苹果王国，与其他系统完全不兼容。而 Android 的开源特性为自己创造了更大的机会，国内 Android 终端是第三方 ROM 的生存沃壤，小米、阿里云这样的第三方开发商都在开发属于自己的定制版 Android 系统，腾讯、百度这些互联网公司都可能开发自己的定制操作系统，甚至像小米一样推出自有品牌的移动终端。

移动浏览器、搜索引擎上的入口之争也从来没有停止过。手机浏览器有 UCWEB、QQ 手机浏览器、百度手机浏览器、傲游浏览器以及其他产品，它们都期望从移动互联网盛宴中分得一杯羹。但是移动搜索仍然如PC时代一样，被百度、Google牢牢把持。来自好大夫在线的一个案例说明了搜索引擎的力量：好大夫在线每天来自移动端请求的PV是300万，自己开发的App的安装量是450万，来自App上的PV请求数大概在十万级别。其中巨大的PV差，绝大部分是通过百度移动搜索带来的。

移动搜索与PC时代的搜索并不相同，百度对此有非常清晰的认识，百度内部有句口号“移动搜索不等于www.baidu.com”。百度的移动搜索App与传统搜索的确有许多不同，有地图、本地信息、小说、新闻等内容的集成，其本质是让用户“搜索即可消费”，不再需要超链接跳转。例如使用掌上百度搜索“肯德基”，肯德基的订餐电话排在结果首页，其次是基于用户地理位置的肯德基分布点。

应用程序与用户直接发生强关系，可以玩游戏、买东西、娱乐休闲。如果说移动设备和操作系统提供了舞台，那么应用程序则提供了演出。随着应用程序的流行，各种形式的第三方应用商店出现了，它们经过一定的整合管理，可以为用户提供更方便、更直观的服务。应用商店也因此成为移动互联网的重要入口。

App模式自诞生以来获得了飞速发展，功能简单的App在不断添加内容与服务。例如基于微信的App越来越丰富，墨迹天气首页中也出现“淘”字插件（用户点击后便可直接进入淘宝、天猫购物页面购买商品）。

克里斯·安德森在《Web已死》中说：“这是一个App的时代，Web大势已去”。移动互联网时代被誉为比PC互联网时代更为自由而广阔的“新世界”。中国的移动互联网企业或产品不断涌现，据清科数据统计，2011年有上百家从事移动互联网应用开发的公司顺利从国外风投获得融资。从传统互联网过渡到移动互联网，谁能率先找到最佳商业模式，谁就拥有更大的获胜几率。

移动互联入口数据和用户之争，已经成为巨头较量的第一道“马奇诺防线”：2011年5月，网秦成为国内第一家登录美国纽交所的移动互联网企业；8月，谷歌出手收购了摩托罗拉移动；9月，小米手机创下了34个小时预订超过30万部的辉煌战果；10月，诺基亚结盟微软推出Windows Phone；阿里云计算启动10亿元云基金，推动旗下的云计算产品与服务的开发与发展；中国移动批量采购TD－LTE终端，加快对不同网络频段的测试；UC宣布结盟支付宝，打通移动互联网支付渠道；联想推出针对个人用户的云服务……这一切标志着国内主要的互联网企业快步从传统互联网转战移动互联网。

2011年，移动互联网开启了一个全面竞争时代——百舸争流千帆竞，波涛在后岸在前！

3Q大战推动互联网企业走向开放

"3Q大战"是中国互联网行业发展史上的一个重要事件。"3"指的是奇虎360，"Q"指的是腾讯。

奇虎360是国内知名的杀毒软件，率先推出了杀毒软件终身免费的模式，获得了众多用户的支持。腾讯QQ是国内最大的社交工具，在2011年已经拥有超过6亿的注册用户，其"江湖地位"已经相当稳固。说"3Q大战"重要，当然不仅仅是因为当事人的强大，更重要的是本次争端在中国互联网发展史上起到了积极的推动作用，促使互联网企业重新思考自己的战略方针，在一定程度上改变了行业格局。

"3Q大战"源起于2010年，腾讯模仿360制作网络安全类产品"QQ医生"，并与QQ捆绑推广。腾讯曾经用"模仿+捆绑"方式屡获成功，例如"QQ农场"取代了全民"开心偷菜"，"QQ棋牌"取代了"联众棋牌"……这一次的"QQ医生"显然来者不善。360总裁齐向东敏锐地意识到了潜在的危机，于是推出"扣扣保镖"发起反击，双方你来我往，明争暗斗不断。

腾讯于2010年10月提出诉讼，状告奇虎360不正当竞争。北京朝阳区法院于2010年11月3日正式受理了此案。当晚，腾讯宣布了"一个艰难的决定"，让用户在360和QQ之间"二选一"，把"3Q大战"推向了高潮。但是腾讯的这一举动激起了网民的逆反心理，把自己置身于巨大的信任危局。

2011年4月，北京市朝阳区法院作出一审判决，认为奇虎360的行为构成了不正当竞争行为。接着，360提出上诉。2011年9月，北京市第二中级人民法院宣布终审判决结果：北京奇虎、奇智软件以及三际无限的行为构成不正当竞争，判决三公司停止侵权；三家公司需要在本判决生效起30天内在360网站的首页及《法制日报》上公开发表声明以消除影响，并赔偿原告腾讯经济损失40万元。

对于判决结果，腾讯表示："感谢法院作出公正判决，澄清了我们蒙受的非议。我们会一如既往地努力做好产品，为广大用户提供优质且安全的互联网服务，并通过开放和分享推动整个互联网产业的和谐发展，创造出更大价值。"360则表示尊重法院的判决，但作为中国《反垄断法》在互联网领域的第一个典型案例，360对最终没有赢得官司表示遗憾。至此，"3Q大战"算是告一段落，但是双方的较量仍在继续……事实上，这场旷日持久的冲突持续了四年，直到2014年2月才算终结。

流星之所以美丽在于燃烧的过程，人生之所以美丽在于奋斗的过程。人们经常纠结于过程与结果哪个更重要，然而在"3Q大战"中，整个过程对社会、对企业的振动和引起的反思远远大于结果的是非曲直。该案件不但引发了行业、用户和法律界各方的关注，还促进了中国互联网企业创新生态的营造，也推动了中国市场经济的开放与竞争，改善了中国创业者的生存环境。

反垄断法专家、北京大学法学院教授盛杰民指出："法律本身并不反对企业通过竞争获得市场支配地位，而是反对滥用市场支配地位排除、限制竞争的行为。"反垄断法像是悬在行业巨头头上的达摩克利斯之剑，使得企业时刻保持敬畏心，避免挤压中小创业者的发展空间。其实反垄断与鼓励企业做大并不矛盾。反垄断只是反对不正当竞争手段，目的在于鼓励企业的创新与发展。美国就是在充分利用反垄断和反不正当竞争的调节作用，才使得中小企业能够坚持创新并获得发展，才有了今天的谷歌、Facebook、Twitter等大企业。

这场激烈的商业竞争之后，腾讯放弃"模仿＋捆绑"的模式，开始了积极转型，从自建网络帝国模式过渡到通过收购、投资和兼并方式构建以腾讯为核心的产业生态圈。

2011年6月，腾讯举办了第一次"开放大会"，宣布将提供开放的平台与开发者合作，一起分享市场空间。"腾讯并不希望成为一家传统意义上的大公司，而更渴望生长进化成一个共享共赢、没有边界的生态型组织。"腾讯 CEO 马化腾曾经把合作伙伴比作是生态型组织里的生命线，在这个没有边界的生态型组织中，腾讯是作为一个“连接器”搭建起新时代的新型基础设施，通过提升连接力连接更多的合作伙伴，也帮助合作伙伴延伸自己的连接力。

此后，阿里、新浪等众多中国互联网公司纷纷宣布实施开放平台策略，中国互联网大踏步地进入了开放时代。“3Q 大战”成为了互联网“封闭”与“开放”竞争的分水岭，2011 年因此被誉为中国互联网的“开放元年”。

微信诞生，开启一个时代

2010年10月，一款名为Kik的App（基于手机通讯录实现免费短信聊天功能的应用）上线15天就拥有了100万用户，这让当时担任腾讯广州研发部总经理的张小龙察觉到：移动互联网将来会有一个新的IM，它很可能对QQ造成很大的威胁。再三思考之后，一向沉默寡言的张小龙向腾讯CEO马化腾发了一封邮件，建议腾讯开发一款类似Kik的应用。

这种想法简直让人无法理喻：诞生于PC时代的腾讯QQ，在移动社交方面游刃有余，何必多此一举开发新产品？但是马化腾认可了张小龙的建议，并把这个项目交给了他和他的广州研发部。

2011年1月21日，微信1.0测试版上线，当时仅有"即时通信"、"分享照片"和"更换头像"等简单功能。1.0版的市场反响平平，这让微信研发团队的思想开始动摇，认为在QQ一统天下的环境之下，做微信可能是一个错误。

张小龙坚信自己一定能成功。在2011年5月10日，微信发布了2.0版本，增加了"语音对讲"功能，新功能的推出使微信用户数量显著增长。8月，陌生人交友功能"查看附近的人"正式推出，微信用户很快达到了1 500万。

2011年10月1日，微信3.0版本发布，在这个版本中新增了"摇一摇"和"漂流瓶"功能，此外还增加了繁体中文语言界面。到年底时，微信用户超过5 000万。

2012年4月19日，微信发布了4.0版本，"相册"功能被加了进来，并且可以分享至朋友圈。此后这个版本中陆续增加了"视频聊天"插件、"摇一摇传图"和"语音搜索"等功能，并且支持解绑手机号码和QQ号。此时，其用户超过1亿。

2013年8月5日，在微信5.0版本中添加了“表情商店”和“游戏中心”，并且对“扫一扫”功能升级，可以扫街景、扫条码、扫二维码、扫单词翻译、扫封面。2014年3月，微信支付功能开放。此时，其月活跃用户将近4亿。

到了2015年，微信已经覆盖了90%以上的智能手机，但是对于微信团队和张小龙本人，却很少有人了解，张小龙甚至很少在公众场合出现。如何定义微信，张小龙把这个问题交给了用户：“你如何使用微信，决定了微信对你而言，它到底是什么”。

2013年2月5日，在微信4.5更新后的启动界面上，底图是个只有0和1的黑暗世界，被一团动态的火焰点亮，下面有两个选项：“直接进入微信”和“听一首老歌”，里面放的是崔健的《一无所有》。微信是什么？“我曾经问个不休”。

微信的“摇一摇”功能大家都不陌生，只要摇一下手机，手机上就会出现另一个与你同时摇手机的人。很多人没事的时候摇两下，为什么这样设计呢？试想一下，生活中我们遇见熟人的时候，是不是都会不经意的摇手示意？其实这正是人的本能，原始人在发现食物的时候会向同伴摇手，把信息传递出去。微信“摇一摇”的设计巧妙地抓住了人的本能，让用户没事的时候摇两下。

移动端的产品大多在追求傻瓜化，但微信在一些功能上反其道而行，比如朋友圈发文字功能，长按相机键发文字这个功能，相信很多人都是从朋友那学来的。为什么设计的如此隐晦？实际上，朋友圈发文字功能并不是一个常规功能，这样设计的目的就是不想让用户发纯文字，这个功能起初也只是内部测试用的。之所以不鼓励用户发纯文字，是因为写一段好的文字远比发一张有意思的图片困难多了。微信朋友圈的初衷就是为了让所有人都获得分享的乐趣，如果文化水平较低的用户也可以得到分享朋友圈的乐趣，那就最好不过了。

微信为什么迟迟不推出iPad版？张小龙认为，iPad大多是在WiFi条件下使用的，这样就会造成用户不能随时在线，不能及时收到消息，这对用户来说是一种很差的体验。微信绝不会为了多一个终端去做iPad版微信。

如果要做，一定是在想清楚了为什么做的基础上。事实上，微信的崛起正是抓住了移动互联网最本质的东西。

截至2015年12月31日，微信月活跃用户约为6.5亿。数以亿计的人通过微信付款、发红包、缴费、订票、挂号、查违章、办签证……诞生仅五年的微信给全国数亿用户提供了大量生活服务，颠覆了诸多“老玩法”。未来的微信生活又会变成什么样？

张小龙说，微信在成立时的口号是“微信是一个生活方式”，如今微信的确已经超越了消息通道本身，在多个领域改变着人们的生活。

按照微信的设想，未来微信用户用手机购买机票、火车票时可直接在应用号中实现具体日期、班次、舱位选择，并通过微信完成支付。总之，微信会成为“优惠券＋会员卡＋公众号＋近场服务”等综合平台。

微信团队介绍，微信通过指纹及生物识别技术认证标准，未来将加速“刷脸”等新玩法的应用场景。“刷脸”除了门禁，还会打通支付等若干场景。

当我们在享受微信带来的美好生活时，微信也在享受这个超级应用所带来的巨大商业利益。2015年8月，根据汇丰银行（HSBC）发布报告显示：微信的市场价值估计高达836亿美元。

年度风云人物——“枭雄”李国庆

作为2011年度中国互联网十大风云人物之首，2011年的李国庆一直处于舆论的风口浪尖。

李国庆直率而又任性，其微博简介写的就是“我口无遮拦，多有得罪，请海涵”。而李国庆在北大读书期间，先后干过发避孕套、招秘书、创业、出书这些与众不同的事，可谓敢想敢做、率性而为。

2010年，李国庆率领的当当网创业十年之后，终于在美国纽交所上市了。十年漫漫创业，一朝修成正果。可是李国庆“物不平则鸣”，2011年的开端就被李国庆的微博对骂刷屏了。

李国庆大战“大摩女”的硝烟还未散尽，当当网和京东商城的图书大战又一次点燃了烽火。2011年3月15日，当当网掀起创业以来力度最大的一次促销，以至于很多人认为这是李国庆对京东商城上次挑起价格战的“复仇”。京东商城CEO刘强东曾经表示：“图书音像三年不准盈利，如果盈利将开除整个部门。”李国庆对这场对垒非常自信，声称当当网拥有绝对优势。那么让李国庆底气十足的优势在哪里呢？

首先当当网有很大比例的贴牌书，也就是“当当定制版”图书。当当网寻求一些已出版和少量新出版的图书音像产品的通行版本，采取1年期限以上的全国独家发行期。这些定制书在当当网3折起售，与京东商城的售价差距明显。例如《影响孩子一生的情商故事》（当当定制版），价格为82.5元，在京东商城则为115.4元。当当网还有一个专门的“独家定制图书”特惠页面，有很多书籍是在其他网站无货的。

其次，当当网所销售的图书近50%来自于有战略合作的出版社。当当网和几十家出版社达成“战略合作伙伴”和“超级战略伙伴”，可以以更低的价格拿货。这些优势的确是京东所不具有的。刘强东表示三年不准京东图书盈利，李国庆称“价格战”还要打三年。但是谁都知道，杀敌一千自损八百，仅仅依靠价格战无法保持一个企业长久健康的发展。

从2010年第四季度开始，当当网的毛利润率直线下滑，到一年后的2011年第四季度已经跌至最低10.5%。2011年当当网亏损额达2.29亿元。面对危局，李国庆决定打造一个新当当，实现扭亏为盈。

李国庆的第一招是猛攻数字阅读，扬言要建设100个内容创意工作室。为此，当当网成立了数字业务部，招聘了大量电子书内容和运营人才。李国庆不仅将数字阅读业务列为当当网的战略业务，还和多家出版社协作，开放30%的图书内容供用户免费阅读和下载，以培育用户数字阅读习惯。

“任性”只是表象，李国庆在更多的时候非常理性。久在图书市场摸爬滚打的他，每次都能在恰当的时机出手，抓住最好的商机。在当当网进入数字阅读领域后不久，国内数字阅读市场果然进入了活跃期，几年后连BAT在内的互联网公司都在积极布局数字阅读领域。而此时的当当网正在向行业纵深挺进，数字阅读App“当当读书”已经升级到了4.0版本，是国内首屈一指的数字阅读平台。

如今的当当网已经不再局限于图书业务，其商品涵盖了时装、母婴等百货，百货业的销售额也在超越图书成为主要盈利渠道。伴随着中国电子商务的发展，当当也一步步地壮大起来。

可以说，当当网每一次战略的转变，都是李国庆充满“任性”的杰作，而这些决策往往都是正确的。当当网的一位内部人士这样评价李国庆：“李国庆具备一个枭雄的一切特质，他或者独孤求败，或者一败涂地，但他绝对不是一个平凡人。”

2012年

合纵连横，夹缝求生

这一年，优酷与土豆合并，开创了中国网络视频的新纪元。

这一年，史上最疯狂的价格战，让传统家电销售开始向线上电商过渡。

这一年，小米的崛起引发了互联网手机混战，连罗永浩也忍不住加入战团。

这一年，搅局者周鸿祎，又在水域投下了一块巨石。

这一年，一个又一个互联网企业前赴后继，奔向纳斯达克上市自救；一批又一批互联网人，在市场的夹缝中探索、战斗、生存。

这一年，移动互联网如大火烧过干枯的原野，一些企业成为被烧焦的猎物，一些企业则分享着烤熟的美食。

阿里巴巴一箭三雕

2012年2月21日，阿里巴巴集团和阿里巴巴网络有限公司联合宣布，阿里巴巴集团向旗下港股上市公司阿里巴巴网络有限公司董事会提出私有化要约。2012年6月15日，开曼群岛（阿里巴巴公司注册地）大法院批准了该私有化计划，并没有对其作出任何修改。此前阿里巴巴私有化计划已获得股东通过，香港联交所以计划生效为前提，批准撤销阿里巴巴网络有限公司在港交所的上市地位，于2012年6月20日下午4点整即时生效。

阿里巴巴网络有限公司的退市，是继盛大网络后又一家宣布退市的互联网巨头。一直以来，中国企业都把上市作为成功的标志，阿里巴巴的反其道而行令很多人表示不解。其实，只要知道企业上市和退市的动机，这些困惑就迎刃而解了。

一般来说，企业上市有三点好处：第一，企业通过上市融资可以有效解决技术研发和产品生产与营销所需的资金，并把企业成长中的风险分摊到股东们身上；第二，公众普遍对上市公司的产品比较认可，企业通过上市可以提升品牌价值，从而增加市场份额；第三，如果前面两点都顺利实现的话，企业的创始人能从售出的股票中得到巨大的回报。

那么企业为什么要私有化退市呢？当企业壮大成熟之后，欠缺更大的发展空间，这时候企业不再需要募集资金，也无须企业以外的股东来承担风险，自然也就不愿意让别人来分享胜利果实了。更为重要的一点是，上市企业必须接受证监会的严格监管。无须披露财务报表是私营企业的主要优势之一，上市企业在品牌已经建立起来后，大多不希望再去接受严格监管，因为这种监管既耗费企业大量的精力，又耗费大量的人力与物力。

企业退市之后还有一大优势，就是不怕恶意收购，也不会受买空卖空等行为的干扰。上市公司和私营企业的CEO所面临的工作压力是截然不同的，上市公司CEO除了要跟媒体和分析师保持互动，还要承受公司股价上下波动带来的压力。投资者希望收益不断增长，甚至会给管理层施加压力，使管理者关注的焦点无法放在长期发展上。

具体到阿里巴巴身上，其私有化的一个大背景就是其股价长期低迷，市值一直低于投资人预期。另外，对于阿里巴巴来说，IPO作用已经完成，该圈的钱早已经圈完，所以它的私有化可以说是“胜利大逃亡”。互联网实验室董事长方兴东对阿里巴巴的私有化表示：阿里巴巴B2B业务私有化堪称马云的高招，以发行价完成B2B私有化，相当于五年使用了十几亿美元无息贷款。

阿里巴巴的私有化也与其转型密不可分。随着国际、国内经济环境的进一步严峻，特别是中小企业面临着原材料、汇率、劳动力成本等巨大压力，阿里巴巴B2B业务急需转型和升级。

阿里巴巴私有化最为重要的一点是回购雅虎股权解放自己，当年阿里巴巴缺乏资金，雅虎以10亿美元加上雅虎中国的全部资产入股阿里，占股近40%，成为阿里巴巴集团最大的股东。此后阿里巴巴业务迅猛发展，最大的受益者是雅虎，阿里每赚10块钱，就有4块钱进入雅虎的口袋。而比收益权更让马云寝食难安的是公司的控制权。资本的股份太高，意味着话语权太大，在资本与创始人的斗争历史中，绝大多数是资本获胜，而创始人要么屈服，要么出局。马云将B2B业务私有化，是其获得控制权的奇招。

正如马云所说的，私有化只是一个开始，某一阶段私有化，为的还是以后的换市上市或整体上市。2011年，马云曾公开表示：“不排除未来集团整体上市的可能。”方兴东指出，甩掉雅虎后的阿里巴巴若将淘宝、支付宝、阿里云等业务整体打包上市，将超越当红的Facebook，创造互联网融资新纪录。

阿里巴巴私有化，被业内人士喻为一箭三雕：喊着B2B业务转型的口号，实则进行着去雅虎化和“大阿里”战略布局。如此大手笔，此前企业界只有柳传志完成过。

YY逆袭，多玩上市

2012年11月21日，欢聚时代（多玩YY）CEO李学凌敲响了纳斯达克开市钟，连续7个月没有中国概念股在美国IPO的沉寂终于被打破了。欢聚时代上市股票发行价为10.5美元，其市值约为5.6亿美元，通过此次IPO获得的融资额约为8 190万美元。

欢聚时代招股书表明，晨兴创投、思伟投资、纪源资本和老虎基金四家机构分别持有欢聚时代的股票价值为5 962万美元、5 802万美元、4 175万美元和4 027万美元，并且均未在此次IPO中退出，晨兴创投、思伟投资、纪源资本三家还宣布将以IPO发行价认购总价3 000万美元的股票。

作为雷军系的第一家上市公司，多玩公司的股票在上市后表现不俗，最高涨幅超过10%，达到11.74美元，市值也突破6亿美元。就投资而言，雷军此前投资100万美元已经给他带来了100多倍的回报。

多玩的上市，可以用屌丝逆袭来形容，其业务模式是亦步亦趋地拷贝腾讯：游戏+多玩YY增值服务+广告。那么多玩YY是什么？

在网络游戏中，多玩YY是广大游戏玩家偏爱的交流工具。可能有人又会问，游戏本身不是有聊天界面吗？是有，但是多玩YY的语音群聊比游戏里的聊天频道更有效率，而且YY还有视频、语音、点歌等功能，虽然不算多么新鲜，但是却“赢得了屌丝”的欢心。

说到多玩，不得不提它与腾讯之间的故事，或者说是YY与QQ之间的故事。2005年6月，李学凌从网易辞职，创立了华多网络科技有限公司，公司一开始主打多玩游戏导航。2008年7月，多玩推出了YY语音，并将业务重点转到YY上。2011年初，YY语音的注册用户已经超过1亿，最高同时在线人数达300万。

2011年4月，腾讯进入了这个被李学凌证明前景广阔的市场，QQ

TALK测试版上线。为了推广，腾讯将旗下游戏以及应用纷纷捆绑了QQ TALK，例如用户在玩《英雄联盟》时如果使用QQ TALK就可以获得英雄皮肤激活码和礼包。彼时的腾讯占据着中国网游四分之一左右的市场，此举对多玩YY形成了巨大的威胁。

多玩的李学凌有野心、有激情，并且勤奋异常，他曾经进入的行业都是以模仿他人开始、超越对方告终。腾讯对他而言，只不过是一个更大规模的公司而已。果然，腾讯阻击YY并不太成功，只是让YY的市场份额减少了不到20%。多玩游戏网表示超过70%的YY用户来自非游戏领域，比如远程教育培训、会议直播等，YY失去全部腾讯用户也不过占其总用户的5%。反观QQ TALK，仅仅是少数腾讯游戏的玩家在使用，其他游戏的玩家用户寥寥无几。为什么拥有庞大用户基础的腾讯会败给名不见经传的YY?

如果YY仅仅作为一款网络游戏配套产品，那么它充其量只能叫做通信工具，但李学凌把多人即时语音通话功能做到了极致，YY早已从通信工具跃升为一个平台。

YY在国内火到什么程度？有这样一个小插曲，李学凌曾经在YY上看到一个人自称是俞敏洪，跟一帮人谈如何创业，当时YY的网络教育还没成型，李学凌半信半疑地给俞敏洪发了一条短信问："YY上演讲的是不是你？"俞敏洪回复说："是我。"这件事让李学凌充满了成就感，也更加坚定了他对YY的信心。

现在，YY上几万人同时在线的频道随处可见，其技术已经能让一个频道同时容纳上百万人。对数字概念不太清晰的人可以看一下其他产品与YY的对比：Skype的多人视频通话人数上限是10人，微信群聊的人数上限是100人，QQ超级群的人数上限500人。

"市场不是我们开拓的，是用户自发找到我们的。"在李学凌看来，YY从单一的功能性软件逐渐转变为集社区、教育、游戏、音乐为一体的平台，都是由用户需求产生的。一位YY资深用户说："在YY上看美女唱歌，至少我知道那个妹子此时此刻就坐在电脑前面，唱得好我献花，唱得不好我扔牛粪，比中国好声音还刺激。顺便还可以看到一群人为她争风吃醋，这在游戏之余不失为一个非常好的娱乐方式。"

这位资深用户道出了国内广大"屌丝"群体的心声。

腾讯组织架构大调整

2012年4月12日，网易发布公告称，旗下重要产品网易新闻遭到腾讯抄袭，指出腾讯新闻客户端在产品整体布局、跟帖页面、图片浏览页面的设计与网易新闻客户端几乎完全相同。虽然指责腾讯抄袭早已不是什么新闻了，但该公告还是引起了强烈的反响，媒体追问的电话迅速打到时任腾讯高级执行副总裁兼无线业务系统总裁刘成敏的手机上。刘成敏被突如其来的质疑搞得一头雾水，无奈地表示："这事儿跟我无关啊！"

所有人都感到诧异，一家公司的无线业务系统总裁竟然说手机新闻客户端与自己无关。但事实上，按照腾讯内部的分工，此事的确与刘成敏没有一点关系。

腾讯当时的公司架构被划分为职能系统（S）、运营平台系统（O）、平台研发系统（R）、企业发展系统（BO）、无线业务系统（B1）、互联网业务系统（B2）、互动娱乐业务系统（B3）和网络媒体业务系统（B4）。刘成敏是B1的负责人，而新闻客户端归属B4。

具体来说，运营平台系统负责管理腾讯的网络、服务器集群和数据中心，也是腾讯云数据处理平台的核心部门；平台研发系统包括平台研发和搜索业务两条线，QQ、Q+、QQ邮箱是平台研发的核心产品，微信研发团队广州研究院和用户体验中心都隶属于这条线，所搜业务包括以搜搜为代表的搜索技术团队；企业发展系统下设负责在线支付的财付通、负责国际业务拓展的国际业务部、负责战略投资的投资并购部等；无线业务系统最初是从腾讯的短信业务发展而来，其业务包括手机腾讯网、手机QQ、超级QQ、手机QQ浏览器以及QQ通讯录等；互联网业务系统的业务包括QQ

空间、QQ音乐、朋友网；互动娱乐业务系统即腾讯游戏，全公司超过70%的收入来自这个部门，主要产品是QQ游戏、地下城与勇士、穿越火线等；网络媒体业务系统的主要产品是腾讯网、腾讯视频、广告平台、腾讯智慧以及腾讯微博。

一方面，这是腾讯确立了多年的业务职能线划分模式，这个模式在移动互联网时代开始表现出水土不服；另一方面，马化腾发现腾讯的部门领导开始热衷于管理而不是把精力放在对产品细节的把握和用户心理的琢磨上。如果没有一款深入人心的产品作为依靠，部门管理得再好，对业绩的提升也没有帮助。

2012年5月18日，腾讯正式宣布将对公司组织架构进行调整，把原有业务系统制变为事业群制，并成立专注于电商业务的腾讯电商控股公司。具体的调整内容为将现有业务重新划分成企业发展事业群（CDG）、互动娱乐事业群（IEG）、移动互联网事业群（MIG）、网络媒体事业群（OMG）、社交网络事业群（SNG），整合原有的研发和运营平台，成立新的技术工程事业群（TEG），以及成立腾讯电商控股公司（ECC）。

腾讯的重组，意在重点布局六大业务：社交、游戏、网络媒体、无线、电商和搜索。在社交领域，腾讯把即时通信平台QQ与两大社区平台QQ空间、朋友网整合成为社交网络事业群。在新媒体领域，腾讯把传统门户、微博和视频等形态进行深度整合。在电商领域，腾讯电商控股公司的目标是成就至少10家百亿级且盈利的B2C合作伙伴，10～200家年销售额超过1亿的传统品牌及网络品牌合作伙伴。在搜索领域，腾讯将搜索商业部门与无线平台整合，原核心技术部门与技术工程事业群整合，继续加大对核心搜索技术以及语音搜索、图片搜索、语义搜索的技术投入。除此之外，腾讯还进行了一系列的人事调整。

腾讯此前的架构是从2005年起确立的，7年的时间里，互联网发展日新月异，用户的新需求与日俱增，腾讯的规模也从2 000人扩张到了20 000人。8条业务线、分布20座城市的分公司、超20 000名员工，作为中国最大的互联网公司之一，腾讯的组织架构调整并非易事，但又不得不去做。

对于企业的管理者来说，确定架构、指定谁负责什么、开会讨论、确定 KPI、定期考核等确实是其工作不可缺少的一部分，但最重要的是产品受不受用户欢迎，这才是决定企业成败的关键。无论如何调整，马化腾的终极目标是让管理为产品服务，技术出身的他深谙产品对于企业的重要性。正是这次调整，为腾讯后来更上一层楼奠定了扎实的基础。

打了多年仗的优酷与土豆合并

2012年3月12日，优酷网与土豆网宣布将以100%换股的方式正式合并。合并后的新公司将命名为优酷土豆股份有限公司，优酷股东及美国存托凭证持有者将拥有新公司71.5%的股份，土豆股东及美国存托凭证持有者将拥有新公司28.5%的股份。

优酷与土豆为什么要合并？

国内的视频网站看着红火，实际上普遍严重亏损。主要原因是购买电影和电视剧版权需要巨额资金，而且必须向用户提供完整的影视资源才能赢得用户好感。优酷与土豆合并之后可以资源共享，在与同类网站竞争的时候具有很大的片源优势。尤其是土豆网，2011年的土豆网流量增长缓慢，同时又面临各大视频网站对版权的竞争，与优酷合并可以让自己暂时喘口气。对于优酷来说，身上承载着华尔街比较高的期望，但用户增长乏力，与土豆合并后抛出了一个稳坐中国市场份额第一的概念，可以增加投资人的信心。

在合并消息传出之前，优酷与土豆关于版权问题还发生了一些纠纷。2011年12月16日，土豆联合台湾综艺节目《康熙来了》的内容制作方台湾中天电视台向优酷索赔1.5亿元，理由是优酷蓄意盗播，在对其多次通知后仍然没有删除内容。

优酷也不甘示弱，立即宣布向土豆展开全面维权，称土豆盗播了优酷独家版权的热播影视剧、综艺节目以及优酷出品的原创内容，索赔金额过亿。

2012年1月12日，土豆宣布采取技术措施屏蔽优酷的搜库搜索，禁止优酷抓取土豆上的视频内容。第二天，优酷宣布已正式提起对土豆的不正当竞争诉讼，称土豆在尚未起诉巨额赔偿的前提下即发布索赔言论的行为属于炒作与恶意竞争，此举造成了优酷股价下跌，因此优酷向土豆索赔480万元。

其实，自从视频网站诞生以来就是口水与官司不断，版权之争是这些纠纷的最大原因。随着市场的发展，版权竞争日益加剧。除了专门的视频网站，搜狐视频、百度的爱奇艺、腾讯视频等“富二代”纷纷入场，并不断投入重金，一位视频网站从业者感慨道：“我们这个行业的竞争在目前整个互联网来说是最惨烈的。”

不可否认的是，视频网站始终是以内容为王，当时大多数用户看视频都是先通过百度搜索内容，哪个网站有资源就点开看。这就造成视频网站的用户忠诚度极低，不可能像QQ、微信那样拥有忠实用户，只能依靠广撒网来赚取点击量，而广撒网的手段就是大量购买版权资源。

在合并之前，两家公司都怀抱着美好的憧憬，但合并之后出现的各种问题又把他们拉回到现实中来。宣布合并时，优酷表示不会对土豆裁员，但根据统计，2012年优酷土豆共有40多名总监以上人员离职，其中大部分来自土豆。这一年里入职近1 300人，离职约700人，对于一家2 000人的公司可以称得上是大换血。

在奖励政策上，优酷土豆既没有采用优酷季度奖励的方式，也没有采用土豆的大锅饭模式，而是全部采用年度考核方式，奖金半年一发。原土豆的员工尝到了拿奖金的甜头，原优酷的员工不但奖金少了，发放的时间还变长了。在企业文化融合上，优酷土豆内部成立了沟通小组，主要推动企业文化建设，邀请了麦肯锡等著名咨询公司进行企业文化调研。总之，合并容易，但整合是一个艰难的过程，双方还有很长的路要走。

优酷有速度，土豆有内容，合并之后，两者相加在当时虽然占据半壁江山，但是从根本上看，视频领域的竞争格局并没有因此改变，优酷与土豆内容同质化、用户同质化、产品同质化，除了带宽成本、版权采购成本稍有下降，并没有产生1+1＞2的效果。因此投资界出现另外一种声音：优酷此次合并只是单纯想消灭一个总在和它打官司的对手。

360综合搜索挑战百度

2012年8月16日，奇虎360综合搜索正式上线，主要包括新闻、网页、微博、视频、MP3、图片、地图、问答、购物搜索。奇虎360通过在网络安全领域积累的用户群和流量入口，意图在搜索领域再创辉煌。

360综合搜索整合了百度搜索、谷歌搜索内容，能够实现平台间的切换。实际上，360综合搜索提供一站式的实用工具综合查询入口，国外对其定义为“元搜索”，类似的网站有InfoSpace、Dogpile等。2012年9月21日，360综合搜索正式启动独立域名so.com。

一直以来，周鸿祎就有着很深的搜索情结，他不是那种愿意做最原始信息贡献者的人，而是喜欢整合资源，他的第一桶金就来自搜索产品3721。

事实上，周鸿祎钟情的搜索在技术原理上并不复杂，但是做一个投放到互联网上可以使用的搜索引擎会在细节上遇到大量问题，技术与实际操作之间的区别好比钻天猴烟花和火箭那么大。

在360推出综合搜索时，百度在搜索领域耕耘了整整10年，早已经建立起一个极其庞大的海量数据系统，百度用它可以为用户提供非常详细、完备的网上数据信息。更为关键的是，百度对中国网民的检索习惯了如指掌，这种了解不仅仅建立在技术优化之上，更多的是建立了一套完善的人工干预体系。例如计算机是难以分析语义的，百度可以通过统计结果后人为分析，然后辅助修正，就可以得到更加完美的搜索结果。

以上这些百度的优势是360综合搜索短期内无法实现的，那么360综合搜索该怎么破局呢？

首先，利用360浏览器这个入口引来巨大的流量。360浏览器在国内有很大的用户基数，利用浏览器上的导航网址和搜索接口，吸引用户使用默认的360搜索。

其次，调用其他搜索引擎的结果。360综合搜索刚刚起步，即使周鸿祎以高薪聘请搜索技术人才，在短期内也不可能赶上百度。因此最简单的办法就是调用其他搜索引擎的检索结果，就像此前SOSO与谷歌的合作一样，SOSO调用了谷歌的检索结果。但是百度肯定不愿意被其调用，这导致了后来360与百度的法律纠纷。

最后，用自己的安全产品给其他搜索引擎造成负面影响。众所周知，百度竞价排名（凤巢系统）一直为人诟病，大量的推广在给百度带来丰厚利润同时，也给用户带来了大量的垃圾站点，造成用户在百度推广上买到假货或是上当受骗。这时候360安全卫士对百度搜索的结果提示“有安全威胁”，从而干扰用户的选择。

360综合搜索这次扮演的是一个打破垄断的侠客，对用户来说是一件喜闻乐见的事。中国互联网搜索领域高度垄断的结果就是让小企业无处容身，垄断者坐收暴利，最终损害消费者的利益。

互联网上的搜索引擎不少，搜狗、搜搜、有道等，然而没有一家明确地发出打破垄断的宣言。在反垄断问题上，360综合搜索敢于发出自己的声音，并采取了实际举措，这自然使其获得了更多用户的关注与好感。

360综合搜索推出仅仅6天，流量就超过了搜狗，成为行业第二大搜索引擎。虽然与百度之间的差距还很明显，但是中国搜索市场的格局发生了重大变化，几大搜索引擎的战争一触即发。谷歌中国想必是受伤最严重的，因为在360综合搜索推出之前，谷歌中国70%的流量都来自与之合作的360浏览器。

除了在360浏览器上大力推广，周鸿祎还把360综合搜索的推广扩张到了安全产品上。在短短一年的时间里，360综合搜索占据了搜索引擎市场将近20%的份额，这个数字超过了运营多年的搜狗和SOSO加起来的市场份额。

360综合搜索打着安全的旗号正向百度步步逼近。百度的江山看似固若金汤，实际上也存在不少小问题。千里之堤，毁于蚁穴，如果说百度有一天真的败给了360综合搜索，那么它不是输给了360，而是输给了自己。

史上最疯狂的家电价格战

就在周鸿祎推出360综合搜索掀起搜索领域战争的两天前，一场电商领域的家电价格战全面打响。京东掌门人刘强东打响了战争的第一枪，紧接着苏宁、国美相继迎战，当当、易迅也不甘示弱，提枪上马。

2012年8月14日上午10点，刘强东发微博称：京东大型家电三年内零毛利，所有大家电保证比国美、苏宁连锁店便宜10%以上。6个小时之后，苏宁开始反击：保持价格优势是我们对消费者最基本的承诺，苏宁易购包括家电在内的所有产品价格必然低于京东，如果有人发现苏宁易购价格高于京东，我们即时调价，并赔付购买者两倍差价，明天9点开始，苏宁易购将启动史上最强力度的促销，帮刘总提前、超额完成减员增效目标，一起努力。

刘强东随后连发6条微博，表示京东所有大家电价格都比苏宁线上线下便宜，并且无底线便宜，如果苏宁敢卖1元，那京东的价格一定是0元！

京东与苏宁正打得热火朝天，国美也坐不住了。国美副总裁何青阳表示：国美从不回避任何形式的价格战，从2012年8月15日9点开始，国美电器网上商城全线商品价格将比京东商城低5%，并且线上线下保持价格同步。

对于刘强东的挑衅行为，当当网李国庆说：“噱头吧，用线上价格和苏宁线下比算不上价格战。”同时表示：“当当网手机、电脑和小家电等以及当当网国美在线大家电旗舰店全品种迎战！欢迎顾客货比三家！”易迅网则发出了《京东敢不敢和易迅比比价》的挑战书，启动了大规模的促销活动。

说起价格战，京东、苏宁、国美早已身经百战。苏宁与国美是传统家电领域的一对宿敌，已经打了很多年，促销方式五花八门，但归根结底是逃不出“低价”二字。而京东是电商中的佼佼者，刘强东在价格战中向来以狠著称。

多年来，京东在线上，苏宁、国美在线下，大家各自开疆拓土，井水不犯河水。随着互联网的发展，苏宁与国美大举进入电商领域，意欲分食越来越被看好的电商大蛋糕。2012 年 6 月 18 日，这一天是京东商城的生日，京东借此推出店庆日促销活动，苏宁易购、国美旗下的库巴网在当天也举行了疯狂的促销活动。苏宁、国美的搅局让京东不快，所以在 8 月的这次价格战充满了复仇的味道。

大促销刚刚开始，苏宁易购的网络就开始不给力了，网友纷纷质疑苏宁是不是在玩“躲猫猫”。刘强东更是在微博中挑衅道：“苏宁怎么打不开网页了？京东已经内部测试云计算很久了，价格战期间，我们可以免费让你们使用京东云计算资源!”苏宁易购副总裁李斌马上回应称：网站流量远超预期，局部访问缓慢。

这次史上最疯狂的价格战，给苏宁、国美股价带来了不小影响。港股开盘时，苏宁以下跌 1.5%低开低走，国美最大跌幅达到 8.5%。当天中午苏宁发布公告称：公司股东苏宁电器集团计划在未来三个月内对公司股票进行增持。该消息使苏宁电器以每股 6.47 元涨停收盘。

价格战导致的另一个后果，就是线下零售渠道的产品销售遭受巨大冲击，甚至对中高端品牌的品牌形象造成了负面影响。一款产品大降价，其他产品都会承受打折的压力，不断地降价会给消费者造成一种不良印象：该产品不保值，买了就会降价。没有忠实用户就没有品牌号召力，真品牌也沦为“伪品牌”。以 iPhone 手机为例，其价格受到苹果公司的严格控制，降价幅度一直很低，所以其一直保持着很高的品牌价值。

电商们纷纷降价，对消费者来说是个好机会。但是别忘了，卖的永远比买的精，想买的商品大量缺货，买到的经常是暂时用不着的，多数人表示看着便宜就买了。另外，商家压低自己的利润，必然会导致相关服务缩水，最终受损的还是消费者。

很多消费者表示，家电产品先涨后降不厚道，一款 9 399 元的电视突然定价改成了 11 300 元，“促销”开始后又变回了 9 399 元，若是之前没有关注过该商品，被蒙在鼓里还不知道。根据一淘网的价格监测数据，京东商城在促销开始前有近50种商品悄悄涨价，位列电商“悄悄涨价”排行榜第一。

国家发改委价格监督检查与反垄断局针对“电商大战”展开的初步调查显示，电商的促销活动存在涉嫌价格欺诈行为。京东公开发表了致歉信，表示今后将认真遵守国家的相关法律法规，确保切实履行对消费者的各项承诺。

看似热热闹闹的电商大战雷声大雨点小，有人质疑这只不过是一场有默契的集体炒作。短短几天之后，价格大战就结束了，而电商们收获了他们想要的关注度。

裁员、跑路、撤站：团购网阴云密布

互联网行业的所有细分应用领域，似乎都无法摆脱一个传统规律：坚持到最后并实现盈利的网站不会超过三家。社交网络、搜索引擎等都遵循这个规律，团购也正朝着这个规律发展。2011年国庆节刚过，团购网站窝窝团就传出了大规模裁员、撤站的消息：裁撤35个站点、涉及全国10个大区的3 500名员工……

尽管窝窝团的裁员幅度或许并不像传闻中那么大，但这则消息给团购行业发出了一个信号——大洗牌已经开启。团购导航网团800联合创始人胡琛认为："中国的团购网站从2010年迅速增加，其中有不少漏洞，恶性竞争在行业内普遍存在，团购行业确实需要一段时间来反思和调整了。"

团购网站的负面新闻仍在继续。2012年2月，作为全国十大团购网站之一的团宝网爆出"跑路门"事件，网上流传团宝网大量裁员以及CEO任春雷即将跑路。此时，包括团宝网在内的多家知名团购网站频繁遭到消费者投诉，工商行政管理局执法人员约见了团宝网相关负责人，确认团宝网经营出现了困难，要求其严格依法经营，及时解决消费者的投诉。

将团购网倒闭潮推向高潮的是24券。拿到两轮融资后，24券一度迅速扩张，其业务从20个城市扩张到102个城市，员工从300人猛增至4 500人。2011年10月，因为资本市场骤冷，24券开始大幅裁员，公司员工减至600人。24券的估值也迅速下滑，这意味着已经进入的投资人可能血本无归。资本市场是受利益驱使的，只有后面的估值高于前期的估值，早期投资人才能一步步退出，因此投资方希望利用股权激励提振团队士气，但最终双方因为利益纠纷导致24券倒闭。

24券倒闭的影响远高于拉手网、窝窝团上市失败。创业者拿了5 000

万美元风投的创业项目就这样化为乌有，让投资圈开始重新审视团购网站。

截至2012年5月，根据团800的统计，国内团购网站处于活跃状态的共有2 996家，中小型团购网站已经被清除出局。团购行业“千团大战”时的单打独斗，已经进化到整合兼并的第二轮淘汰阶段。

2012年8月，持续数月的团购案——F团与高朋网之间的重组，终于在法律层面全部完成。重组之后，F团CEO林宁出任新公司网罗天下的CEO。腾讯持有网罗天下超过30%的股份，高朋持股10%，F团管理层控股。林宁表示：“网罗天下将一直聚焦在O2O领域做本地生活电子商务这门生意。”

F团与高朋网的合并，腾讯是真正的幕后推手，因为腾讯对两家公司都有投资。腾讯电商控股公司首席执行官吴宵光表示：“新公司是为了结合F团和高朋网双方的优势，更好地服务中国团购市场的消费者。”F团和高朋网对用户和商家资源的定位不同，可以起到优势互补的效果。

团购网站抱团过冬早有先例，在团购行业饱受质疑和普遍唱衰的形势下，聚划算却逆势而上，2011年全年团购总成交额为101亿元。2011年年底，聚划算宣布了2012年开放战略，其核心是对合作伙伴全面开放聚划算的用户、流量和资金。随后，美团、满座网等独立团购网站入驻聚划算平台，以求抱团取暖。

2012年5月16日，拉手网宣布入驻京东商城团购生活服务平台。拉手网与京东商城的谈判并不顺利，曾一度中断，因为拉手网想独家与京东商城签约，但遭到了京东的拒绝。另外窝窝团也曾要求与京东独家合作，但京东提出的严苛分成和惩罚机制令其望而却步。后来拉手网与京东重启谈判，才达成一致意见。

赶集网与窝窝团的联合运营则有些不同，用户点击赶集网的团购平台会自动跳转至窝窝团的页面，用户若想团购则需要重新注册窝窝团账户，这种合作更像是直接的流量和用户购买。业内人士对赶集网外包团购业务并不惊讶，因为赶集网对团购业务的资金投入一直在减少，赶集团购也已跌出团购网站前十。

2012年年底，在团800的团购网站排行榜中，24券已经不见踪影，榜单前三名从2011年的拉手网、美团、窝窝团变成了美团、大众点评网和窝窝团。团购网站的数量在减少，能够活下来的注定只有两三家。

年度风云人物——“微信之父”张小龙

2012年7月24日，从下午2点多到晚上11点多，张小龙在腾讯内部做了8个多小时的演讲，178页的PPT，他一直滔滔不绝地讲，根本不给听众提问和打断他的机会。张小龙谈到哲学和艺术，谈到性和暴力，对人性的理解，他说做产品就是要让用户爽，就像上帝一样。他的演讲在网上广泛传播，是产品经理们的必读“圣经”。

2012年11月，《华尔街日报》中文版将“中国创新人物奖”颁给了张小龙。此时，微信用户数达2亿多。

据说微信成名后，周鸿祎一直很疑惑：“这样的一个人怎么就做出了微信呢?”

早在1998年，周鸿祎就经人引荐认识了张小龙。那时候，张小龙正忙着维护他的Foxmail。周鸿祎说他经常批评张小龙，要他将Foxmail商业化，要加广告，要盈利。张小龙会跟他争论，但每次争论都是以张小龙的沉默告终。

在1 200万元售出Foxmail后，张小龙并没有狂喜，而是在夜深人静时写下这样一段话：“我写了10年程序，第一次，我为我对自己的一个作品的不再拥有，有如此强大的失落。失去才知道宝贵。这个时候，我才明白‘她’在我心目中的地位原来是这么重要。”

有了钱的张小龙没有选择创业，而是跟随Foxmail加盟了新东家。2005年，新东家将Foxmail卖给了腾讯，张小龙和他的团队又变成了腾讯的员工。

很多互联网公司创始人的都是产品经理出身，如李彦宏、雷军、周鸿祎，他们身上都有一种极客精神，一种纯粹的“改变世界，但不被世界改变”的精神。这种精神在微信上的一个体现就是对于发送信息的态度，同类产品中，例如米聊，发送消息后会显示“已送达”，有的产品对方查看后还会标记“已查看”。但在微信上这些功能并不被采用，不是因为技术达不到，在张小龙看来，实时沟通工具与邮件不同，显示“已送达”或“已查看”会给接收消息的人带来压力，甚至伤害用户体验，因为有些消息收到之后并不想回复或是假装没看到，相信大家都有类似的经历。

张小龙对用户体验的掌握比其他产品经理显然更胜一筹，他对用户心理的揣摩十分细致。玩过微信朋友圈的人都知道，相较于微博、QQ 空间和人人网，朋友圈把用户的隐私保护得非常好。微博是一个广播平台，天生不具有隐私性；QQ 空间中的评论所有好友都可看到；人人网中你甚至可以查看对方都有哪些好友。但是在微信朋友圈，你的评论只能被共同好友看到，因为这个功能，微信在差异化竞争中取得了很大的优势。

当微信团队在讨论公众号可以做到什么程度的时候，有人提出做成淘宝一样的网站，张小龙随即打断：“这个不对。”思考了一会儿之后，他说：“我们应该用标准化的接口把所有的企业、物品都连接到微信里。”由此，微信开始与商业的各个角落连接。

热衷于把自己的产品做成艺术品的张小龙，不能接受生硬的广告植入，因为那样“会破坏产品的完美”。如何用支付联系微信和商业？在微信早期，接入第三方商户是由腾讯电商副总裁戴志康负责的，而张小龙与戴志康之间存在意见分歧，这也是微信商业化过慢的原因之一。

微信的商业化是不可避免的，马化腾选择由张小龙全权负责，此后戴志康离职，微信支付从财付通脱离并入微信。过去张小龙站在商业的后面专注于产品，现在他要做的是引领商业的发展。

微信的商业化是相对保守的，2012 年，美丽说、蘑菇街两家电商入驻微信平台，但后来张小龙把它们都停掉了，原因是它们在朋友圈刷屏。在微信 5.0 版本中，对微信公众号做了调整，张小龙表示微信不是营销平台。

在微信几个版本的升级过程中，也曾遭受很多批评和质疑，例如比较隐晦的朋友圈发文字功能、对媒体不够友好、缺乏商业化能力。对于质疑，张小龙不解释不回应，他对产品的偏执超乎想象。从推出“摇一摇”开始，张小龙就开始做规则的制定者，让用户适应并习惯他的规则，就像乔布斯曾经做的那样。

如果没有张小龙的偏执可能就不会有微信。入行20年来，张小龙低调冷静，就像一台运行严密的计算机在角落里安静地工作，并不引人注目。这恰好是产品经理甚至企业家最稀缺的素质和精神：专注、坚守。

2013年
互联网金融元年

2013年，“互联网思维”掀起一股类似于文艺复兴时期的大思潮，影响并改变着传统产业。其中，以余额宝为代表的互联网金融，让传统金融机构感知到了迫在眉睫的危机。

银行、券商、基金、保险等传统金融机构开始积极谋变以巩固既有优势地位。而阿里巴巴、腾讯、百度、新浪、京东、苏宁等互联网公司则开始在金融领域跑马圈地，试图构建自己的金融帝国。这些金融“新贵”成为金融业的“搅局者”，打破了固有的金融格局。

伴随着这波互联网金融浪潮，金融领域也出现了不少“新兵”。除了早期的P2P贷款服务平台，智能理财、众筹平台等互联网金融形态也纷纷涌现，并逐渐得到监管部门和资本市场的认可。

耀眼的“宝宝军团”

如果说微博的流行宣告了碎片化信息时代的到来，那么以余额宝为首的“宝宝军团”就是碎片化理财的崛起。碎片化理财不仅体现在理财金额上，还体现在时间上，投资者可以通过手机随时随地理财。互联网金融将占领用户指缝间流逝的资金和时间，以积少成多的方式将理财带进新时代。

2013年6月13日，阿里巴巴推出了余额宝。当时谁也没有料到，它的规模会在8个月后突破5 000亿元，成为中国最大的货币基金。余额宝推出以后，银行、基金等闻风而动，纷纷推出自家的互联网金融产品。截至2014年9月30日，市面上已经有56家机构推出的总共79个“宝宝”类理财产品。

在余额宝上线之初，阿里巴巴并未大肆宣传。余额宝上线后的第二天，内蒙古一家默默无闻的化工企业内蒙君正莫名涨停。投资者查询之后发现，内蒙君正是天弘基金的第二大股东，而天弘基金与支付宝、金证股份刚刚联合推出了余额宝。随后在大盘持续疲弱的情况下，余额宝概念股逆市爆发并势不可当，内蒙君正在17个交易日内创下了8个涨停，金证股份也有5个涨停。余额宝就这样走进了公众的视野。

余额宝强劲的吸金能力动了传统金融从业者的奶酪，这项业务推出不到一个星期，就被证监会点名称其违规。随后支付宝提交了相关备案文件，余额宝业务才得以继续开展。这次点名更像是一次口头警告，而马云的态度也十分强硬：“如果银行不改变，我们就改变银行！”一场金融领域的革命爆发。

“宝宝类”理财产品的本质都是货币基金，按照发行机构的不同可以分为“第三方支付系”“银行系”“基金系”和“基金代销系”。余额宝挑战银行的不仅是产品和利息，还是一种新的服务和思维，它的服务便捷，客户获取成本低廉，对信用的理解以及互动服务链都是银行业所陌生的。

余额宝的商业模式是将基金直销系统内置到支付宝中，用户将资金转入余额宝，支付宝和基金公司通过系统对接，一站式为用户完成基金开户、基金购买的过程。用户如果选择使用余额宝内的资金付款，相当于赎回货币基金。根据其官方介绍，2012 年 10 万元活期存款一年期利息为 350 元，如果这笔钱存到余额宝一年预计收益超过 4 000 元。

余额宝的高额收益要归功于它生逢其时。2013 年，货币政策维持中性偏紧格局，银行间流动性紧张问题突显。2013 年 6 月，余额宝在和银行的谈判中获得了比较有利的地位。但是若想维持高收益似乎不太现实，随着银行业流动性降低的问题得到缓解，货币市场的收益率已经从原来的 6%下降到 4%，余额宝若想保持住至少 6%的收益率是非常困难的。

余额宝吸引客户的另一个卖点就是 T+0（实时赎回）交易，资金当天到账，这比实行 T+1 清算制度的货币市场基金提前了一个工作日。这是余额宝的首创，后来出现的各类“宝宝们”也紧随其后。这种时差问题的解决需要“宝宝们”用自有资金垫付，余额宝有关人士也承认，垫资是由余额宝和支付宝共同承担。支付宝注册资本 5 亿元，日均交易额超过 20 亿元，2013 年下半年的日沉淀资金为 1 000 亿元，再加上其承担的在途资金（淘宝网买卖双方完成交易前买方在支付宝的贸易资金）的监管，支付宝的资金量非常大，庞大的资金储备是 T+0 交易得以实行的有力保障。

余额宝的推出，作为用户是要为阿里巴巴点赞的，用户从没有收益到有收益。基金公司也是受益的，从没有当天支付功能到有当天支付功能。支付宝的短期利益遭受了一定的损失，如果支付宝不做余额宝，根据央行对第三方支付备付金的管理规定，备付金产生的收益归第三方支付机构所有，也就是归支付宝所有，而余额宝推出后，支付宝只能从基金公司收取极少的技术服务费。

在论证余额宝这个项目时，阿里的财务部门曾经提出疑义，认为这一业务会导致协议存款减少。但从长远来看，余额宝的推出增强了客户粘性，在一定程度上扩大了支付宝的应用场景，最终会使用户活跃度与资金量上升。

在余额宝的竞争对手中，活期宝是实力较强的一款产品。活期宝是天天基金网推出的货币基金，其使用方法不同于余额宝，用户必须开通天天基金网交易账户，登录后才可以充值，相当于购买了货币基金。活期宝的最高收益超过活期存款的10倍，还可以享受全天候、全年无休的快速取现、实时到账服务。

活期宝的合作方是南方现金增利货币、华安现金富利货币等老牌基金，该产品主要针对的是基金投资者，它比余额宝更接近我们平常所了解的理财产品，但大大降低了门槛。活期宝收益率高于余额宝，但它不能像余额宝那样用于网络购物。活期宝与余额宝本质上是一样的，都是拥有互联网基因的理财工具。实际上，互联网公司插足金融只是浮于表面，都只是依靠自身的大流量出售理财产品，而不是利用资金赚取利差，阿里巴巴的角色就是金融中介，和做金融还是有区别的。但凡事有一个进化与进步的过程，假以时日，这些蹒跚学步的“宝宝”必定可以健步如飞。

微信支付挑战支付宝

智能手机的出现让手机不再是严格意义上的手机，现在我们出行早已不需要随身携带相机、游戏机、MP3等设备，一部手机就可以帮你解决所有问题。如果说还要再带什么的话，可能是一个移动电源吧。随着移动支付的兴起，我们开始对钱包说再见。

早在2008年年初，支付宝就推出手机支付业务，进入移动互联网市场并发布移动电子商务战略。到了2013年，支付宝已成为全球最大的移动支付平台。身居高处的支付宝并不能高枕无忧，在移动支付领域，腾讯的微信支付悄然崛起。

2013年8月5日，微信5.0版推出微信支付功能。至此，O2O的最后一环也被微信打通，实现了线上到线下的完整闭环。短短两个多月，易迅、当当、优酷、蘑菇街、友宝、大众点评等众多企业均已接入微信支付功能，微信支付的应用场景日趋丰富，手机充值、购买电影票、购买彩票、收看互联网电视付费节目、购买咖啡等功能都可通过微信支付实现。

微信支付功能分为扫码支付、App内支付和公众号支付三种，如中国最大的自动售货机运营商友宝与微信的合作就是扫码支付。在友宝自动售货机上每件商品都对应一个二维码，只要用微信扫描这个二维码，就进入了微信支付页面，输入支付密码完成支付后，售货机就会自动弹出商品，整个过程方便快捷。开通之时，支持微信扫码支付的智能售货机在北京、上海、武汉、广州、深圳等地有10 000多台。

大众点评与微信的合作模式则是App内支付。用户可以直接在大众点评的手机客户端上选择微信支付购买团购券。大众点评这种“本地生活消费平台+ 微信支付”的方式，把线上与线下、人与服务紧密地结合在一起，用户的支付体验相较之前有了很大提升。数据显示微信支付接入大众点评后，交易占比在推广活动期间提升了7倍，用户体验满意度近乎100%。

此外，微信公众账号也可开通微信支付功能。用户在微信公众账号中可以使用微信支付订阅纸质报刊等一系列生活服务。

2013年“双11”期间，微信和易迅网在北上广深等城市打造了一个“微信卖场”，用户可以很方便地在微信里直接挑选、购买各种专享特价的热门商品。据统计，11月11日微信卖场当天的成交量超过了8万单，占到易迅全站下单总数的13%。希望接入微信支付的商家越多，支付宝所面临的威胁就越大。

互联网大佬们在移动支付领域的战火，逐渐向生活应用软件领域蔓延，最明显的例子就是打车软件。自2013年5月开始，快的打车和滴滴打车进入人们的视野，而它们背后最大的推手就是阿里巴巴和腾讯，两大互联网巨头一掷千金投资到打车软件，支付高额的补贴让利于司机和用户。阿里巴巴和腾讯之所以血拼，一个重要的原因是希望借助打车软件推广自己的移动支付工具。

除了支付宝和微信支付，拉卡拉、连连支付这些名字可能会相对陌生一些。拉卡拉其实在移动支付还没那么盛行的时候就开始做手机刷卡器（类似外接读卡器，可以读取磁条卡信息）。在早年的移动支付市场份额排名里，拉卡拉一直名列前茅。连连支付的交易主要集中在互联网彩票市场，2014年世界杯所引发的竞彩热潮使它的交易量直线攀升。

另外，NFC支付作为一种新兴的移动支付方式也开始流行。一是因为具有NFC功能的手机越来越多，二是苹果公司推出了NFC支付产品Apple Pay，使NFC支付受到广泛关注。NFC支付不需要使用移动网络，而是使用NFC射频通道实现与POS收款机或自动售货机等设备的本地通信。未来NFC支付的竞争也将越来越激烈。

2013年是移动支付迅速崛起的一年，这得益于移动互联网基础建设越发成熟，以及互联网巨头们强力推动移动战略。从目前的形势来看，支付宝优势明显，但腾讯的微信支付仍有很大的机会笑到最后。

中国互联网最大的收购案

2013年是中国互联网收购、并购异常活跃的一年。阿里巴巴分别以5.86亿美元、2.94亿美元购入新浪微博18%的股份和高德28%的股份，百度以3.7亿美元收购PPS、19亿美元收购91无线已发行的全部股本。

19亿美元的总收购价使之成为中国互联网有史以来最大的收购案，此时91无线的母公司网龙的市值也不过16亿美元左右。

即使不了解互联网的人对91无线也不会太陌生，它在手机应用中非常广泛。91无线成立于2010年9月，CEO为胡泽民。

91无线平台集成91助手、安卓市场、91移动开放平台、91熊猫看书、91熊猫桌面、安卓桌面、91手机娱乐和安卓网等产品，是当时国内最大的移动应用下载渠道。截止到2012年年底，该平台总下载量达到129亿次，在iOS和安卓两大智能手机客户端的市场渗透率分别超过80%和50%。根据网龙2012年第三季度财报显示，91助手用户超过1.2亿，其中安卓市场用户量超过7 000万。

91无线被收购的传闻从2013年5月就曝出，百度、腾讯、阿里巴巴都有可能作为收购方。网龙为什么要卖掉当时炙手可热的91无线？这还要从91无线独立上市无望说起。

在91无线筹划上市时，美国上市的中国概念股都在忙着退市，这使得91无线不得不放弃在美国上市的计划。在国内A股市场上市也曾在网龙的考虑范围内，但是91无线的架构与国内A股市场上市的条件存在冲突，如果改制就要投入大量的时间和精力。综合来看，香港上市是91无线的最优选择。

2013年4月，91无线引入了香港电讯盈科主席李泽楷、阿里巴巴前主帅卫哲旗下基金以及“红筹之父”梁伯韬等投资者，试图借助他们的资源实现香港上市，此外还可以通过李泽楷的电讯盈科运营商打开香港地区及东南亚市场。91无线的上市选择很出人意料，没有选择IPO而是选择了介绍上市的方式。

介绍上市是指公司在上市前不需要实质上拿出股票向社会公众销售而直接申请上市。介绍上市在境外是一种常见的上市模式，中国内地还没有类似的模式。介绍上市的优点在于可以把企业融资和证券上市在时间上分开，企业获得更大的灵活性。

91无线创始人胡泽民之所以选择介绍上市模式，他的解释是避免稀释股权。但是这种上市方式没有获得资本市场的认可，此外，91无线此前依靠“刷机越狱”起家，这对于公司无疑是一个污点。

91无线独立上市之路困难重重，网龙只得退而求其次，将91无线卖掉。不过，与百度的这笔交易，令91无线的投资人直言“非常满意”，甚至“比上市退出还要好”。

百度不仅收购了网龙57.41%的股权，还将把其余的发行股本全部购入，总收购价19亿美元远远超过收购前三个月91无线的估值。“百度是不得已而为之，其布局移动互联网较晚，相比于腾讯落后太多，一直处于被动地位。”易观国际移动互联网行业分析师王珺说，在BAT三巨头中，阿里巴巴通过一系列收购完成移动布局，腾讯则依靠微信在移动互联网站稳了脚跟，而百度在移动互联网中还没有一款真正平台级别的产品。

2013年，百度移动搜索每日活跃用户过亿，91无线并入百度之后无疑如虎添翼。百度将通过搜索和应用商店两个强势入口，直接满足用户的各种搜索和应用下载请求，同时连接海量开发者，打造健康完整的移动互联网生态。百度的广告模式一直都是竞价模式，收购91无线之后，百度除了获得移动端巨大的流量入口，还获得了丰厚的广告资源。百度的移动布局看起来更像一套组合拳：百度搜索、百度地图、百度语音助手以及91助手，囊括了未来移动互联网的几大潜在入口。

百度负责投资并购的企业发展部总经理汤和松这样说：“既要看见森林也要看见树木，而在看准之后，百度的投资还是非常有魄力的。”其实不只是百度，三大巨头都在全面布局移动互联网。2013年移动互联网将进入全面洗牌阶段，正式进入寡头时代。

从 3G 到 4G，手游的春天到了

2013 年年底，手机上网终于迎来了 4G 时代。12 月 4 日，根据工信部的公告，中国移动、中国电信、中国联通将同步获得首批 4G 牌照。

虽然发牌离 4G 普及还有一段时间，但手机游戏行业已经感受到春风的气息。4G 对手游的利好体现在能为其提供更好的网络基础、更优质的移动网络资源、更快的移动网络速度。4G 网速究竟比 3G 快多少？官方的数据是 40 倍。用 4G 下载一部高清电影只需要几分钟，对于手游客户端更是“秒下”。

以前的客户端游戏，对网速、电脑等硬件条件要求比较高，而且开发周期长，一款游戏的开发成本动辄几千万元甚至过亿元，投入市场之后还存在很大的不确定性。手游则完全不一样，研发周期短、投入成本低、游戏后期修补性强、推广渠道直接，这些优点让手游具备很强的生命力。2013 年中国整个游戏行业的营业收入约 1 230 亿元，其中手游约 100 亿元，比 2012 年的 38.7 亿元增长了 158.4%，其发展潜力巨大。

腾讯移动游戏平台发布的《天天酷跑》在 2013 年 9 月 16 日上线后，成为国内第一款月收入破亿的手机游戏。《天天酷跑》凭借简单的操作以及 QQ 和微信平台的推广，迅速跃居游戏下载排行榜榜首。不管是公交车上还是商场里，你总可以见到有人利用闲暇时间跑上两局，比拼游戏分数、与好友争夺每周的冠军，玩家们玩得不亦乐乎。

《天天酷跑》等手游的成功，充分说明手游对社交网络平台的高度依赖。进入 4G 时代之后，手游所依托的移动互联网社交环境将更为优越，手游也将获得社会化程度更高的社会关系网络的支撑。

2013 年 6 月 18 日，《我叫 MT Online》在 iOS、安卓双平台总注册玩家超过了2 100万，日活跃玩家也突破230万，取得这样的成绩只用了5个月的时间。《我叫MT Online》根据著名动漫作品《我叫MT》改编，游戏采用卡牌战斗的经典方式，还原了动漫中的人物角色性格和搞笑做派，同时把《魔兽世界》各大经典副本以独特的方式展现出来。

《疯狂猜图》是一款休闲益智类游戏，在3个月时间内就突破了1亿下载量。游戏操作简单，即根据游戏中展示出的幽默搞笑图片判断其名称。《疯狂猜图》最火的那段时间，微博和微信朋友圈上面到处都是有关这个游戏的提问。这款手游的最大亮点在于能够不断地扩大玩家的知识面，侧重于休闲和互动性，很适合消磨时间。

如果说腾讯系手游产品的成功主要是抱着QQ和微信的大腿，那么《我叫MT online》和《疯狂猜图》则是完全依靠自身的游戏品质吸引玩家的。除了上面提到的一些手游产品，如果你是一位资深的手游玩家，你一定还记得《Flappy Bird》《别踩白块儿》这些风靡一时的手游。

放眼国际，在4G发展较早的韩国，手游整体质量已达到非常高的水平，场景和特效等细节与PC端游戏相差无几。而中国手游市场在2012年下半年进入高速发展通道之后，在2013年得到进一步扩容。由于看好手游的人越来越多，技术和资金已经不再是最大的壁垒，取而代之的是良好的创意和策划能力，这是手游产品能否成功的重要因素。如果说3G时代是轻度手游的繁荣时代，那么4G时代就是重度手游的爆发时代。

第五波海外上市热潮

自2011年年中开始，互联网中概股市场陷入沉寂。2012年赴海外上市的互联网中概股仅唯品会、欢聚时代和中国手游三家，其中唯品会和欢聚时代均是“流血上市”。

2013年积极走高的美股大盘行情带动了互联网中概股市场回暖，外贸电商企业兰亭集势在2013年6月上市，随后58同城、去哪儿、汽车之家和500彩票网纷纷赴美上市，云游控股、IGG和博雅等游戏概念股也在香港上市，形成了中国互联网公司又一波上市高潮。

2013年6月7日，兰亭集势在美国纽交所挂牌上市，收盘价每股11.61美元，较每股9.5美元的发行价上涨22.21%。兰亭集势此次IPO发行了830万股美国存托股票，融资额约为7 885万美元。

兰亭集势成立于2007年，公司创始人兼CEO郭去疾此前为谷歌中国总裁特别助理。兰亭集势是一家做外贸的B2C公司，旗下LightInTheBox. com是在中国知名的国际贸易网站。兰亭集势此次上市可谓美股IPO的破冰之旅，打破了中国互联网公司8个月没有赴美上市的局面。

2013年11月1日，筹措已久的去哪儿正式在美国IPO。此前去哪儿计划登录纽交所，后来为了与其最大股东百度保持一致，最终选择了纳斯达克。其IPO定价为每股存托股票公开发行价格15美元，以此计算，去哪儿市值达20.6亿美元。去哪儿共发行11 111 000股美国存托股票，公开募股规模约1.67亿美元，比原本预计融资有所提高。去哪儿的路演获得了很好的效果，公开募股获得40倍超额认购，去哪儿CEO庄辰超为此兴奋不已。

作为2013年第三支成功赴美上市的中国概念股，去哪儿的表现非常突出，开盘价为每股28.35美元，比每股15美元的发行价上涨了89%。这样的表现盖过了一天前上市的58同城，去哪儿在盘中一度涨幅超过100%，最终报收每股28.40美元，上涨89.33%。单就涨幅来看，去哪儿明显更受欢迎一些。

再看58同城，姚劲波在2005年创办了分类信息网站58同城，把楼梯口的小广告、墙上的“牛皮癣”、报纸的豆腐块广告、小区的广告栏搬到了网上。2009年，姚劲波确定了58同城作为在线营销平台的商业模式：向小微企业收取在线推广费，并且让会员为出现在58同城更好的位置而竞价。2010年，58同城的营业收入为1 100万美元，2013年前三季度，营业收入已经达到1.004 4亿美元，并且实现了878.5万美元的净利润。2013年10月31日，58同城在纽交所挂牌上市，开盘价为每股21美元，比每股17美元的发行价高23.5%，收盘时上涨41.88%。“希望我们的表现会为后面上市的公司铺好道路。”姚劲波在敲响纽交所上市钟后表示。

2013年是互联网中概股春风得意的一年。大地回暖，阳光灿烂，无论是已经挂牌上市的，还是即将启动上市的，都在传达一个信息：这是最好的时代。

年度风云人物——被掩盖的“大佬”庄辰超

如果不是去哪儿登陆纳斯达克，庄辰超并不会被太多人知道。事实上，庄辰超是互联网界“骨灰级”的老兵，在李彦宏回国创建百度之前，庄辰超的搜索客就已在中国成为主流。

1995年，19岁的庄辰超以优异的成绩考入了北京大学电子工程系。庄辰超读大学时，正值互联网大变革：电脑从386（英特尔1985年发布的一款CPU）时代进入奔腾时代，操作系统从DOS升级到Windows 95。

1997年，庄辰超将大部分时间都耗在教室、图书馆、电脑房，直到一个上海交大的同学跑到北京找到他，跟他商量着干一番事业，两人一拍即合。

此时以搜索起家的雅虎正如日中天，雅虎的成功让庄辰超认识到“获取信息是人类最基本的刚性需求，搜索引擎在未来有无限的潜力”，于是两人决定做搜索。当然，他们两人谁也没有掌握搜索引擎的核心技术，庄辰超在北大学的是无线电，跟搜索技术一点儿都不沾边。

20世纪90年代的中国深受硅谷“极客文化”的影响，模仿出了各种各样的“客”，庄辰超做的搜索引擎也顺应潮流，命名为搜索客（也就是Cseek）。搜索客并不是庄辰超研发的，顶多算是二次研发，说白就是做一些汉化和界面风格的修改，以便更适合国人使用。

庄辰超修改的搜索引擎叫Verity，这是当时一家拥有非常成熟的搜索引擎技术的美国公司。在Verity巅峰时期，从美国国务院、国防部、中央情报局，到通用电气、波音、西门子和惠普等，据统计全球500强企业中66%的企业使用Verity。谷歌出现以后，Verity开始走下坡路，并于2005年年底以5亿美元贱卖给了英国的Autonomy公司。

1997年11月3日，搜索客正式推出，当时百度和3721都还没有上线，庄辰超由此成为中国搜索引擎领域的第一批布道者，搜索客也成为中国的主流搜索引擎。

搜索客上线之后，庄辰超为了软件而四处奔走。在网络下载不发达的20世纪90年代，软件都是以光盘为载体销售。销售工作非常艰难，基本上没有什么业绩可言。当然他也有不小的收获，那就是在拜访客户的过程中结识了很多企业高层，这些人对他后来的发展起到了至关重要的作用。庄辰超生命中最大的贵人——美国人戴福瑞，就是在这段时间遇到的。

1997年1月，默多克的新闻集团和人民日报社合资创办了ChinaByte，新闻集团派戴福瑞来中国为ChinaByte做商务拓展。戴福瑞在拉业务，庄辰超也在拉业务，两个人就这样不期而遇。互联网大佬都有一个特点，一谈到自己的产品，即使是平时沉默寡言的人也会变得滔滔不绝。在庄辰超与戴福瑞第一次见面中，庄辰超就对着戴福瑞侃侃而谈。戴福瑞被眼前这个20出头的年轻人打动了，他没有购买庄辰超推销的软件，而是买下了搜索客。

从庄辰超此后的人生轨迹来看，搜索客只是他创业生涯的一个前奏。1999年，庄辰超、戴福瑞等6个人一同创办了鲨威体坛，借助1998年法国世界杯掀起的体育热潮，鲨威体坛很快就成为国内最大的体育论坛。2000年，在互联网泡沫破灭之前，鲨威的管理层敏锐地嗅到了危机，他们积极寻找买家接盘。2000年8月，TOM集团以1 500万美元的价格收购了鲨威体坛。

拿着天价的收购金，看着日渐萧条的中国互联网市场，庄辰超跑到美国，在世界银行找了一份技术开发工程师的工作，他的伙伴戴福瑞则去了网易。2005年，庄辰超回国与老搭档戴福瑞一起创办了去哪儿。8年之后，去哪儿赴美上市。

2014年

跑马圈地，三家分晋

“O2O 未来会改变中国！”

李开复在 2012 年 10 月说这句话时，不少人还是半信半疑。2013 年，看好 O2O 的人越来越多，阿里巴巴与腾讯分别在快的打车与滴滴打车投入巨资。2014 年，伴随打车补贴大战的喧嚣，全国山河一片 O，创业者只要穿个 O2O 马甲，就能吸引诸多投资人的目光。O2O 市场如广场舞般热闹。

这一年，BAT 也是动作频频。阿里巴巴震撼上市并掀起并购狂潮，腾讯斥巨资入股 58 同城，百度收购糯米……

挟 2013 年的互联网金融大潮之势，2014 年的 P2P 平台数量达到数千家。这让人不禁想起数年前的团购网站大跃进。毫无疑问，这些 P2P 平台要经历一场严酷的生存洗礼，活下来的将是极少数。

全国山河一片O

近年来，商界大佬之间流行“对赌”。2012年年末，在央视经济年度人物评选现场，王健林和马云打了一个1亿元的“赌”。王健林称：“电商再厉害，但像洗澡、捏脚、掏耳朵这些业务，电商是取代不了的。我跟马云先生赌一把：10年后，如果电商在中国零售市场占50%，我给他1个亿，如果没到他还我1个亿。”

很快，王健林就发现风向不对。2013年，装修、家政、打车、美发、按摩、餐饮外卖，这些土得掉渣的行业都纷纷触网。

2014年3月，雕爷的河狸家上线，迅速聚集起2000名美甲师，成立后不到一年就获得了三轮融资。王健林所谓“洗澡、捏脚、掏耳朵这些业务，电商是取代不了的”的判断，被来势汹汹的O2O推翻。也是在3月，京东宣布O2O是京东2014年的五大战略之一。

大佬之所以成为大佬，并非从不看错风向，而是看错后能够马上调整航向。2014年8月29日，万达集团、腾讯、百度在深圳举行战略合作签约仪式，宣布共同出资成立万达电子商务公司，搭建线上线下全融合的O2O平台。万达一期投资50亿元，持有70%的股权，百度、腾讯各持15%的股权。

王健林现场致辞表示：“随着人们消费能力的提高，体验类的消费会越来越多。这不是简单的买卖消费，美国的文化消费占比非常大，占GDP的24%。我觉得将来O2O这块，可能是电子商务领域最大的蛋糕。”

O2O字面上的意思是Online to Offline以及Offline to Online，是指线上与线下相结合的电子商务。在O2O商业模式中，整个消费过程由线上和线下两部分构成。线上平台为消费者提供消费指南、优惠信息、便利服务

（预订、在线支付、地图等）和分享平台，而线下商户则专注于提供服务。

具体来说，“O2O”中的“2”非常关键，这个“2”读“to”，是线上与线下的交汇点。这个交汇点需要构建以ERP为基础，以OMS订单处理系统、CRM客户管理系统、WMS电子仓管理系统为后台的整体软件平台系统，才能真正实现商品流、信息流和资金流三流合一，运转通畅的O2O运营体系。

你线上有店，线下也有店，但线上、线下无论产品、价格、营销、服务、物流等都是各自独立，甚至是相互冲突矛盾的，这不能算是O2O。O2O的本质之一是线上线下协同，线上促进线下，线下支持线上，相辅相成，相互促进。

2014年12月8日，大连万达商业地产股份有限公司在香港展开了路演。根据招股说明书，O2O万达电商纳入了万达商业地产上市平台。这给资本市场创造了极大的想象空间。12月23日上午，万达商业地产在港交所主板挂牌上市，全球发售所得款项净额约280.31亿港元。

同时，万达又以3.15亿美元收购快钱68.7%的股权，为万达电子商务生态系统的形成奠定了基础。王健林这个彻底的“水泥党”终于推倒了自设的藩篱，将“鼠标党”紧紧抱在怀里。

其实，马云这个“鼠标党”也在跨界，不断地跟“水泥党”亲密接触。从2013年开始，阿里巴巴收购步伐再加快。2014年3月，阿里巴巴花了约116亿港元战略投资银泰百货与中国文化传播，9月又掏出28.1亿元入股石基信息……收购面广，频率之高让人咋舌，有人开玩笑说如果哪天阿里巴巴收购了一家菜市场也不会觉得奇怪。

很多人都觉得马云收购让人眼花缭乱，看不懂，其实他的逻辑是：把传统行业和互联网大数据结合起来，用互联网数据指导线下实体商业。2013年马云投了亚洲最大的物流网菜鸟网，云峰基金、顺风、三达一通等物流公司都在其中。菜鸟网是一个物流体系，但又不是做实体的物流体系，是一个数据中转的物流网。

更令人大跌眼镜的是，在2013年12月，万达影院进入支付宝钱包公众服务平台，实现了声波取票。用户只要关注支付宝钱包“万达电影”公众号，就可以在里面办理在线选座、购票等业务。这对“相杀”的冤家居然开始“相爱”了！

看来，王健林与马云十年之赌的输赢，不用等到2022年再揭晓了。埋头线下的传统企业万达染指线上，专注线上的阿里巴巴向线下传统企业抛绣球。你中有我，我中有你，合二为一难辨“雌雄”。

“水泥帮”土豪终于和“鼠标党”新锐全面和解，亲密地谈起了恋爱。曾经的线上线下商业如同两条平行车道，在2014年，线上线下在一个叫O2O的地方交汇、融合。两者之间不再是独立的、对立的，而是共生双赢。

拓宽后的车道上，车流滚滚。据艾瑞咨询统计数据显示：2014年中国电子商务市场交易规模达12.3万亿元，比上一年增长21.3%，其中网络购物增长48.7%；2014年网络购物在社会消费品零售总额渗透率首次突破10%，成为推动电子商务市场发展的重要力量。另外，在线旅游增长27.1%，本地生活服务O2O增长42.8%，共同促进电子商务市场整体的快速增长。

2014年被称为“O2O元年”，O2O创业如火如荼。春江水暖鸭先知，投资者们嗅到了浓重的金钱味道。在2014年年底举办的“第十五届学习型中国·世纪成功论坛”上，乐博资本创始人、中国青年天使会会长杨宁称，不会再投纯粹互联网或移动互联网的项目，互联网如果不落地，就没有任何的机会，今后只投O2O的项目。“互联网领域的战争已经结束，现在做纯互联网项目只能给巨头当靶子。如果你的项目不是打通线上线下，这个项目就不值得做。”杨宁认为，互联网巨头的长处在于纯线上和纯虚拟世界，一旦落地，陷入传统产业，他们的能力就发挥不出来。

有人出力，有人出钱，何愁没有好戏上演？

腾讯与京东联姻

2014年3月10日，腾讯与京东宣布联姻。腾讯向京东支付2.14亿美元现金，购买了普通股351 678 637股，占京东股份的15%。腾讯入股后，双方资产进行整合：京东收购腾讯旗下QQ网购和拍拍网100%的权益，以及易迅网的少量股份，腾讯将向京东提供微信和手机QQ客户端的一级入口位置及其他主要平台的支持。

业界普遍看好腾讯与京东的合作，称其为“绝配”。对于此次合作，京东和腾讯都抱有极高的期望。刘强东表示：“通过此次与腾讯在移动端、流量、电商业务等方面的战略合作，京东将在互联网和移动端向更广泛的用户群体提供更高品质、更快乐的网购体验，同时迅速扩大京东自营和交易平台业务在移动互联网和互联网上的规模。”

腾讯总裁刘炽平则表示：“与京东的战略合作不仅将扩大腾讯在快速增长的实物电商领域的影响力，而且能够更好地发展我们的各项电子商务服务业务，如支付、公众号和效果广告平台，为腾讯平台上的所有电商业务创造一个更繁荣的生态系统。”

众所周知，社交是腾讯最大的优势。腾讯QQ拥有10亿以上的活跃用户，微信用户也已高达7亿。坐拥两大流量入口，然而腾讯的社交用户在变现能力上远远不及电商用户。虽然这些用户在社交工具上耗费的时间远远多于电商类、搜索类程序，但是流连于社交网站的用户往往没有明确消费目的，只是打发空闲的时间而已。电商网站方面的用户虽然停留时间很短，但是行为相当明确，一般都围绕着购物。因此从电商发展角度看，电商用户的数据要比社交用户的数据更有指向性。社交数据只能反映用户的社交、生活习惯，只有交易数据才能准确地体现出用户的消费能力和消费偏好。因此，腾讯早在2005年就推出了电商服务拍拍，2008年又推出QQ网购，可惜其在电商方面的努力并未取得理想成效。

2012年，腾讯成立了电商独立子公司，收购了易迅，这次收购让腾讯电商发展之路步入了正轨。2014年2月，腾讯入股大众点评。接连的收购、入股让腾讯尝到了甜头，于是才有了这一次的大手笔入股京东。

作为互联网公司重要收入来源的广告，腾讯一直做得不尽人意。腾讯用户数是Facebook的2/3，而在线广告收入只能达到Facebook的1/2。因为阿里系的淘宝、天猫垄断了中国80%的电商流量，而互联网广告主要来自电商，阿里才是一个巨大的广告平台。

京东在电商行业排名第二，是最富发展潜力的电商企业。腾讯此次与京东合作，希望借助不断成长的京东，一方面实现广告收入的持续增长，另一方面使腾讯的社交数据与京东的交易数据结合，更好地发展电商。如果按照当时京东的估值和腾讯所拥有的股份计算，腾讯付出资产和移动入口的价值将近20亿美元，却获得了超过35亿美元的股份。这笔交易还是相当划算的。

对京东来说，上市是京东当时的一大目标，然而阻碍也很多。2014年1月30日，京东公开递交招股书意图赴美上市。其IPO招股书显示，截至2013年9月31日，京东一共有3 580万活跃用户，订单总量达到2.117亿，京东预计全年销售额将首次突破1 000亿元。然而资本市场对京东模式并不看好，估值只有150亿美元，远远低于京东的预期。京东此次引入腾讯的投资，可以提升自身的IPO估值，为顺利登陆纳斯达克造势。2014年5月22日，京东如愿以偿在美国纳斯达克挂牌上市，开盘报价为每股21.75美元，市值将近300亿美元。

腾讯对京东的吸引还有庞大的用户流量和用户数据，特别是微信的入口效应一直被业界所重视。刘强东认为，与腾讯战略合作后，获得了微信、手机QQ的入口，京东将在移动互联网领域突破重围，使得电商业务借助移动端的微信入口拓展至国内的三到六线中小城市。京东将构建起一个由自营B2C、平台B2C和拍拍网C2C组成的电商生态圈。

移动社交电商是电商行业新的风口，腾讯入股京东，取彼之长，补己之短，对双方的电商版图的扩大和实力的壮大都起到了良好的推动作用，对未来的互联网行业格局也将产生深远的影响。

牵手小米，迅雷上市

2014年4月，小米斥资2亿美元收购迅雷70 977 058股E优先股，占到迅雷股份总额的27.2%，成为迅雷的第一大股东。此外，小米还表示，将在迅雷公开募股中进一步增持股份。

小米注资迅雷之后，迅雷的上市之路变得更加顺畅。从2011年6月到2014年6月，迅雷上市经历了整整三年。2014年6月24日，迅雷成功登陆纳斯达克，开盘价为每股14.21美元，较发行价每股12美元上涨18.4%，其市值突破了10亿美元。

小米的入股不仅仅为迅雷带来了现金流并助其上市，还从业务层面开启了双方全面的战略合作，小米的硬件产品，小米盒子、小米电视等等，会内置迅雷的相关服务。众所周知，小米是国内广受欢迎的手机品牌，2014年小米手机销售量突破6 000万部，MIUI用户数量将近1亿，迅雷与小米合作相当于获得了其庞大而忠实的用户资源，可以将迅雷的应用和服务通过小米硬件传达给更多用户。

小米对于此次合作也颇为看好，认为对迅雷的投资并非风险投资，而是战略投资。小米当时正在巩固其基础云生态，合作之后，迅雷的云加速技术全面开放给小米公司使用。与迅雷的合作补齐了小米的云计算短板，可以解决小米盒子和小米电视上内容播放速度慢等问题。这对小米来说有相当大的战略价值。

国内大型的云计算平台大多依附于行业巨头，如阿里云、百度云，小型云计算平台体量不足，能力也不强，而迅雷是国内少数独立的、拥有较强云端能力的公司，而且在这个领域已经积累了多年的研发经验。小米对云和互联网增值服务的兴趣越来越浓，最佳的选择当然是与迅雷这样的强者携手。

手机厂商与云存储厂商合作，为购买手机的用户提供额外的云存储空间，这种合作模式在国外有很多成功的先例，例如三星、HTC与著名云存储服务商Dropbox的合作，三星和HTC向Dropbox购买云存储空间，手机用户可以免费获得一定期限的大容量云存储空间。这种业务模式让用户在购买手机后可以享受更好的云服务，同时又给云存储厂商做了有效推广，从而使手机厂商和云存储厂商实现双赢。

而“小米+ 迅雷”的战略合作不仅是商业合作，还是战略联盟。如今各个品牌的电视盒子、视频网站开始争夺用户的“客厅端”，2014年视频网站之间的盒子之争，以及盒子与智能电视的竞争持续升级。谁能够为用户提供大容量、高清、流畅的观看体验，谁就占据了用户的“客厅端”。这也是小米与迅雷合作的重要原因，迅雷的技术和数据传输能为小米硬件用户带来非常好的体验和增值。

2014年6月25日下午，迅雷与小米联手发布最新CDN（内容分发网络）行业品牌项目“星域”。“星域”将闲置的带宽资源、运算资源、存储资源全部集合起来使用，为游戏下载、移动应用、视频行业、智能硬件、在线直播五大领域提供完美的解决方案。

对“星域”的发布，迅雷CEO邹胜龙表示：“星域将重新定义CDN行业，并将颠覆CDN行业，从现在行业以B2B为主转向以P2P为主，同时，小米、爱奇艺、完美游戏等都会和迅雷CDN合作参与进来。”小米的雷军更是难掩激动：“我们此前花了大价钱成为迅雷第一大股东，在股价跌的时候我脸不红心不跳，因为我相信迅雷能够有颠覆性的创新。”

请全国人民免费打车

出行难成了当今城市的顽疾，开车怕堵，打车怕等，黑车有安全隐患。在一二线城市的上下班高峰期，出行难尤为明显。幸好，打车软件出现了，让出行变得简单方便。

快的和滴滴成立于2012年，在如火如荼的打车市场中脱颖而出，成为其中最强劲的两股力量。根据易观国际《中国打车App市场季度监测报告2014年第四季度》的数据：截至2014年12月，中国打车App累计账户规模达1.72亿，其中快的打车市场份额为56.5%，滴滴打车为43.3%。

两强相遇，血拼在所难免。这时候，互联网巨头也瞄准了打车市场，2013年4月，阿里巴巴投资快的，腾讯则牵手滴滴。有了互联网巨头的财力支持，二者之间的竞争必然硝烟弥漫、尘土飞扬。

2014年年初开始，滴滴与快的两大打车软件分别开通微信支付和支付宝支付，并向司机和乘客支付每笔10～20元不等的补贴，开启了“你打车，我请客”的红包攻势。这场营销大战持续了整整一年，耗资总额达到20亿元。

众所周知，在一个商业模式兴起之初，争夺的是用户消费习惯。当用户对某一款应用更为依赖的时候，就产生了忠实的客户。这是滴滴与快的都渴望得到的结果。随着腾讯和阿里巴巴的加入，滴滴和快的之争也成为两大巨头的“入口”之争。

2014年上半年，滴滴和快的的竞争以价格战为主，以补贴为竞争手段，简单粗暴却有效。但“价格战中无胜旅”，因利而聚必会利尽缘散，靠利益诱导的商业模式只会让企业自身的利润空间越发狭小，而且人们赚取红包的热情终究要回归到理性消费的轨迹上来。

到了2014下半年，他们似乎也已经觉察出烧钱大战不可持续，较量逐渐转移到商务用车领域。2014年8月，滴滴专车上线，进军商务用车领域。2014年12月，快的打车旗下的“一号专车”宣布进军企业级市场，将专车竞争从C端引入B端。

互联网专车服务对传统出租车服务是一个有效补充，但对用户来说，专车的服务保障及安全性是一大问题，为此，专车运营商与第三方商业保险公司合作，为用户提供安全保障。例如“一号专车”和中国平安保险公司达成了责任人责任险合作框架，成立了1亿元的乘客“先行赔付”基金；滴滴专车与中国人寿设立管理“基金池”，用于满足安全管理和服务品质管理。

2014年11月，CNNIC发布的《2013～2014年中国移动互联网调查研究报告》显示，过去半年滴滴打车的用户使用率高达74.1%，持续行业领跑。在中国打车软件市场，74.1%的用户选择使用滴滴，超过排名第二位的快的打车1.48倍。用户在选择上已明显偏好滴滴，不管从产品使用的便利性、支付的快捷度还是整体的服务来看，滴滴均占有较大优势。

疯狂的烧钱补贴是2014年的关键词之一，无数O2O公司争做散财童子请全国人民吃饭、洗脚、按摩、美甲，消费者得了实惠，企业在用户量猛涨中也乐开了怀。

为破纪录而生的阿里巴巴

阿里巴巴集团的B2B业务于2007年在港交所挂牌上市，其时雅虎和软银两大股东的股权之和已经达到68.3%，马云随时可能失去对阿里的控制权。为了抓住控制权，马云先是先斩后奏剥离支付宝的所有权，然后又向雅虎提出回购阿里巴巴股份的要求。

雅虎在美国的业务江河日下，面对马云的回购要求，雅虎也就顺水推舟同意了。双方最终商定，阿里巴巴集团于2015年12月之前整体打包上市，雅虎将手里的阿里巴巴股份的一半卖给阿里巴巴集团。这笔交易完成后，雅虎和软银的投票权之和将降至50%以下，同时雅虎放弃对阿里巴巴集团战略和经营决策的否决权。

为了实现回购雅虎股份的条件，马云开始策划阿里巴巴整体上市。根据雅虎与阿里巴巴的协议：第一，IPO需至少筹集资金30亿美元；第二，阿里巴巴在香港证券交易所或美国证交所上市，或在特定情况下在中国内地上市；第三，IPO发行价必须比回购价溢价110%；第四，其中一家全球IPO承销商由雅虎选择。

这意味着在IPO时阿里巴巴的估值至少需要达到735亿美元，发行价每股要超过28.35美元。在2012年，这个估值与发行价可以说是一个天文数字，马云只好通过大量并购来提升估值。此后阿里巴巴领衔创办了菜鸟网络，收购了天弘基金、恒生电子、中信21世纪、文化中国，一年之内让估值增长了5倍。

像阿里巴巴这样庞大的集团，无论在哪里上市，都将刷新IPO纪录，因此阿里巴巴的上市地点成了资本市场关注的焦点。在马云眼中，可以选择的地点是港交所、纽交所和纳斯达克。

起初很多人都觉得阿里巴巴会在港交所上市，因为阿里巴巴在华人圈中认可度更高，很多美国人甚至对阿里巴巴闻所未闻。此外，港交所相对宽松的监管政策也有利于阿里巴巴，而美国上市公司一旦出现一点儿问题，随时可能被停盘，淘宝网的假货问题就是一个巨大的隐患。

但是在港交所上市有一个弊端对马云来说非常致命，那就是可能会失去阿里巴巴的控制权。在阿里巴巴的实际股权架构中，马云及其管理层的总持股量仅为10.38%，远远少于软银和雅虎的持股量，而按照港交所的规定，在香港上市的公司只能为单一股权结构，所有股票权拥有相同的表决权，即掌股又掌权。阿里巴巴试探性地向港交所提交了自己的“合伙人制度”，期待港交所为阿里巴巴破例，但是港交所并没有让步。

好在阿里巴巴在上市这件事上并未吊死在一棵树上，2013年阿里收购了美国电商物流配送服务公司Shop Runner的部分股权和一家美国运动装备电商网站，此举意在为登陆美国造势。

美国的纽交所和纳斯达克允许发行两种表决权不同的股票，Google和Facebook就是很好的先例。为了保证马云及管理团队对公司的控制权，阿里巴巴选择了纽交所。

仅仅两站路演之后，阿里巴巴就获得了超额认购。马云松了一口气，以开玩笑的口吻说道：“十几年前我来美国，向风投要200万美元，没有人愿意给我，今天来就是准备多要一点儿钱回去。”

2014年9月19日，阿里巴巴在纽交所挂牌，股票代码为“BABA”。其招股书显示，此次IPO拟发售3.2亿股美国存托股票。其中，阿里巴巴将发售存托股票123 076 931股，包括主要股东雅虎以及阿里巴巴集团董事局主席马云和执行副董事长蔡崇信在内的献售股东将提供总计为197 029 169股的存托股票。阿里巴巴的开盘价为每股92.7美元，相较每股68美元的发行价上涨了36.32%，阿里巴巴的总市值高达2 383.32亿美元，超过了亚马逊的1 500亿美元。按照约定，美国雅虎方面将出售阿里巴巴集团总股份的4.9%，售股完成后，美国雅虎仍将持有阿里巴巴集团约16.3%的股份，而日本软银方面将不会出售股份。

阿里巴巴在纽交所上市时，马云持有8.8%的股份，这部分估值为128亿美元。阿里巴巴副董事长蔡崇信持有3.6%的股份，仅次于马云。

值得一提的是，在纽交所敲响开市钟的人并不是马云，阿里巴巴的敲钟人共有8位：2位网店店主，快递员、用户代表、电商服务商、网络模特和云客服各1位，还有1位是来自美国的农场主皮特·维尔布鲁格。

如此重要的历史时刻，马云为何不亲自敲钟，而是选择了8位代表？这次马云可不仅仅是为了作秀，而是向全世界传达一个理念：阿里巴巴努力了15年，不是为了马云和他的团队站在台上，而是为了这8位代表背后的亿万用户。“只有他们成功，我们才会成功。”马云慷慨激昂地解释道。

BAT 到处“买买买”

中国互联网发展了20年，如果将前10年形容为群雄并起、百家争鸣的话，那么后10年则步入了寡头时代。在BAT面前，坚实的商业壁垒轰然崩塌，清晰的市场边界消融殆尽，取而代之的是以三巨头为首的一轮轮并购狂潮，从互联网行业、零售业、服务业、文化产业到金融业无一幸免。

2014年，BAT除了在本身的核心业务领域更上一层楼，还加快了扩大阵营的脚步。据统计，2014年总计有94家公司与BAT发生资本关系，涉及资金高达150亿～180亿美元。

其中，腾讯的手笔最大，占据了总涉及资金的一半，共投资或收购了44家公司。阿里巴巴排名第二，占了1/3左右的资金，共投资或收购了36家公司。另外，百度占了1/6左右的资金，投资或收购了15家公司。值得一提的是，巨头之间除了竞争之外也有了轻度的合作，腾讯除了和阿里巴巴共同投资华谊兄弟，还与百度一起投资了万达电商。

纵观这些被投资或收购的公司，巨头们显然更青睐O2O领域，其次就是游戏领域。作为游戏行业的老大，腾讯在2014年投资了8家游戏公司。

投资并不限于国内，北美和东南亚的许多创业公司也得到了BAT的资金支持。尤其是美国市场，一共有15家美国公司得到了它们的投资。

总的来说，互联网公司的收购目的主要有三种：第一种是技术收购，将自身不擅长的、急需的领先技术买下来；第二种是招揽人才，以收购公司的形式将该公司的人才招之麾下；第三种是出于市场考虑，为了增加自身市场份额或者消灭竞争对手而收购。具体到BAT，它们分别以搜索、电商和社交起家，其商业的展开点不同，各有各的优势，短板也有很大的差别，所以收购背后的逻辑主线也不尽相同。

在并购狂潮中占据半壁江山的腾讯是公认的拿到首张移动互联网船票的公司，移动互联网布局最为成熟，6亿微信用户为其打通了移动互联网的入口。有了微信这个超级入口，腾讯可以根据用户的需求、行为习惯和行为模式，使用恰当的增值服务为公司带来丰厚的收益。

2014年3月10日，腾讯与京东建立战略合作伙伴关系，腾讯以2.14亿美元现金入股京东，京东将收购腾讯B2C平台QQ网购和C2C平台拍拍网的100%权益、物流人员和资产。另外，腾讯将向京东提供微信和手机QQ的一级入口位置。双方合作之后，京东将成为腾讯的护城河。

腾讯以结盟的方式剥离自己不擅长的业务，转而扶植实力强大的盟友以打击竞争对手。这是腾讯自2010年年底以来一直在做的战略转型，所有业务不再亲力亲为，而是联手其他公司一起做大做强。

在中国，阿里巴巴和腾讯是两个超千亿美元市值的公司，起初双方并没有业务冲突，现在他们都在向全业务渗透，已经进入了格局之争的阶段。阿里巴巴的投资并购早已开始，此前相继投资新浪微博、UC，收购友盟、酷盘，领投TutorGroup，在IPO前夕，阿里巴巴通过投资收购迅速抢占多个成熟的互联网细分市场。

就当时来看，阿里巴巴的入口分布相对分散，并且与电商业务的整合也没有找到一个很好的模式，这是因为阿里巴巴缺少一个像微信这样的超级入口。相比于腾讯与百度，电子商务出身的阿里巴巴与传统行业的联系更为密切。2014年3月，阿里巴巴战略投资银泰，总金额53.7亿港元，占股9.9%，并认购其37.1亿港元的可转换股债券。阿里巴巴与银泰商业将构建一套打通线上线下商业的基础体系，深知政策与资源对企业发展极为重要的马云把目光放在了远方。

不同于腾讯和阿里巴巴大张旗鼓地扩张，百度的动作有点儿慢，当然这也可以解读为“稳中求进”。一贯注重技术、低调务实的百度，其大手笔收购都有着战略考量。百度搜索在移动端的地位不如社交，为争取入口，百度以19亿美元收购91无线，使得百度在应用分发市场上占据重要位置。投资糯米网是百度在O2O领域重要的战略部署，“百度钱包”的推出也正式完成了对移动生活服务平台的闭环。

阿里巴巴与腾讯在社交和电商领域拼命厮杀时，百度并没有参与其中，而是先把自身的主营业务做到极致，试图将中间页、移动互联网、O2O几步棋首尾相联，形成一块属于自己的领地。但是不得不面对的一个现实就是：腾讯、阿里巴巴的市值一路领先，将百度抛得越来越远。

年度风云人物——“雷布斯”雷军

2014年11月29日，在北京清华紫光国际会议中心，第二届中国梦想日大会暨2014中国梦想人物榜发榜盛典正在举行，小米科技董事长雷军不负众望，荣获“2014中国梦想首富”的称号。

小米科技因雷军而傲立群雄，雷军因小米而名扬天下。2014年，小米手机销量创造了6 112万部的销售神话，成为与三星、苹果比肩的手机品牌。因为小米，互联网江湖至今流传着“互联网思维”、“专注、极致、口碑、快”的小米七字诀、参与感营销、粉丝经济等新词汇，这些都被创业者和企业管理者奉为创业圣经。

雷军毕业于武汉大学计算机系，求学期间就是小有名气的IT高手。毕业之后，他加入了著名的金山软件公司，成为金山的第6名员工。1993年，雷军出任北京金山总经理，1998年，雷军升任金山公司总经理，成为金山除了求伯君之外的的第二号人物。

雷军在金山奋斗了整整15年，金山从办公软件到金山词霸、金山毒霸，再到金山游戏的转型，每一次的风口浪尖，每一次的艰难转型，雷军都曾亲历并且主导着它的行进。2007年10月，雷军带领着金山第5次冲击IPO，终于成功登录香港股市。这一次的成功让雷军五味杂陈，金山软件公司当时身陷“前有微软，后有盗版”的困境，最后还是依靠金山游戏得以上市，其市值却远远不如在美国上市的盛大、百度等互联网公司。

犹如经历了一场马拉松，疲惫不堪的雷军于2007年离开了金山公司，做起了自由自在的天使投资人。他先后投资了20多家公司，其中有卓越网、凡客诚品、拉卡拉、UC优视、乐淘、可牛、多玩等等，成绩单极为出色。看起来生活非常逍遥，但在雷军内心深处仍燃烧着创业的烈火。2010

年4月6日，刚过不惑之年的雷军再度起航，举起了创业的大旗，小米科技横空出世。

小米科技是雷军“互联网思维”经营企业的集中表现，他将小米模式称为“苹果+Facebook”。

联想总裁柳传志这样评价小米模式：“小米几乎也是属于不可复制的模式，必须得雷军这人按什么方式做才能做出来，小米的运营成本非常低，非常低就是直接控制几个层面，而不是用多层级的管理方式，使得运营成本降低。”

萧瑟秋风今又是，换了人间。2011年7月，雷军在创立小米科技展露锋芒之后，重新回归金山软件，出任金山软件董事长，于是金山软件又回归了“雷军时代”。

雷军对于金山的未来充满信心，他在2014年金山公司中期报告中说：“2014年上半年，我们于移动互联网业务取得重大增长。在接下来的几个季度，我们将继续增强我们的核心竞争力、扩大我们的手机用户基础、坚定我们在移动安全、移动办公及手机游戏方面的立场，并加快全球渗透的步伐。”下一步，移动化和全球化是金山第二阶段的发展目标。

2014年，雷军进入了“胡润全球富豪榜”，当选为《福布斯》亚洲版2014年度商业人物。接踵而至的荣誉让“雷军”成了一个如雷贯耳的名字。他的小米模式被打造成企业界的经营典范，他的“风口”理论吹响了激励无数创业者前行的号角。

乔布斯是雷军的偶像。多年来，乔布斯如雷军的“远程”精神导师。从《硅谷之火》一直到乔布斯最后的发布会，乔布斯给雷军的影响远远超过任何人。基于此，雷军如乔布斯般“不顾一切相信自己想要的”，最终以妥协的方式，推出了米聊、MIUI和小米手机。

在互联网界，乔布斯是一个神一般的存在。即使最激烈的反对者，也无法忽视他的创造和对人类的伟大意义。但雷军一直不愿意外界称呼其为“雷布斯”。他说，也许18岁我会想成为乔布斯第二，但是我40几岁的时候，内心这么强大的人，我会愿意成为谁谁谁第二吗？

但没有人在意雷军是否喜欢这个绰号，大家还是愿意用“雷布斯”来表达对雷军的敬意。

2015年
一半是海水，一半是火焰

2015年3月，李克强总理提出制订“互联网+”行动计划，“互联网+”升级为国家发展战略。在随后的9个月里，国内互联网行业掀起了与现代制造业结合的高潮。

乘着“互联网+传统行业”的浪潮，国内创业的热度几近沸腾。面对过热的创业潮，资本市场在下半年趋冷。互联网公司意识到疯狂烧钱不可持续，开始抱团取暖。滴滴与快的、58与赶集、美团与大众、携程与去哪儿，一对对曾经打得死去活来的敌人握手言和，变为一家人。这些都验证了一句话：商场上没有永远的敌人，只有永恒的利益。

2015年“双十一”当天，电商平台全网交易额高达1 229.37亿元，较2014年的805亿增长了52. 7%。其中“天猫双十一全球狂欢节”实际成交值再破纪录，高达912.17亿元，国人强大的线上消费能力再次成为全球产品制造商关注的焦点。

2015年的互联网产业，从上半年的盛夏一下子进入了下半年的寒冬，几乎没有什么过渡。下半年，资本市场逐渐转冷，O2O公司尸横遍野，互联网金融骗局频发……这一切预示着残酷的行业大洗牌已经开始。

大众创业，万众创新

20世纪90年代前期，中国兴起“下海潮”，知识分子、国企员工和机关干部纷纷辞职经商。这些人中走出了柳传志、王石、冯仑这样的企业家，联想、万科、万通也成为行业巨头。到了20世纪90年代末，互联网产业蓬勃兴起，吸引了一大批年轻人创业，马云、马化腾、李彦宏等今天的互联网大鳄均在此列，BAT不仅成为中国互联网公司的领头羊，也成为世界互联网公司中最亮的星。

进入2015年，中国这片广袤的大地上又出现了躁动。李克强总理多次对大众创业做出重要指示，强调要将此作为新常态下经济发展的新引擎。为了助力创业创新，国务院还专门设立了400亿元的“国家新兴产业创业投资引导基金”。

在中央政府层面的鼓励与支持下，一波新的创富机会随之而来。正如李克强总理在政府工作报告中说的那样，中国有13亿人口、9亿劳动力资源，人民勤劳而智慧，蕴藏着无穷的创造力，千千万万个市场细胞活跃起来，必将汇聚成发展的巨大动能，一定能够顶住经济下行压力，让中国经济始终充满勃勃生机。

2015年8月11月，《融资打假：14大上市公司虚假融资 最多注水5.39亿美元》一文短时间内浏览量冲破3万，3天粉丝量近5 000。铅笔道开张大吉，王方高兴地在朋友圈里晒心情。

铅笔道是一家财经新媒体，由王方联合3个90后女生于2015年6月创立。他们只报道完成融资的新创团队，宣称要做“不说谎的融资媒体”。

王方参加工作的时间不到4年。从中关村一家知名媒体辞职创业时，有个媒体前辈对他说：你现在出来创业太早了，你再等两年。

但王方等不了了。“我有一个92年的同事出来创业，而且有了好成绩，当时我在采访他，我心想我是记者，他却已经出来创业，像他这么年轻的人都出来创业了，那我还当什么记者？为什么要在自己的安全区域内呢？很多人觉得自己资源不够、资历不够，我认为，就是因为这样才更应该创业，这是借口，就是因为你有不足你才应该去创业，你有50万元去做1 000万元的公司这才叫创业，而不是等你累积了100万元再说。另外一个原因是，原来的媒体生态不好。”

招人、拉投资，同为90后的王方忙得不亦乐乎：“刚过去的5月，我们空拿一张BP（商业计划书），找了3位投资人，没想到的是，3位投资人都想投。我们选择了其中一位：20日约聊，40分钟敲定，隔日融资到账。”

从2015年8月运营至年底，铅笔道累计获得480万元天使轮融资，投资方为K2VC、真格基金、BAI，其中包含猎聘网CEO戴科彬给的50万元启动资金。“知道你们不赚钱，也不指望你们回报，我只是不计成本地投入。”戴科彬对王方说。

但王方对未来信心满满。以后公司上市的门槛会越来越低，迟早有一天会降到零，非上市公司和上市公司是没有区别的。“那个时候，人们就会看到铅笔道的巨大价值。现在的铅笔道是一家媒体，未来是一家数据公司，如果政策放开的话，我们可能会做成一家交易所。”

王方是“双创”时代下中国创业者的典型：草根，年轻，张扬，创意无限。未来的创业大潮将由这帮互联网上的“原住民”引领。

滴滴与快的战略合并

互联网用车领域是一个百亿乃至千亿美元的赛道，跑在第一阵营的滴滴与快的拼得刺刀见红。当然，在你来我往的过招之间，对方也是自己的磨刀石，这是双方能飞速发展的重要因素之一。

2013年下半年，快的并购了大黄蜂，滴滴也获得C轮融资，双方的发展都步入正常轨道。滴滴和快的在2013年进行了第一次合并谈判，由高盛亚洲区董事总经理柳青主导。因为两家公司正在市场上进行激烈竞争，信任基础薄弱，对股权比例等问题也达不成共识，合并协议未能达成。

此后，滴滴和快的之间的补帖大战一触即发。2014年5月，在双方缠斗之时，柳青做出了出任滴滴COO的决定。有深厚投行背景的柳青，在2014年12月帮助滴滴完成了F轮7亿美元的融资，这也是中国移动互联网史上大规模融资之一。

柳青主导完成融资后，快的也不甘示弱完成了一笔数额不相上下的融资。融资之后，形势起了微妙的变化，是继续大战三百回合，还是握手言和休养生息？

两家公司开始进行更有诚意的沟通。在此过程中，柳青成了关键人物。因为和马云、马化腾、刘炽平相熟，和快的团队也互相信任，这场合并谈判在22天内完成。在一个基本框架下，战略股东的协调难度是最大的，柳青很好地完成了斡旋的角色。

2015年2月14日，滴滴与快的联合发布声明称实现战略合并，新公司将实施联合CEO制度，滴滴打车CEO程维及快的打车CEO吕传伟将同时担任联合CEO。两家公司在人员架构上保持不变，业务继续平行发展，并将保留各自的品牌和业务独立性。对滴滴与快的来说，这是一个温馨甜蜜的情人节。

在合并协议的签署仪式上，程维曾留下12个字："打则惊天动地，合则恩爱到底。"

关于合并原因，外部流传最广的有两个，其一是烧钱终止论，意指滴滴和快的在之前的竞争中烧钱过甚，不堪重负，所以双方一商量，干脆合并。但问题是，在分别囊括上亿用户后，现在双方早已度过了烧钱最烈的阶段，而且双方都融资不久，都不缺钱。如果滴滴和快的会因这个原因而合并，那么中国互联网界需要合并的公司就太多了。其二是联手御敌说，即双方合并是为了对付Uber、神州租车、易到用车等竞争对手。在现实中，弱弱联合御强或者强弱联合御强的合并案例很常见，但强强联合御弱的案例从来没有听说过，滴滴和快的是中国打车软件市场居于绝对垄断地位的前两强，怎么可能为了对付严重处于落后位置的Uber、易到而合并呢？

业界人士认为，要读懂滴滴和快的的合并，不能局限于两家当前的格局，而要跳出竞争这个视角去观察。一番推导下来，两者合并无非有两种可能：能使双方摆脱共同面临的某种危机，或者能使双方实现更大的利益。

仔细分析，以上两种原因恰恰都有。首先说法律风险，合法性一直是悬在打车软件公司头上的达摩克利斯之剑，一旦落下来将导致整个打车软件行业不复存在。如果双方合并，形成一家"大到不能倒"的超级公司，其抗风险能力无疑倍增。

再说利益，滴滴和快的的合并不仅能够少烧些钱，还能实现更大的作为：做超级平台，奔BAT这样的巨头地位而去。在恶性竞争阶段，双方就都有做平台的想法。滴滴和快的各自拥有一两亿用户，这些用户被培养出使用习惯后，形成的是一个巨大的O2O、移动支付平台和入口，这个平台和入口可以干的事情绝对不只是打车，而是几乎可以承载所有的生活服务。但因为一山二虎，互相掣肘，结果谁也无法专心去做平台，只能深陷于打车补贴这样的低水平竞争。而合并则节省了巨大的时间成本和机会成本，使新公司可以加速开展新业务。说白了，就是可以去画更大的饼。

2015年7月8日，滴滴快的宣布完成20亿美元的融资。两个月后，滴滴快的公司宣布，已结束新一轮总计30亿美元的融资，这也是在此前公布的20亿美元融资基础上最新追加的结果。本轮融资创造了全球未上市公司融资的最高纪录。融资完成后，滴滴快的将拥有近40亿美元的现金储备，这是迄今为止中国移动互联网公司最高的现金储备。

合并后的滴滴快的让Uber CEO特拉维斯·卡兰尼克颇为头疼。卡兰尼克声称，为了应对在中国与滴滴、快的的激烈竞争，2015年Uber在中国烧了10亿美元。“我们在美国盈利，但是在中国一年亏损了10亿美元。”卡兰尼克说，“我们正面临一个凶猛的竞争对手，他们所在的每个城市都没有盈利，他们正砸钱买进市场份额。我希望世界不是这个样子。”

但是，世界应该是什么样子呢？

58与赶集，从对手到联姻

“所以，传言往往都是真的。”2015年4月17日下午，58同城CEO姚劲波在朋友圈里的一条状态，为58同城与赶集网之间的合并会议画上了一个句号。在其发布的照片中，姚劲波与赶集网CEO杨浩涌、中信产业基金董事总经理吴敬阳等人一起举起香槟庆祝。10年前成立的58同城与赶集网，互为对手打了10年的仗，现在终于修得了同船渡。

58同城以“现金+股票”的方式获得赶集网43.2%的股份，其中包含4.122亿美元现金及3 400万份普通股。58同城与赶集网合并后，将继续保持两个品牌的独立管理，58同城CEO姚劲波和赶集网CEO杨浩涌担任新公司58赶集的联席CEO。

58同城与赶集网合并时，58同城的市值约53亿美元，赶集网的市值约36亿美元，基于1+1＞2的效应，合并后的58赶集估值会突破百亿美元。

由于分类信息网站的护城河较浅，在发展过程中严重依赖资本的支持以及在营销上的投入。58同城与赶集网的激烈竞争使双方的营销费用大幅增加，2011年，58同城投放了7 000万美元广告，之后的营销费用有所下降。但进入2014年以后，58同城与赶集网竞争加剧，双方都加大了广告投放力度。

2014年，58同城全年广告费用为7 340万美元，姚劲波表示如果继续竞争下去，还将持续加大在市场上的投入。赶集网也不甘示弱，在获得2亿美元的E轮融资后迅速加大广告投放力度。2014年，赶集网重金邀请谢娜作为代言人并投放大量的电视、户外广告。没过多久，赶集网的代言人“升级”为范冰冰，并跟进投放了大量的广告。

58同城与赶集网在市场推广上的巨额投入，大幅拉低了双方的利润率。财报显示，2014年，58同城总营业收入为2.65亿美元，净利润2 260

万美元，净利率为8.5%，比2013年低了5个百分点。作为行业排名第一的分类信息平台，58同城的日子并不好过，赶集网当然也好过不到哪去。

2015年2月，姚劲波与杨浩涌终于坐到谈判桌前协商合并的事宜，而此前双方一直势不两立。时间回溯到2014年6月，58同城收购赶集网的传言被媒体曝出，姚劲波很快便否定了该传言："我们不会收购一个没有意义的公司，赶集网的用户是我们用户的子集，商户也是我们的子集，产品也是copy我们的，收购这样一家公司没有任何意义。"言辞中充满了对赶集网的蔑视。杨浩涌当即反击姚劲波，指出58同城在赶集网新一轮的融资上做了手脚。当赶集网成功融资两亿美元后，姚劲波的态度也随之发生了变化，他感慨道："赶集挺顽强，有一阵子认为它不在了，后来又活过来，挺不容易，希望将来大家都能获得成功。"

在谈判过程中，姚劲波和杨浩涌在赶集网估值的问题上讨论了很久，其次就是合并后姚杨二人的职责分工。与滴滴快的的合并不同，快的CEO吕传伟的身份是职业经理人，赶集网CEO杨浩涌及总裁杨浩然是创始人，对公司的感情不一样，把公司交给曾经的死对头是心理上很难跨过的一道坎。虽然合并的时候双方表示在业务上保持独立运营，但58同城占了赶集网43.2%的股份，已经成为其最大股东，这意味着将来58赶集成为一个整体后，58同城是新公司的主导。

敲定了合并之后，58同城原计划单方面公布官方的正式消息，连标题都想好了——"58同城战略入股赶集网"，但是权衡之后姚劲波并没有这么做，为了照顾对方的情绪，采取了58同城、赶集网两家公司CEO分别以内部邮件的方式来公布消息，并且采用了"合并"的说法。

在合并消息发布会现场，依然可以看到姚劲波与杨浩涌的博弈。谈到过去10年双方的激烈竞争时，姚劲波戏言赶集网就像小强一样，怎么打都打不死，杨浩涌也不甘示弱："彼此彼此，怎么都打不死。"

互联网商业史上，曾经的竞争对手从针锋相对到骤然合并的案例屡见不鲜，分众与聚众、优酷与土豆、爱奇艺与PPS、滴滴与快的……58赶集今后的发展何去何从，这些前辈已经提供了宝贵的经验。

打则惊天动地，合则恩爱到底。这是互联网公司最向往的境界，只是真正做到的却寥寥无几。

百度推动携程与去哪儿合并

与58同城跟赶集网宣布合并前的情况如出一辙，先是携程与去哪儿合并的消息在网上疯传，没多久主角登场宣布合并。2015年10月26日傍晚，携程与去哪儿合并。发布公告称，携程与百度达成一项股权置换交易，交易完成后，百度将拥有携程普通股可代表约25%的携程总投票权，携程将拥有约45%的去哪儿总投票权。也就是说，去哪儿终于被携程并购，而携程选择了百度这棵大树。百度方面确认，交易完成后将成为携程第一大股东。

携程与去哪儿两家公司合并后市值达到156亿美元，根据携程创始人梁建章和去哪儿创始人庄辰超的内部邮件显示，合并后的去哪儿将继续作为独立上市公司运营。合并消息公布后，携程、去哪儿、百度的股价均有不同幅度的上涨。作为去哪儿的大股东，百度收益颇丰。而腾讯作为与携程共同投资过艺龙、同程网的投资方，将与百度形成统一战线，形成在线旅游领域“大携程”与阿里巴巴“去啊”对峙的新局面。

携程与去哪儿，一家是老牌在线旅游商，一家是旅游垂直搜索新秀。自从2011年获得百度3.06亿美元战略投资后，去哪儿在在线旅游领域异军突起，将老牌在线旅游网站艺龙甩在身后，直逼行业老大携程的地位。

过去几年里，携程与去哪儿大打价格战、口水战，掐得你死我活。2014年，业界传出携程与去哪儿合并的消息。2015年5月，又有了更加靠谱的谈判消息流出，让业界纷纷看好携程与去哪儿的整合。

然而事情并没有向着业界人士预期的方向发展。6月1日，去哪儿表示书面拒绝了携程主动收购所有流通股的要约。携程表示收到了去哪儿拒绝的书面通知，不过基于去哪儿最近的业绩表现和公司行为，携程对去哪儿也失去了兴趣。

携程与去哪儿谈崩的主要原因是，去哪儿创始人庄辰超不甘心失去对公司的控制权。自己养大的孩子，再苦也不愿意插根草标卖了，但投资方显然不希望两方继续流血苦战。

携程和去哪儿都是上市公司，最近两年的业绩并不能让投资人满意。2014年去哪儿共亏损了18.5亿元。年底的时候，去哪儿的现金、现金等价物以及短期投资总价值只剩下15亿元。而携程也在2014年第四季度迎来上市11年来首亏。进入2015年，去哪儿的财报更加难看，携程则业绩稍有好转。

去哪儿的亏损让控股公司百度寝食不安，情急之下出手干预，力促两家合并。此外值得注意的是，去哪儿和携程虽是死对头，但双方有8个共同股东，合计持有23%的携程股票以及48%的去哪儿股票。正值资本市场寒冬到来之际，这些投资者选择抱团取暖。

几乎每一桩并购案背后都是投资方在操纵。携程和去哪儿合并一事，外界普遍认为主角是百度。百度在2011年以3.06亿美元现金收购去哪儿61.05%的控股权，庄辰超个人持股仅占7%左右。因此甚至有消息称本次换股交易，去哪儿管理层和庄辰超是合作协定私下达成后才被告知的。

同样，这起合并的主角并不是携程，而是百度。经过换股后，百度成为携程的第一大股东。对百度来说，由此占据中国在线旅游市场的核心地位，完成了整体O2O战略的重大布局。

“作为交易主导方，百度一直在移动端深入展开布局，手机百度、百度地图、百度糯米三大移动入口均全面推进与在线旅游相关服务的接入。”百度内部人士表示，“通过此次交易，百度进一步扩大了其在百亿美元级旅游O2O市场的战略地位，并能加速实现与百度糯米、百度外卖等其他O2O业务板块的协同。”

百度这项交易的重要性不亚于当年对91无线的收购。从资本的层面看，这是一次极其高明的资本运作，既保证了在这个由三家公司组成的在线旅游利益共同体中的绝对话语权，又以一种“不那么强势”的姿态顾及了交易中各方的感受，最终促成了交易的完满达成。其次，从业务前景看，旅游业是继房地产行业后的“准刚需”行业，其发展前景和高速发展的时间甚至将超过房地产行业，百度在旅游，尤其是在线旅游行业有如此手笔的布局，对其整个O2O战略的落地大有助益。

资本市场的冬天

2015年3月11日，曾在新浪微博和去哪儿担任过产品经理的张敏创立了考拉班车。那时正是双创时代的起跑阶段，考拉班车成立不久就拿到了创新工场的天使投资。张敏迅速组建团队并租用车辆，业务开展得颇为顺利。

7月下旬，股市震荡下的资本市场从盛夏迅速转入寒冬，各大投资机构陷入恐慌。张敏感受到了创业以来的第一次危机，她找遍了所有可以找到的投资人，但是没有人愿意掏钱。此时，出行巨头滴滴打车开始涉足班车业务，如一头虎鲸迅速吞噬了其他细分领域的竞争对手。

到了9月初，张敏已经绝望，她做好了最坏的打算，同时也在尽最大的努力。碰了一圈壁后，张敏主动找到了滴滴打车的程维。这一切，考拉班车50多人的团队并不知道。

9月9日，张敏把这两个月来四处见投资人以及与滴滴打车业务合并的事告诉了大家。52人的团队，30个在校实习生，就这样被噩耗惊醒了。此后，考拉班车在三天之内完成了全部交接事宜。

成立6个月的考拉班车，只是资本市场寒冬中第一片飘零的落叶，未来还会有更多的公司和项目倒下去。

几年前，一家科技公司上市后才可能步入“10亿美元俱乐部”，现在很多非上市公司都可以达到这个高度，甚至一些公司仅仅是融资额就超过了10亿美元，10亿美元的收购案也屡见报端。早期的天使、A轮融资阶段，创业公司估值也高得离谱。很多投资人表示，从2014年到2015年中，创业项目的估值飙升层层传导，最早是C轮贵，后来是B轮贵，最后A轮也跟着贵了起来。

据统计，2015年上半年一级市场股权投资非常活跃，千万元以上的融资事件几乎追平了2014年全年的数量。另外，从单个项目的平均融资额、各轮次之间的时间差来看，2015年上半年一级市场的繁荣远超往年。孵化器总是爆满，咖啡厅里挤满了创业者和投资人，公司从不缺钱，花起钱来也毫不手软。

但当泡沫破裂时，VC捂紧了钱袋子，这些挥金如土的公司遭遇了“供血”中断的噩运。导致资本市场寒冬袭来，最容易联想到的是受二级市场的影响，投资者变得谨慎，因为IPO关闭等因素，PE阶段的退出成了很大的问题，项目到了后期融不到资。

事实上，资本市场寒冬真正的病因来自于内部。整个创投圈高烧不退，一批新生的投资机构像雨后春笋般冒出来，随之而来的是从业人员的结构变化。很多年轻的投资人仅凭一些大公司的工作经验或者一张闪光的文凭就进入了投资机构，与那些经历过企业的沉浮、市场的摔打的资深投资人存在很大的差距。

连见惯了大场面的周鸿祎面对创业潮中的烧钱现象时，都无法保持淡定了：“有的公司1个月就补贴2亿元，真是后生可畏。”

直到2015年7月美团仍然在贴钱，它的账户中每收入1元就有2.7元投出去。在大把贴钱的同时，美团宣布预计E轮将融资10亿美元，公司估值150亿美元，但此后两个月美团不断下调估值。即便美团不断下调估值，业内人士对它的估值仍然质疑不断。2015年下半年所发生的一切都在传达一个信号：资本市场正在冷却，以前“只要你坐在北京某咖啡厅敲代码，就会有投资人问你需不需要投资”的时代已经远去。

中关村创业大街咖啡馆的咖啡冷了，这对创业者而言是一个噩梦，但对市场、对宏观经济来说是好事。资本市场寒冬不会阻挡新事物的到来，它是市场选择的必然结果，也是发展趋势，即物竞天择，择优而取。互联网行业新生的创业者就像一群争夺一只小肥羊的狼，只有把其他狼咬死，自己才能有肉吃、活下去，那些被咬死的狼的名字叫泡沫。

e租宝捅了一个大窟窿

2015年12月8日上午，公安经侦人员分赴位于呼家楼安联大厦的钰诚集团、位于五道口的金易融（北京）网络科技有限公司，扣押了所有的办公电脑，e租宝员工被要求回家等通知。警方人员表示，金易融（北京）网络科技有限公司运营的“e租宝”网站以及关联公司在开展互联网金融业务中涉嫌违法经营活动，正在接受调查，并将及时公布调查结果。随后，e租宝网站及App都已无法打开。

12月16日，各地警方联合发布声明，称已对e租宝网络金融平台及其关联公司涉嫌犯罪问题依法立案侦查，对相关犯罪嫌疑人采取了强制措施，对涉案资产实施了查封、冻结、扣押。但此时e租宝已经吹起500多亿元的泡泡，涉及约90万投资者，这样的一座大厦轰然倒塌，势必引发互联网金融业的危机。

e租宝的历史非常短，2014年2月25日注册成立，不到两年的时间，真是“眼看他起高楼，眼看他宴宾客，眼看他楼塌了”。在媒体人的眼中，e租宝一直是一个诡异的存在，圈内人都说它有问题，写文章指出它的问题的人也不少，但还是眼睁睁地看着它的广告越铺越广、规模越做越大。

在质疑e租宝的声音中，融360曾引起过一定的关注，2015年6月6日，融360发布《e租宝被评为C-级，融360发3大风险提示》，指出e租宝平台无第三方资金托管、平台存在资金池嫌疑、信息不透明债权保障度低三大问题。紧接着，融360在23日再次发表《e租宝资金去向成谜，融360再发风险预警》，详细披露e租宝筹集资金的细节问题，并且有明显的自融嫌疑。比如e租宝平台上有一家名为“深圳市隆金佳利科技有限公司”的借款公司，但是实地调查后发现并没有这家公司。

融 360 的文章引起业内的讨论，但没有持续下去，因为 e 租宝通过各种手段删除了其他网站转载的这两篇文章。而此时 e 租宝的交易量刚到 100 亿元，如果及时有效地扼制，对社会的影响也不会有后来那么大。

经多份供述表示，e 租宝实控人丁宁与数名集团女高管关系密切，仅对钰诚集团美女总裁张敏一人，丁宁除了向其赠送价值 1.3 亿元的新加坡别墅、价值 1 200 万元的粉钻戒指、豪华轿车、名表等礼物，还先后“奖励”她 5.5 亿元。

为了给公众留下“财大气粗”的印象，丁宁要求办公室几十个秘书必须穿戴 LV、GUCCI、CHANEL 等奢侈品牌。最夸张的时候，这些年轻美女把全国的 LV 店、爱马仕店都买空了，然后又飞到海外去买……

值得注意的是，e 租宝只是一匹披着互联网金融外衣的狼，它做的是非法集资的事。判断一家公司是不是互联网金融公司主要看它开展业务的形态，e 租宝大概有 10 万名员工，所有员工几乎都在干一件事，拉客户签理财合同。正常情况下这么多员工拉投资，应该也有非常多的员工开展借款业务，但 e 租宝完全没有，所以 e 租宝实际上就是典型的传销形式的庞氏骗局。

近年来披着互联网金融的外衣做非法集资的公司越来越多，截至 2015 年 11 月 30 日，全国被监测的 P2P 借贷平台 3 464 家，正常运营的仅有1 876 家。进入 2015 年后，问题平台陆续东窗事发，对互联网金融业产生了很大的负面影响。e 租宝出事时，在北京一次 P2P 闭门会上，众多 P2P 老总大骂 e 租宝，指责它不但是自己作死，还祸害了整个行业。

互联网金融的目的是普惠金融，让那些没有享受到金融服务的人享受到互联网金融服务。真正的 P2P 借贷实际上具有很大的发展前景，它解决了交易成本高、信息不对称的难题。目前从事 P2P 行业的大致可分为三类：第一类是搞互联网起家的人，他们用大数据做业务，以做信息匹配为主，更强调技术；第二类是传统金融行业出身的人，他们对金融有敬畏感；第三类是搞民间借贷出身的人，出事跑路的大多集中在这类人中。比如四川成都曾有民间投资理财、担保小贷一条街，2014 年开始倒闭、跑路，现在早已人去楼空。

“实体经济越来越不好，非法集资就越来越以金融的面目体现。”业内人士对此表示。近年来非法集资逐渐以P2P、私募基金、商品交易所的形式出现。另外，投资咨询、融资担保、资产管理等投资理财类机构，在全国范围内呈现爆发式增长，目前还没有明确的监管部门和监管规则，行业内乱象丛生，超范围经营、高息借贷问题十分普遍。

以前人们喜欢用“天使”还是“魔鬼”来形容P2P，但是这个行业里真正的P2P公司估计一半都不到。这样来看，用“李逵”还是“李鬼”来形容P2P似乎更合适。所以投资者在投资之前一定要先学会判断P2P平台的风险大小。

根据监管人士的介绍，如果收益率为8%～12%，这可以用机构产品解释收益；如果收益率在12%～15%，这可以理解为民间借贷，但风险很高；如果收益率超过15%，那可信度基本为零。

互联网金融事件频发之后，P2P行业能否迎来拐点，未来互联网金融将如何面对，监管政策何时才能完善……这一切都有待观察。套用一句老话：前途是光明的，道路是曲折的。

O2O项目迎来倒闭潮

股神巴菲特在谈及成功秘诀时曾说：在别人贪婪时我恐惧，在别人恐惧时我贪婪。当所有人都疯狂地涌入某个市场时，证明这个市场正处于被“玩坏”的边缘。

自2013年开始，O2O的创业项目接二连三地出现，很快就进入了爆发期，所有人都把它看作一块大蛋糕。但是直到今天，吃到蛋糕的人寥寥无几，“死亡名单”却越拉越长。

2015年11月2日，网络洗车公司我爱洗车悄悄解散，CEO李东晋留下200多万元债务跑路。我爱洗车成立于2014年年底，以烧钱搞补贴圈用户一炮走红，此前，曾获得500万元天使投资，但A轮融资未进行下去。根据我爱洗车的财务账单显示，2015年7月，公司账上资金仅剩120万元，仅够支付下月员工工资。值得一提的是，我爱洗车的倒闭只是冰山一角，在它之前倒闭的还有e洗车、赶集易洗车、云洗车等O2O公司。

2015年10月，i黑马记者曾盘点了2015年前后倒下的O2O“先烈”们，其不完全名单如下：

餐饮类O2O已经死亡的有2013年成立的e食e客，2014年成立的叫个外卖、烧饭饭、呆鹅早餐。

生活服务类O2O死亡公司有2010年成立的呵护网，2012年成立的社区001，2013年成立一拍一修、泡宠网。

出行类O2O公司死亡的有2013年成立的爱拼车，2014年成立的Cocar共享租车，2015年成立的考拉班车。

美业类O2O公司死亡的有2013年成立的时尚猫、放心美、show发类。

教育类O2O项目死亡的有2013年成立的36号教室、轻舟网，2014年成立的老师来了。

旅游类O2O项目死亡的有2013年成立的骑驴驴、星悦汇、步旅网。

i黑马记者的结语是："纵观这些已经死亡的O2O创业公司，基本都是前期投入大量资金，以低价手段做营销，由于后期资金紧缩，最终导致崩溃。靠大量补贴尽管可以在短期内带来大量用户，但钱总有烧完的一天，烧到最后就难免将自己也烧成灰烬。对O2O产品来说，如何能够让消费者持续、有效地使用产品，这才是O2O创业者最应当重视的。"

值得提醒各位的是，O2O项目失败不代表O2O模式失败，没有哪一个行业、哪一家公司的成长是一帆风顺的。马云在《与卓越同行》节目中曾打了一个比喻："如果说电商是早上七八点的太阳，那么O2O还只是四五点的晨曦，尚在朦胧阶段。"意思就是O2O创业是可行的，只是目前时机还未成熟，但这绝对是趋势，未来的生活一定会因为O2O公司变得更加方便，未来一定会有几家非常棒的公司来完成这件事，只是最终谁能把这件事做成的问题。还是那句话，没有不好的行业，只有不好的企业！

年度风云人物——“业界良心”刘强东

刘强东1974年出生于江苏省宿迁市，他的家族从事煤炭运输生意，家底较为殷实。尽管出生于商人之家，但在上大学前，刘强东就决定大学四年里除了父母给的学费，绝对不再跟父母要钱。

1992年8月，刘强东背着蚊帐、被子、脸盆以及500元钱，一个人坐上了开往北京的火车，开始了在中国人民大学求学的生涯。既然决定了自己养活自己，那就得打工赚钱，从大一开始刘强东就做各种兼职，做家教、抄信封等，只要是能挣钱、不违法的事，他都干。那时候抄一个信封2～5分钱，但是有一个问题，晚上10点宿舍要熄灯，这严重阻碍了刘强东挣钱。无奈之下，他只好去走廊上抄信封，因为那里的灯会亮着。最多的时候，他一个周末抄过上万个信封。

这时的刘强东养活自己已经不是什么问题，但是随后发生的一件事让他产生了新的想法。在宿舍的闲聊中，刘强东得知宿舍老大喜欢上了一个外语系的女孩。终于有一天，老大成功把那个女孩约了出来，看着老大面若桃花般地出去约会，刘强东也开始憧憬自己的爱情。但老大约会回来之后就一直抽烟，抽到第二天早上6点。

刘强东和室友就跑过去问：“老大你怎么了？”老大说：“没戏了。那女孩一听我是社会学系的，就说你们工作实在太难找了，嫁给你，什么时候才能在北京买到房子啊？”看着宿舍老大被喜欢的女生拒绝，刘强东心想：这下惨了，读了社会学系，连女朋友都找不到了。

刘强东决心学一样别的技术，以便将来能找份好工作，并找一个心仪的女朋友。思来想去，最后决定学计算机，于是他买了很多编程的书，在课余时间学习编程。与此同时，刘强东的兼职还在继续，大三的时候又开始推销图书。总之，大学期间他的生活费全部是兼职赚来的钱。

到了大三下学期，刘强东利用假期，去帮一家公司编程。工作很累，每天只能睡几小时，一日三顿吃的都是快餐，过年的时候才和几个同事出去喝了一顿酒。那时候的程序员待遇很好，刘强东也赚了不少钱。

大四的时候，刘强东开始创业，经营了一家餐厅。刘强东每周只去餐厅一次，他给员工改善伙食和住宿条件，提高了工资待遇。刘强东认为，“我觉得对员工这么好，他们一定能帮我把餐厅做得更好。”但是没想到的是，大厨、前台和买菜的都变着法儿贪钱，餐厅变成了一个赔钱的无底洞。

最后，刘强东向小姨借了3万元，结清了所有的账，此后再也没回过那家餐厅。刘强东的第一次创业亏了近20万元，其中包括借小姨的钱以及父母给他的钱。这次失败对刘强东打击非常大，他甚至开始怀疑人生。我对员工那么好，为什么员工却没有反过来对我一样好，为什么员工要骗我的钱？这个问题他想了很久。

为了还债，刘强东去了一家日本保健品公司Japan Life工作，他第一次见识了日本人非常清晰的管理系统。在Japan Life，刘强东陆续做过信息、库房、销售岗位。熟悉了各个岗位，也摸清了管理的核心，他找到第一次创业失败的原因：没有对员工进行有效管理，没有系统流程，没有防范漏洞。

离开了那家日本公司，刘强东踏上了再次创业的道路。1998年6月18日，刘强东在中关村创办京东公司，代理销售光磁产品。他把所有的心血都倾注在这家公司上，公司业务很快就兴旺起来。刘强东一直坚持一点，那就是一定要做合法的企业。从公司成立的那天起，京东从不卖假货，一直开正规发票。相比之下，那些卖假光盘、碟片的人赚的利润是京东的10倍，刘强东却从没有这样做过。

2003年“非典”期间，京东的生意遇到了大麻烦。刘强东只好将销售重心转移到网上，那时候还没有货到付款的方式，都是通过邮局汇款，所以很多人并不放心这种交易方式。好在，京东此前积累了良好的信用。刘强东在一家专业测评网站上发帖时，总版主回帖说，京东多媒体是我三年来认识的、中关村唯一一家不卖假碟片的公司。这样，人们纷纷开始购买京东的商品。

2004年1月1日京东正式做电子商务，2014年5月22日晚间，京东集团董事局主席刘强东敲响上市钟，京东登陆纳斯达克。收盘时京东股价为每股20.90美元，较发行价上涨14.50%，照此计算，京东市值达到约286亿美元。2015年6月，京东市值突破500亿美元，发展之迅猛让业界为之咋舌。

京东一直用实际行动诠释着什么叫业界良心。目前京东退到仓库的货物金额达几亿元，这些货物很多是拆了封但从没用过的，但刘强东规定：只要拆过封，绝对不允许二次销售。在传统的连锁店里，不会有人把这些商品当成二手货处理。

“不要炫耀你在做互联网——你现在所做的和我已经做了一辈子的没什么不同。”刘强东的父亲曾经这样对他说。刘强东最在乎的不是京东的市值，而是他肩负的社会责任。京东有2万名配送员，将来还会有更多，他们在公司工作满5年就能在县城买一套房子。刘强东说，他们需要稳定的工作，他们禁不起折腾，所以，京东一定不能失败。